생각이 너무 많은 서른 살에게

25년간 세계 최고의 인재들과 일하며 배운 것들

생각이 너무 많은 서른 살에게

김은주(구글 수석 디자이너) 지음

생각이 너무 많은 서른 살에게

삶의 의미는 자신의 재능을 발견하는 것이고
삶의 목적은 그 재능으로 누군가의 삶이 더 나아지게 돕는 것이다.
– 파블로 피카소

우물 안 개구리가 되지 말라는 말을 흔히 듣는다. 그래서 우린 우물 밖 넓은 세상을 동경하고, 우물을 벗어나지 못하는 자신을 괴롭히며 불안해한다. 나 역시 그랬다. 자라면서 우물 안 개구리가 되지 말자는 강박감이 늘 있었다. 스물일곱의 나는 한국에서 잘 다니던 회사를 그만두고 미국으로 떠났다. 넓은 세상으로 가 보리라.

스물일곱 즈음이 되면 나를 설명하는 포장지들이 생긴다. 어느 대학을 졸업했고, 어느 회사에 다니고 있고 등등. 심지어 사는 동네도 나를 나타내는 도구가 된다. 그런데 내 인생은 스물일곱에 리셋이 되었다. 나를 포장해 주던 것들이 미국에서는 효용 가치가 없었다. 그렇다고 나를 화려하게 설명할 영어 실력도 갖추지 못한 상태였다. 그렇게 마주친 미국에서의 서른 살은 무너진 자존심을 부여잡고 오기로 버티는 시간이었다.

영어 한마디 제대로 못 하는 상태로 시작한 미국 생활은 생각보다 훨씬 짜고 매섭고 차가웠다. 하루에 10시간 이상을 초긴장 상태로 지내다 집에 오면 녹초가 되는 날의 연속이었다. 그렇게 지친 몸을 이끌고 한국 드라마를 보거나 한국 친구를 만나 스트레스를 풀며 마음의 안정을 찾곤 했다. 시간이 흘러 좋은 회사에 취직해서 자리도 잡고 경제적인 여유도 생기고 있었지만, 나의 생활 반경은 내가 떠나온 한국보다 훨씬 더 좁았다. 우물 안 개구리가 되지 말자고 나왔건만, 나는 넓은 바다에 떠 있는 작은 섬 안의 더 작은 우물 속에서 살고 있었다. 바다에 멋지게 적응한 바다 개구리가 되지 못하는 내가 실망스럽고 한심했다.

그러다 주변의 작은 우물들을 보게 되었다. 나와 비슷한 이유로 넓은 바다로 나온 친구들도 있었고, 비슷한 고민과 생각으로 살아가는 친구들도 만나게 되었다. 그러면서 깨달음이 왔다. 우물 안 개구리가 문제가 아니라, 우물 안에서 불행하게 사는 개구리가 문제였다. 우물이든 바다든 행복하게 살면 된다. 내가 아닌 바다 개구리가 되려고 하지 말고, 바다 개구리가 된 척하지 말고, 그냥 나로 행복하게 살면 된다. 그러면 내가 있는 곳이 어디든 그로 인해 불행해지지 않는다.

2018년 구글에 입사한 이후 가면 증후군(자신의 능력을 보잘것 없다고 느끼며 무기력해지고 불안해지는 심리 현상)을 지독히 앓으며 바닥으로 떨어졌다. 전 세계 천재가 다 모여 있는 곳에서 나는 어림도 없는 사람이라는 생각이 매일 들었다. 내 실력은 금방 들통날 테고, 그럼 망신을 당하고 쫓겨날 거라는 두려움으로 불면증에 시달렸다. 그렇게 1년이라는 시간을 버티다 마음 치유 상담을 받고, 한동안 하지 않던 글쓰기와 영어 공부를 다시 하면서 자신감을 회복하기 시작했다.

2020년 구글의 하반기 평가가 시작될 즈음, 우린 모두 특별하고 소중한 존재라는 사실을 잊지 말자는 이야기와 함께 나의 우물 안 개구리 글을 그룹 전체 이메일로 보냈다. 업무 능력이나 평가가 나라는 사람의 존재 가치를 대변하는 것이 아니라는 점을 나누고 싶었다. 누군가 나처럼 자신을 괴롭히며 지독히 힘든 시간을 보내고 있다면, 어떻게든 도움이 되고 싶은 마음이었다. 그런데 놀라운 일이 벌어졌다. 내 이메일은 회사 여러 그룹으로 빠르게 전파되었고, 수많은 사람이 자신도 개구리라며 개구리 커밍아웃을 하는 게 아닌가! 다들 똑똑하고 잘나 보이던 그들도 나처럼 숨죽인 채 상처받으며 자신과 열심히 싸우는 중이었다. 눈물을 흘렸다는 이도 있고, 위로를 받았다는 사람도 있었다. 그렇게 각자의 스토리를 전하며 서로를 응원했다. 내 마음을 조금 열자 여기저기서 다른 이들도 문을 열기 시작한 것이다. 우리는 그렇게 마음을 열고 서로에게 위안이 되고 힘이 되었다.

나의 보잘것없는 글이 누군가에게 위로가 되고 도움이 될 수 있다는 경험은 나에게 큰 용기를 주었다. 강연과 SNS로 사람들과 소통하면서 나의 지난 25년 동안의 실패담과 성공담을 나누고, 마음과 생각을 정리하며 글을 썼다. 이 책에는 열 번의 이직 경험과 글로벌 회사에서 일하며 얻은 삶의 노하우, 강연에서 주로 받는 질문 등을 정리해 넣었다.

우린 스스로 생각하는 것보다 준비가 잘 되어 있다

서른 살엔 정말 생각이 많아진다. 매일 실수하고 실망하는데 이게 내 길이 맞나? 너무 늦어 버린 건 아닐까? 나 자신이 못나 보이고 초라한 마음이 든다. 미래는 불확실하고, 세상은 점점 살기 어려워지고, 사람들은 나만 빼고 레벨업 하는 것 같아 무섭다. 나도 그랬다. 돈도 없고 배경도 없이 온몸으로 부딪히며 살아가느라 지쳐 있다면, 지금 당장 포기하고 싶고 돌아가고 싶다면, 내가 해낼 수 있을까 걱정에 잠이 오지 않는다면, 10년 넘게 영어를 배웠는데도 여전히 영어 울렁증으로 글로벌 기회에 도전할 엄두가 나지 않는다면, 나의 글이 조금은 도움이 되지 않을까 싶다.

미국에 온 지 10년이 지나서야 회사 일이 아닌 내 생각을 영어로 처음 썼다. 그것이 바로 우물 안 개구리 이야기였다. 영어로 내 생각을 옮기는 데 10년이나 걸린 이유는 보잘것없는 나를 만나야 하는 두려움 때문이었다. 그 글을 인터넷에 올리는 데 또 10년이 걸렸다. 나를 세상에 내보이는 두려움 때문이었을 것이다. 나는 이보다 잘할 수 있고, 잘해야 하고, 잘하고 싶다는 마음이 컸기 때문이다. 그리고 그 글을 구글 전체 그룹 이메일로 보내는 데 6개월이라는 시간이 더 걸렸다. 그 또한 두려움 때문이었다. 세상 최고의 천재들한테 초급 영어로 쓰인 나의 글이 얼마나 보잘것없어 보일지 창피한 마음이 들었다. 그럴 때마다 망설이는 나의 방아쇠를 당겨 준 사람들이 있었다. 나의 영어 선생님, 상담 선생님, 그리고 구글의 친구들.

우린 스스로 생각하는 것보다 준비가 잘 되어 있는 경우가 많다. 아니, 어쩌면 우리가 생각하는 것만큼 준비가 필요하지 않은 일이 많다는 말이 더 맞을지도 모르겠다. 우리에게 정말 필요한 것은 완벽한 준비가 아니라, 망설이는 나를 밀어줄 친구와 방아쇠를 당길 용기라는 생각을 해 본다.

책을 내기 위해 원고를 여러 번 읽고 고쳐 보는데도 영 마음에 들지 않는다. 좀 더 세련되고, 깊이 있고, 우아한 향이 난다면 얼마나 좋을까 하는 아쉬움이 크다. 하지만 미련을 버리려고 한다. 늘 그랬듯이 지나간 일은 항상 모자란 듯하고 아쉬움이 남는다. 뒤를 돌아보는 시간은 짧게 하고 앞으로 나아가 보려고 한다. 나의 투박한 글을 보고 공감해 주고 위로를 받았다는 분들이 있다. 실제 도움을 받고 취업을 했다고 기쁜 소식을 알려 주는 분들도 있다. 그걸로 충분히 의미 있는 일이라 여기기로 했다.

오늘의 내가 완벽할 리 없다. 오늘과 별반 다르지 않은 어제의 나 역시 볼품없다. 일주일 전의 나도 그렇고, 1년 전 나도 그렇다. 그런데 그 모자란 듯한 내가, 하루를 살아 내고 일주일을 살아 내고 1년을 살아 낸 다음, 몇 년이 지나서 뒤를 돌아보면 어느새 훌쩍 성장해 있다.

어제와 별반 다르지 않은 오늘이라고 오늘을 살지 않고 어제에 머물러 있지 않기를 바란다. 내일을 맞을 준비가 되어 있지 않다고 내일을 포기하지도 않기를 바란다. 오늘을 살아야 한다. 그 날이 그 날 같고, 오늘 하루 열심히 살아도 아무 일도 안 일어날 것 같지만, 그런 하루하루가 모여 1년이 되고 10년이 되어 나를 만든다. 시간은 누구에게나 똑같이 주어지고 누구에게나 공평하게 흐른다. 느려도 괜찮으니 오늘의 나를 열심히 살아 내길 바란다. 어느 날은 망한 듯하고, 어느 날은 빗나간 듯하고, 어느 날은 다 포기해 버리고 싶어지더라도, 나를 지켜 줄 사람은 나밖에 없다.

서른 살을 나답게 살아 내면, 마흔 살엔 더 단단해진 진짜 나를 만날 수 있다. 내 손에 공을 들고 고민하면 아무 일도 일어나지 않는다. 내 손에 들고 있는 공을 여기저기 던져 보자. 그 공이 어딘가에 맞고 반드시 되돌아온다. 내가 뭘 좋아하는지, 뭘 잘하는지, 어디까지 할 수 있는지 모르는 게 당연하다. 그래서 해 보는 거다. 하고 싶은 일도 해 보고, 하기 싫은 일도 해 보고, 정말 못 할 것 같은 일도 해 보자. 그래야 내가 어떤 사람인지 알게 된다. 나를 포장한 껍데기를 벗고 다른 여러 가지 옷을 입어 보자. 그래야 내가 어떤 모습이 어울리는 사람인지 알게 된다.

망설이는 여러분이 방아쇠를 당기는 데 내 글이 힘을 보태면 좋겠다. 서른 살을 살아 내는 여러분에게 이 책이 좋은 친구가 되면 좋겠다. 서른 살을 열심히 살아 내는 모든 분을 응원한다.

Contents

Chapter 2

계획만 세우고 실행하지 못하고 있다면
: 내 인생을 바꾼 마법의 주문 '아님 말고!'

Chapter 3

더 잘하고 싶은데 내가 너무 부족하다고 느껴질 때
: 세계 최고의 천재들과 일하며 배운 스마트한 일의 기술

Chapter 4

후회 없는 인생을 살고 싶은 서른 살에게 꼭 해 주고 싶은 말들
:느려도 좋으니 끝까지 나답게

Chapter 5

영어 포기자이던 나를 살린 공부법
:영어 실력보다 더 중요한 것을 깨닫기까지

5년 후 나는 뭘 하고 있을까?
: 원하는 삶을 살기 위해 지금부터 해야 할 것들

Chapter 1

나 혼자만 뒤처지는 것 같아
불안한 마음이 들 때

부정적인 생각으로부터
나를 지키는 법

그렇다. 혼자가 아니다. 나만 아등바등하는 게 아니다.

나만 힘든 게 아니라는 사실을 알게 되는 것만으로도 엄청난 위로가 된다.

모두 함께 힘내자!

할 일은 많은데
아무것도 하고 싶지 않을 때

새로운 직장에 적응하는 일은 늘 어렵다. 사람들과 관계를 다시 만들어야 하고, 조직과 사연들을 알아야 하고, 프로젝트를 파악하고 의미 있는 기여가 가능한 단계까지 가는 데 상당한 노력과 시간이 필요하다. 그래도 6개월 정도면 감을 잡는데, 구글은 입사 6개월이 지나가는데도 정신을 차릴 수가 없었다.

세상 천재가 다 모여 있는 것 같았다. 나는 어쩌다 운이 좋아서 붙었을 뿐 여기에 있을 실력이 아니라는 생각이 수시로 들었다. 그럴 때마다 내 정체가 들통날까 봐 무서웠다. 종종 화장실에 숨어 있거나 주차장 차 안에서 한참을 앉아 있곤 했다.

그도 그럴 것이 구글은 '꿈팔이'의 장이다. 우리가 무슨 문제를 해결해야 하는지, 이걸 왜 해야 하는지, 이게 세상을 어떻게 바꿀지 같은, 매우 장대하지만 모호한 비전에 관한 이야기가 많다. 기능 하나를 추가하려 해도 온갖 철학적 해석과 의미가 필요하고, 인간과 기계의 대화는 어떻게 이루어져야 하는지에 대해서도 수없이 다양한 해석과 접근으로 서로 다른 제안을 낸다. 다른 사람들의 꿈팔이 쇼를 볼 때마다 나는 이곳에 맞지 않는 사람이라는 자괴감과 공포가 밀려왔다.

나를 괴롭히는 생각은 두 가지였다. 상황이 이 지경인데 최선을 다하고 있지 않다는 것, 그런 내가 너무 싫다는 것.

지금 상황이 문제라는 건 알겠는데, 걱정은 하면서 그렇다고 뭔가를 하지도 않고, 스트레스를 받으니 먹는 걸로 풀고, 할 일은 미루고 인터넷만 하고 있고, 그러면 그럴수록 나는 내가 더 싫어지고. 그러다가 시간에 쫓겨서 초치기로 일을 하고, 그러면 당연히 퀄리티가 떨어지고, 그래서 더 미치겠고……. 악순환의 고리에서 빠져나올 수가 없었다. 이런 상태가 1년 가까이 이어졌다. 어느 날 친구가 전문가에게 상담을 받아 보라고 권했다. 1년이면 충분히 헤맸다. 나는 지푸라기라도 잡고 싶은 심정이었다. 그날 당장 상담 예약을 잡았다.

상담을 시작하고 한동안 나는 애써 최악은 아닌 듯 가장하며 밑바닥을 보이지 않았다. 그러던 어느 날, 나는 내가 아주 형편없는 사람은 아니고 지금보다 더 잘할 수 있는 사람이라는 이야기를 했다. 하지만 자기 관리도 못 하고 최선을 다하지 않는 나 자신이 싫고, 그러면 그럴수록 나를 학대하게 된다고 털어놓았다. 어떻게 하면 다시 최선을 다할 수 있는지 물었다.

고개를 끄덕이며 한참을 내 이야기를 듣던 상담사가 말했다.

"당신 몸이 지금 최선을 다하고 있어서 그렇다. 당신이 완전히 지쳐서 몸이 기능을 유지하려고 당분과 고칼로리 음식을 찾는 것이다. 살아야 하니까. 당신 마음도 쉴 곳을 찾으려고 최선을 다하고 있다. 그래서 인터넷을 찾는 거다. 거길 가면 마음이 편해지고 위로받고 안정감을 느끼니까. 마음도 살아야 하니까. 그러니까 당신은 지금 최선을 다해 살아남으려고 애쓰는 거다. 스스로에게 조금 관대해져도 괜찮다."

그 말을 듣는 순간 눈물이 흘렀다.

'나는 내가 무력감에 빠져 최선을 다하지 않는다고 생각했는데, 내가 그렇게 자신을 채찍질할 때 내 몸은 어떻게든 버텨 보려고 최선을 다하고 있었구나. 내 마음도 어떻게든 살리려고 최선을 다하고 있었구나. 내가 나를 돌아보지 않은 지난 1년 동안 내 몸과 마음은 내가 돌아봐 줄 때까지 그렇게 살아 내려고 발버둥 치고 있었구나……'

나를 옭아매던 죄책감과 자학의 감정이 누그러지는 듯했다. 더 이상 나 자신을 방치도, 학대도 하지 말자는 생각이 들었다.

상담사가 숙제를 내 주었다. 첫째, 그날그날 해야 할 일을 기록하기. 아주 작은 일이라도. 그리고 그 일을 했을 때마다 칭찬하기. 둘째, 떠오르는 대로 노트에 적어서 머리에 있는 걸 밖으로 쏟아 내기.

그날 이후 아주 작은 일도 빼놓지 않고 'to do 리스트'에 적었다. 할 일을 외면하면서 생기는 불안감이 리스트를 만드는 것만으로도 반쯤 해결된 듯 느껴졌다. 미팅 잡기나 이메일 보내기 같은 단순한 일을 처리해 나가기 시작했다. 리스트에 적힌 일을 2개 해내면 새로운 일이 3개쯤 더 생기기 일쑤였다. 그래도 진행 여부가 보이니 막연함에서 오는 스트레스는 줄어들었다.

작은 일을 처리하면서 불안감과 스트레스의 근본적인 원인에 관해 깊이 생각해 보기 시작했다. 내가 지금 느끼는 문화 충격과 업무 스트레스가 실리콘 밸리의 특성 때문인지, 구글이 나와 잘 안 맞아서인지, 아니면 우리 팀의 문제인지 등등. 그러자 문제가 분명해지면서 팀을 옮겨야겠다는 생각이 들었다. 다행히 바로 팀을 옮길 수 있었다. 구글의 꿈팔이 문화에 적응하려면 영어 공부가 필요했다. 그래서 영어 원서 낭독을 시작했다. 매일 1시간씩 원서 낭독을 하는데, 6개월 정도 지나면서 영어 실력 향상과 더불어 자신감이 회복돼 갔다.

나는 이제 어느 정도 능숙한 구글러가 되었다. 주변 사람들에게 신뢰도 쌓아 가고, 영향력을 미치는 인플루언서로도 자리를 잡아 가고 있다. 나와 일하고 싶다는 동료들도 생겼고, 진로 상담을 요청하는 후배도 늘고 있다. 2020년 말에는 600명이 넘는 부서 디자인팀에서 '올해의 디자이너상'을 받기도 했다.

지난 25년간 수많은 부침을 겪었지만 구글에서 경험한 시련기는 어둡고 길고 무서운 시간이었다. 갑각류는 성장을 위해 반드시 현재의 껍데기를 벗고 맨살인 시간을 지나야 한다고 한다. 그 맨살의 과정과 시간 없이는 더 큰 껍데기로 옮겨 갈 수 없다는 것이다. 성장의 시간에는 반드시 성장통이 따르는 듯하다. 담을 그릇이 커졌으니 이젠 열심히 채워 볼 참이다.

나 혼자만 힘든 게
아니었구나

우물 안 개구리가 되지 말자고 떠나온 미국 유학길이었다. 그런데 시간이 지날수록 내 생활 반경은 더 작은 우물 속 같았다. 한국 교회, 한국 드라마, 한국 음식, 한국 친구들······. 이러려면 왜 타국 땅에서 이 고생을 하고 있나 하는 자괴감과 좌절감이 나를 괴롭혔다. 회사에서 안 되는 영어로 유독 버벅거린 날, 멀리 한국에서 엄마 소식이 들려온 날, 그런 날은 어김없이 '내가 무슨 부귀영화를 누리겠다고······' 하는 생각에 시달렸다. 식물도 화분 갈이를 하면 몸살을 앓는데, 하물며 사회적 동물인 사람이 터전을 옮기는 건 쉬운 일이 아니다. 그래, 짐 싸자!

그렇게 다독이고, 내팽개치고, 다시 힘을 내는 세월을 10년쯤 보냈을 때 문득 깨닫게 되었다. 우물 안 개구리가 어때서?

살면서 피해야 하는 일은 우물 안 개구리가 아니라 우물 안에서 '불행하게' 사는 거다. 우물 안에서 행복하게 살면 된다. 우물 안이 행복하지 않으면 나와서 행복하게 살면 된다. 개구리인 게 싫으면 개구리 안 하면 된다. 근데 사실 태어난 걸 바꾸는 일은 쉽지 않다. 그렇다면 내가 할 수 없는 일은 빨리 받아들이고 앞으로 나아가는 게 정신 건강에도 좋고 행복해지는 지름길이다. 행복은 나로부터 시작된다. 개구리가 어때서?

'우물 안 개구리'라는 말을 들어 보셨나요? 작고 고립된 세상에 살면서 그게 세상 전부인 줄 아는 사람을 뜻하는 한국 속담입니다. 한국에서 나고 자라면서 이런 말을 자주 들었습니다.
"우물 안 개구리가 되지 마라. 큰 꿈을 품고 가능한 모든 것에 도전해 봐라."
이런 말에 늘 자극을 받았습니다. 그래서 미국에 오기로 결심했습니다. 우물 안 개구리가 되고 싶지 않았습니다. 넓은 바다를 탐험하고 싶었습니다.
그런데 바다는 정말 넓고, 짜고, 파도로 넘실거렸습니다. 바다로 나온 이후 내 삶은 매 순간이 생존을 위한 싸움이었습니다. 깊은 바다에서 헤엄치는 법을 배워야 했고, 먹이를 찾는 법도, 바다거북과 대화하는 법도, 물고기들과 친구가 되는 법도 익혀야 했습니다. 상황이 어려워질수록 나는 고래가 되기 위해 더 열심히 노력했습니다. 그렇게 몇 년 동안 발버둥 치다가 쉴 수 있는 작은 섬을 발견했습니다. 정말 휴식이 필요했습니다.
섬에서의 삶은 편안했습니다. 마실 수 있는 맑은 물도 있고, 편하게 대화할 개구리 친구들도 있었습니다. 바다로 나가면 여전히 생존을 위해 몸부림쳐야 했지만, 그래도 바다를 벗어나 쉴 수 있는 섬이 생겼습니다.

그러나 시간이 흐를수록 외로워졌고, 갇혀 있다는 느낌이 들었습니다. 내가 꿈꾸던 바다에서의 삶이 아니었습니다. 내 고향 우물 안 친구들은 나를 대단한 개구리라고 생각했습니다. 바다에서 헤엄을 치고, 바다거북과 이야기하는 모습을 보고 놀라워했습니다. 바다에 사는 나를 부러워했습니다. 그들에게 내가 사는 섬은 너무 멀고 너무 작아서 보이지 않았으니까요.

내가 누구인지, 왜 여기에 있는지 헷갈렸습니다. 우물 안 개구리가 되기 싫어 그곳을 떠났는데, 바다로 둘러싸인 더 작은 섬에서 살게 되었습니다. 행복하지 않았습니다. 나 자신에게 화가 났습니다. 시간이 많이 흘렀지만 바뀐 건 아무것도 없는 듯했습니다.

몇 년 후에야 다른 섬이 있다는 걸 알게 됐고, 그것도 꽤 많다는 사실을 알고 놀랐습니다. 이웃한 섬에 방문해 친구도 사귀기 시작했습니다. 내가 혼자가 아니라는 걸 느꼈습니다. 그리고 문득 가장 중요한 사실을, 모든 것의 핵심이 되는 것을 잊고 있었다는 사실을 깨달았습니다. 그것은 바로 내가 개구리라는 사실입니다. 지난 몇 년 동안 나는 내가 어디에 있는지에만, 우물 안인지, 바다인지, 섬인지에만 신경을 썼습니다. 그리고 개구리가 아닌 '바다 개구리' 같은 새로운 무엇이 되려고 애를 썼습니다. 하지만 그런 건 세상에 없습니다. 나는 개구리로 태어났고, 그래서 개구리로 산다는 게 잘못된 일은 아닙니다.

그때부터 모든 것이 달라졌습니다. 더 이상 스스로를 괴롭히지 않았고, 내가 얼마나 영리하고 용감하고 아름다운 개구리인지 알게 되었습니다. 원할 때마다 바다에서 헤엄칠 수 있고, 헤엄칠 기분이 아니면 배를 탈 수도 있었습니다. 도움이 필요하면 바다 친구들에게 말을 걸 수도 있었습니다. 그들이 하는 말을 전부 이해하지 못해도 괜찮았습니다.

바다에서 산다는 것은 여전히 큰 모험입니다. 바다에는 나 같은 작은 개구리를 무시하는 친구들도 있습니다. 하지만 이제는 별로 신경 쓰지 않습니다. 그들도 그들만의 우물에서 왔다는 걸 알게 되었습니다. 내가 사는 섬은 점점 더 단단해지고, 넓어지고, 높아지고 있습니다.

내가 어디에서 왔는지, 어디에 속해 있는지를 아는 것은 중요합니다. 하지만 가장 중요한 것은 내가 누구인지, 어떻게 태어났는지, 그리고 어떻게 살지를 알고 그것을 받아들이는 일입니다.

내 이름은 김은주입니다. 행복한 개구리예요!

구글의 업적 평가 시스템은 사람 피 말리기로 유명하다. 일단 화려한 글솜씨로 자기 평가서를 써내고, 6~7명의 동료 평가자를 (전략적으로) 지목한다. 승진 대상자라면(구글은 승진도 셀프 서비스다. 본인 스스로 승진 타이밍을 정하고, 승진 케이스와 전략을 세워야 한다) 승진의 당위성을 증명하기 위해 엄청난 공과 시간을 들여야 한다. 그 뒤에 이어지는 절차는 더욱 산 넘어 산이다. 매니저들끼리 모여서 조정(Calibration)이란 걸 하는데, 왜 A가 이 점수를 받아야 하는지, 왜 B는 안 되는지 치열한 신경전과 공방전이 펼쳐진다. 거의 두 달 넘게 이어지는 이 과정은 모두에게 스트레스지만, 특히 언어적으로나 문화적으로 훈련되어 있지 않은 외국인에게는 정말 고역스러운 여정이다. 내성적인 기질이거나 성과를 수치화하기 어려운 직군에 속한 사람들에게도 어려운 시스템이다. 감수성 높은 디자이너는 이 과정을 지나고 나면 위축되고, 주눅 들고, 자존감에 상처가 난다.

2020년 평가 프로세스가 시작된다는 이메일을 받고, 2019년에 처음으로 업적 평가를 겪으면서 멘붕을 겪은 일이 생각났다. 그래서 이 힘든 과정에서 우리는 성과를 내기 위한 공장의 로봇이 아니라 사람이라는 점, 평가서에는 다 담기지 못하는 개개인의 가치를 잊지 말자는 점, 평가가 '나'를 대변하는 게 아니라는 메시지와 함께 '우물 안 개구리'라는 제목의 글을 구글 전체 디자인 그룹에 공유했다. 그런데 예상치도 못한 개구리들의 커밍아웃이 이어졌다. 이메일은 더 많은 그룹에 공유가 되었고, 수많은 공감의 이메일이 오갔다. 개인적으로 자기 이야기를 이메일로 보내온 사람들도 있었고, 일대일 면담을 요청하는 사람들도 있었다. 나는 그저 나의 지나온 고군분투를 밝히며 개구리인 걸로도 충분히 괜찮다는 메시지를 전했을 뿐인데, 여기저기서 개구리 커밍아웃을 보게 될 줄이야!

그렇다. 혼자가 아니다. 나만 아등바등하는 게 아니다. 나만 힘든 게 아니라는 사실을 알게 되는 것만으로도 엄청난 위로가 된다. 모두 함께 힘내자!

쫄지 마!
안 죽어

2000년대 초 대한민국에 '칭찬 열풍'을 일으킨 밀리언셀러가 있다. 바로 켄 블랜차드의 《칭찬은 고래도 춤추게 한다》. 칭찬에 인색한 한국 문화에 대한 자정 의식이 만들어 낸 열풍이 아니었나 싶다. 하지만 나는 이 칭찬 열풍이 사뭇 불편했다. 그 누구도 고래가 왜 춤을 춰야 하는지, 춤추는 고래는 행복한지에 대해서는 관심이 없는 듯했다. 다들 고래가 춤을 춘다는 사실에 열광했고, 고래를 춤추게 만든 장본인이 자신이라는 사실에 뿌듯해하는 모습이 거북했다. 나중엔 칭찬보다는 칭찬의 내용이 중요하다며 칭찬의 기술에 대한 온갖 강좌와 이론이 유행했다. 이 모든 것이 참기름집 장사꾼처럼 보였다. 어떻게 해서든 쥐어짜 더 많은 기름을 얻고 싶어 하는 모습 같았다. '이게 다 너를 위해서야'라는 말 뒤에 숨어 있는 화자의 욕망이 불편했다.

최근에는 한국 경제의 저성장과 높은 실업률로 좌절하는 청년들을 '괜찮아'라는 말로 위로하는 책과 말이 늘었다. 예고 없이 찾아온 코로나 바이러스로 인해 전 세계가 코로나 블루(코로나 사태로 인한 우울감)에 빠진 지금은 더더욱 칭찬보다는 위로가 필요하다.

　산책을 하다 문득 궁금해져 중학생 딸아이에게 물었다. 시험을 망쳤을 때, 친구랑 싸웠을 때 누군가 '괜찮아' 하고 토닥인다면 어떤 기분일지. 딸아이는 단 1초의 주저함도 없이 외쳤다.

　"저리 가, 쫌! 제발."

　이유를 물으니, 괜찮지 않은데 괜찮다고 하는 건 나를 몰라주는 거라서 더 속상하다고 했다. 그리고 덧붙여, 괜찮지 않은데 '괜찮아'라는 말을 들으면 내가 그 사람의 말에 맞춰 괜찮아져야 할 것 같아서 싫다고 했다. 생각해 보니 나 또한 비슷한 마음이 들었던 것 같다. 내가 괜찮은지 괜찮지 않은지는 누구보다 내가 제일 잘 안다. 누군가 나에게 '괜찮아'라고 말하면, 아무에게도 이해받지 못하는 것 같아 더 수렁으로 빠질 때가 있다.

　"당신이 뭘 알아!"

　2020년 11월, 시애틀 지역 한인 IT 전문가 모임인 '창발'의 초청을 받고 취업을 준비하는 한인 청년들을 대상으로 강연을 했다. 마지막 조언 한마디를 나는 이렇게 마무리했다.

　"여러분, 쫄지 마세요."

　그런데 이 마지막 한마디가 나의 강연 내용을 통틀어 가장 강한 메시지가 되어 사람들에게 울림을 주었나 보다. 많은 사람이 용기를 얻었다며 쫄지 않겠다고 감사의 메시지를 전해 주었다.

생각해 보니 이 시대 우리 모두에게 필요한 말은 '괜찮아'가 아니라 '쫄지 마'가 아닐까 하는 생각이 든다. 괜찮지 않은 상황이다. 괜찮을 수 없는 상황이다. 아마도 코로나 바이러스가 가져온 이 말도 안 되는 초현실적 상황은 한동안 우리를 괴롭힐 것이다. 이미 닥친 현실이고, 누구도 예외가 없는 현실이다.

대체적으로 겁이 나는 상황은 어떤 일의 결과가 전혀 예측이 안 된다든가, 예측되는 결과 중 생명에 위협이 되는 경우가 있을 때다. 하지만 커리어와 관련한 것은 적어도 생명에 위협이 될 만한 일은 없다. 내 아이디어를 인터넷에 올려 보거나, 구독자 0명의 유튜브를 시작해 보거나, 회사 100군데에 이력서를 보내거나, 이 사람 저 사람에게 무턱대고 연락해 보는 일 중 내 생명에 위협이 되는 일은 없다. 대면 교류가 어려운 요즘 같은 시기는 얼굴 마주 보고 화끈거릴 일도 거의 없다.

파도타기를 해 본 적이 있는가? 파도가 일렁일 때는 파도의 리듬에 맞춰 함께 뛰어서 파도 위로 올라타야 한다. 무섭다고 우왕좌왕하다 보면 어느새 물을 잔뜩 먹고 파도에 휩쓸려 육지로 밀려나 버린다. 코로나 바이러스가 사회 전역에 거친 파도를 만들어 놓았다. 기업 파산 소식과 직원 해고 소식이 끊이지 않는다. 취업 시장은 얼어붙었고, 마이너스 경제 성장은 앞으로도 한동안 지속될 것이다. 정신 바짝 차리고 파도에 올라타 이 파도가 나를 넘어가게 해야 한다. 모두 힘든 시기다. 파도를 넘자.

쫄지 마! 안 죽어.

흔들리지 않는
강한 자존감을 갖고 싶다면
– 신박한 마음 정리의 기술

커리어 장수(長壽)의 비결은 재미있게 즐기면서 일하는 것이다. 천재는 노력하는 자를 이길 수 없고, 노력하는 자는 즐기는 자를 이길 수 없다고 했다. 어떻게 하면 재미있게 오랫동안 일할 수 있을까? 재미를 느끼려면 자신의 기질과 성향에 맞는 일을 찾아야 하고, 커리어를 오랫동안 유지하려면 자존감으로 마음 근육을 단단하게 만들어야 한다.

채용 면접이나 회사 프레젠테이션에서 유독 자신감이 없어 보이는 사람들을 볼 때 안타까운 마음이 든다. 대체로 본인 콘텐츠에 애정이 없는 경우다. 본인도 좋아하지 않는 걸 다른 사람에게 권하면 설득될 리 만무하다.

변화를 원한다면 일단 현재의 문제를 인식하고 가야 할 곳(목표)과 실천 방법을 알아야 하는데, 자존감은 마음의 영역이라 세

가지 모두 쉽지가 않다. 만약 목표가 다이어트라면 문제 인식도 쉽고 실천 방법에 대한 정보도 널려 있어서 실천만 하면 된다. 영어 공부 또한 문제를 인식하는 것도 쉽고 방법도 다양해서 시간과 노력만 들이면 해결 가능하다. 그런데 마음은 내 상태를 인식하는 것부터 쉽지가 않다. 문제 인식조차 안 되니 변해야겠다는 의지도 생기지 않는다. 그러니 계속 수렁에 빠지거나 이유도 모르는 채 방황하게 된다.

모든 정리의 시작은 분류하는 것이다. 집 청소든, 서류 정리든, 습관이든. 남길 것과 버릴 것, 피해야 할 것으로 분류를 한다. 마음 정리도 같은 방법으로 연습하고 습관으로 만들면 된다.

마음의 분리수거

남길 것 : 나에 대한 칭찬과 긍정적인 생각

자존감이 낮은 상태에서 다른 사람에게 칭찬을 들으면 떠오르는 생각이 있다.

'그럴 리 없어.'(부정)

분명 칭찬을 들었는데 인정하지 않고 바로 버려 버린다. 샤넬 백을 선물 받고는 그게 샤넬 백인지 모른다.

'나 기분 좋으라고 괜히 한 소리일 거야.'(꼬인 해석)

분명 칭찬인데 욕으로 여긴다. 샤넬 백을 선물 받고는 짝퉁이라고 생각해 처박아 둔다.

'그럼 뭐 해. 다른 걸 다 망쳤는데.'(편향 해석)

칭찬 내용을 새기지 않고 다른 것을 연상한다. 샤넬 백을 선물 받았는데 오늘 망친 머리 때문에 우울하다.

좋은 말과 생각은 곱씹어서 소화시키고 마음의 영양분이 되도록 저장해야 한다.

새로 들어온 다미 님이 나에 대한 좋은 평을 들었다고 말해 줬다. 한 귀로 흘러가려는 걸 한 번 곱씹고 마음에 담았다. 잘했다.

　　　　　　　　　　　　　　　　－ 2019년 11월 20일 일기 중에서

버릴 것 : 마음의 쓰레기

쓰레기는 얼른얼른 버려야 썩지 않고 날파리도 생기지 않는다. 처음엔 쓰레기로 판별하는 데 시간이 걸리는데, 계속 연습하다 보면 요령이 생기고 속도도 빨라진다. 마음의 쓰레기는 밖에서 들어오는 것도 있고 내가 만들어 내는 것도 있다. 밖에서 들어오는 쓰레기는 얼른 쓰레기통에 버린다.

남들이 툭툭 던지는 말들, 예를 들어 '너 살쪘다?', '너 오늘 옷이 왜 그래?', '화장을 안 하니까 이상하다' 이런 불필요한 말은 쓰레기다. 누가 나한테 쓰레기를 주면 어떻게 할까? 쓰레기통에 버리면 된다.

　　－황진영, 유튜브 〈무례한 말에도 내공있게 대처하는 마음챙김〉 중에서

내가 만들어 내는 쓰레기는 다음과 같은 것들이다.

'난 역시 안 될 거야.'

과거의 경험과 기억으로 현재의 나를 괴롭히는 경우. 과거는 과거로 버려야 한다.

'지원해 봤자 떨어질 거야.'

일어나지 않은 미래에 대한 걱정으로 현재의 나를 방치하는 경우.

'회사가 망해서 잘리면 어떻게 하지?'

내가 컨트롤할 수 없는 일로 현재의 나를 겁주는 경우.

혹시나 이런 쓰레기를 가득 안고 사는 건 아닌지 살펴보고 얼른얼른 버리는 연습을 해야 한다. 물건을 버리는 것도 큰 결심이 필요하지만, 일단 자리 잡은 마음 덩어리를 도려내는 것도 큰 노력이 필요하다.

피할 것 : 부정적이고, 염세적이고, 빈정대는 사람과 콘텐츠

버리고 남기는 연습을 하다 보면 애당초 들이지 말아야 할 것들이 보인다. 물건도 합리적인 소비가 필요하듯이 마음도 합리적인 소비 습관이 필요하다. 우리 모두에게는 매일 24시간이 공평하게 주어진다. 이 시간 안에서 사람을 만나고, 일을 하고, 생각을 한다. 마음 공간에 불필요한 것들을 넣고 분리하고 버리고를 반복하는 데 시간을 쓰기보다 아예 쓰레기가 생기지 않도록 차단하는 게 현명하다. 부정적이고, 염세적이고, 빈정대는 사람과 콘텐츠는 피하고 멀리하는 게 좋다. 나쁜 기운은 고약해서

악취가 오래 남는다.

　뉴스는 사람들의 시간을 뺏기 위해, 그래서 광고로 돈을 벌기 위해 끊임없이 자극적이고 중독적인 스토리들을 내보낸다. 소셜 미디어 콘텐츠들은 '좋아요'를 얻기 위해 가짜를 예쁘게 포장한다. 부정적인 사람은 대부분 겁쟁이라서 자신의 겁을 다른 사람들에게 전파해 군중 속에 숨으려고 한다. 내 인생에 도움이 안 된다. 피하자.

　내 마음의 주인이 되어야 한다. 그러려면 감정을 구체화해서 정신의 실체를 만나는 연습이 필요하다. 막연히 기분이 언짢은 상태, 우울한 상태, 괴로운 상태를 그냥 두면 안 된다. 감정에 이름을 붙이고, 원인을 파악하고, 나의 내면과 만나야 한다. 나를 이해하는 시간을 갖도록 하자. 나 자신을 만나야 위로도 하고 치유도 한다.

다른 나라의 문화나 미지의 생물, 머나먼 우주의 행성을 이해하기
위해 기꺼이 노력할 마음이 있다면, 우리의 마음을 이해하는 데
그만큼의 노력을 들이는 것 또한 가치 있는 일일 것이다.

　　　　　　　　　　　– 유발 하라리, 《21세기를 위한 21가지 제언》 중에서

매일 좋은 기분을 유지하고 싶다면
– 마음의 근력을 키우는 운동 3가지

앞에서 자존감을 위한 마음 정리에 관해 이야기를 나누었다. 감정을 구체화해서 정신의 실체를 만나야 한다는데, 진정한 나 자신을 만나야 위로도 하고 치유도 한다는데, 좋은 말인 건 알 겠는데 대체 어떻게 하라는 건지……. 나 또한 답을 몰라 오랫 동안 답답하기만 했다.

신체 건강을 위해 우리는 어떤 일들을 하는지 살펴보자.

주기적으로 건강 검진을 받는다. 예방하고 초기에 발견하기 위해서다. 아프면 병원에 간다. 전문가의 진단과 치료를 받기 위해서다. 몸에 좋은 음식을 섭취한다. 신체에 필요한 영양분을 공급하기 위해서다. 운동으로 체력과 근력을 키운다. 건강 관리 를 위해서다.

마음도 신체와 마찬가지로 실천하면 되지 않을까? 전문가의 도움을 받고, 좋은 영양분을 섭취하고, 근력을 키우면 되겠지. 마음 건강을 위해 내가 해 보고 효과를 본 몇 가지 방법을 공유하려고 한다. 중요한 점은 뭐든 꾸준히 해서 습관으로 만드는 것이다. 작심삼일이 발목을 잡는다면 매일 3일짜리 작심을 하면 된다고 하던가.

자존감 근력 키우기

감사 노트

오프라 윈프리의 책《내가 확실히 아는 것들》을 읽고 얻은 팁이다. 잠들기 전 (혹은 수시로) 10분 정도 노트에 글을 쓴다. 처음엔 하루 일을 돌아보고 감사한 내용을 적는 것으로 시작했는데, 하다 보니 감사한 일 세 가지, 잘한 일 세 가지, 아쉬운 일 세 가지를 적는 것으로 자리를 잡았다. 처음에는 정말 생각이 안 나고 막막했다. 어제와 비슷한 하루, 뭐 특별한 게 없던 하루, 혹은 엉망진창 망한 하루 같아서 감사한 일도, 잘한 일도 생각나지 않았다. 그런데 억지로 곱씹고 끄집어내는 연습을 하다 보니 생각지도 못한 일에 갑자기 감사하고 뿌듯한 마음이 생겼다. 꾸준히 하다 보면 다음과 같은 효과를 얻을 수 있다.

첫째, 우울한 마음을 그냥 그런 기분으로 두지 않고 들여다보게 된다. 오늘 하루 무슨 일이 있었는지, 왜 이런 기분인지, 쪼개서 살펴보고 정리(분류)하게 된다. 저명한 인지 심리학자이자 행동 경제학자인 대니얼 카너먼은 행복은 경험의 객관적 축적물이 아니라 무엇을 기억하느냐에 달려 있다는 사실을 여러 실험을 통해 이론으로 정립했다. 우리 마음을 조종하는 기억은 매우 주관적이고 편향적이어서 잠깐 있던 일을 크게 남기기도 하고, 실제 있던 좋은 일을 지워 버리기도 한다. 그래서 하루를 복기하며 기억을 교정하는 일이 상당히 도움이 된다. 감사한 일과 잘한 일을 적다 보면 오늘 하루가 생각보다 나쁘지 않았다는 마음이 든다.

둘째, 매일 감사 노트를 쓰다 보면 어떤 일이 일어난 순간(나중에 쓸 때 기억이 잘 안 난다는 걸 경험했기 때문에)에 자연스럽게 바로바로 기록하게 된다. 그러면 그 순간의 감사한 마음과 잠깐의 행복을 좀 더 분명하게 기억에 남길 수 있다. 내 마음 상태를 매 순간 인지하는 게 매우 중요한 시작이다.

셋째, 주변에서 일어나는 일에 조금 더 관심이 생긴다. 남편이 한 말, 아이가 한 말, 회사 상사가 한 말 등을 주의 깊게 듣는 습관이 생긴다. 그리고 주변을 조금 더 관찰하는 부지런함이 생긴다. 한마디로 부지런히 움직이는 뇌 운동을 일상 속에서 계속하게 된다. 그럼 자연스럽게 마음 근육이 단단해진다.

넷째, 글은 생각을 구체화해 마음과 만나는 가장 좋은 방법이다. 생각을 머릿속에 두지 말고 노트에 두어야 한다. 그래야 실체화가 이루어지고 내 모습이 보여 마음 진단을 정확히 내리고 자존감 회복이 가능하다. 마음이 그냥 그런 느낌이라면, 생각은 머릿속에서 느낌에 스토리를 만드는 것이고, 글은 내 생각을 사진으로 남기는 것과 같다.

다음은 내가 감사 노트에 쓴 글의 일부다.

2019년 11월 18일

고민하다 바비(우리 부서 부사장)에게 다가가 인사했다. 잘했다.

2019년 11월 21일

두려움을 이기고 화이트보드로 걸어가 생각을 그렸다. 잘했다. 두려움을 걷어 내면 나도 그리 나쁘지 않다.

2019년 11월 22일

한 주가 지나고 금요일이다. 감사하다. 이모네 가족과 저녁을 먹기로 약속을 잡았다. 생각을 미루지 않고 실천하는 나 자신에게 감사하다.

2019년 11월 25일

아침에 출근하는데 사이드 미러가 접혀 있는 걸 중간에 알아챘다. 어떻게 해야 할지 몰라 남편에게 전화를 했다. 이렇게 멍청한 이유로 전화해도 화내지 않는 남편이 고맙다.

마음에 좋은 양식 섭취하기

분리수거를 통해 마음 쓰레기를 버렸다면 좋은 것으로 채워야 한다. 이때는 전문가나 내공이 쌓인 사람들의 도움을 받는 게 좋다.

그 첫 번째는 바로 독서다. 이번에 글을 쓰면서 새삼 깨달은 바인데, 글은 정돈된 생각의 결정판이다. 흘러가는 말과 달리 글은 오랜 시간 생각을 정리하고, 메시지를 수정하고, 공을 들여 다듬는 과정을 거친 사고의 산물이다. 한낱 포스팅에도 내공이 필요한데, 책 한 권이 만들어져 나오기까지 (오랜 세월 사랑받는 고전이나 세계적인 베스트셀러라면 더더욱) 작가는 뼈를 깎는 정신 수양의 시간을 보낸다. 좋은 책은 나의 내면을 다지는 데 큰 힘이 된다.

반드시 자기 계발서나 종교 서적처럼 내면 치유를 위한 책일 필요는 없다. 때로는 불량 식품 같은 책이 도움이 되기도 한다. 한 번에 완독하려고 애쓰지 않아도 된다. 한 챕터를 읽든 한 단락을 읽든 내용에 관해 생각하는 시간을 충분히 갖는 게 중요하다. 마음 건강을 위한 독서는 시험 점수를 위한 입시 공부가 아니다. 속도와 양보다는 천천히, 꾸준히 마음을 움직이는 운동을 하는 게 중요하다.

두 번째는 좋은 강연 듣기다. 지식 공유와 1인 미디어가 대세가 된 요즘은 유튜브에 좋은 강연이 넘쳐 난다. TED(미국 비영리 재단에서 운영하는 강연회), 세바시(CBS 강연 프로그램 〈세상을 바꾸는 시간, 15분〉의 줄임말) 등 좋은 강연이 너무 많다. 일주일에 좋은 영상 한두 가지는 꼭 보고 곱씹어 마음에 남기는 연습을 하면 좋다. 다만 소화시킬 여유 없이 많이 보다 보면 나만 게으르고 나약한 것 같은 자책의 늪에 빠지는 부작용이 생긴다. 적당히 보고 생각하는 시간을 갖는 게 좋다.

유튜브 알고리즘이 나에게 추천하는 영상들을 살펴보라. 내가 그동안 어떤 걸 주로 보고 있었는지 깨달음이 온다. ㅎㅎ

'지적인 힘이 부족하면 나의 불행을 확대 해석한다. 그래서 공부해야 한다'라는 김미경 강사의 말에 1000퍼센트 공감한다. 앞에서 마음의 분리수거에 관한 이야기를 했는데, 쓰레기 분리수거를 하려면 공부가 필요하다. 재활용품, 음식물, 가구, 전자제품은 크기와 모양, 재질이 제각각이고 버려야 하는 방법도 다르다. 마음의 분리수거에도 공부가 필요하다. 아는 단어가 '우울증'밖에 없으면 나의 모든 감정이 우울증으로 종결되어 버린다. 정신 의학이 발달하지 않던 시절에는 모든 마음의 병이 '지랄'로 퉁쳐지기도 했고, 온갖 장기의 병이 '배앓이'로 불리기도 했다. 마음의 힘을 가지려면 마음을 진단하고 표현할 수 있는 어휘력을 늘려야 한다.

즐거움 분산하기

우린 모두 여러 존재로 살아간다. 나는 디자이너이기도 하면서, 엄마이고, 아내이고, 딸이고, 며느리이고, 친구다. 또한 누군가에겐 고객이고, 고용자이고, 동네 이웃이고, 인터넷에선 글을 쓰는 블로거다. 이 모든 존재가 '나'다.

감정이 상하는 이유는 내 감정에 올인하기 때문인 경우가 많다. 올인해서 상한 감정은 회복도 어려울뿐더러 위험 부담이 크다. '여러 가지 나'로 즐거움을 최대한 분산하면 즐거움의 밀도가 떨어지는 게 아니라 오히려 즐거움의 강도와 총량이 커진다.

요즘 다중 자아나 '부캐(부차적 캐릭터)'가 유행하는데, 이것도 같은 맥락의 시도다. 나는 요즘 'EK의 커리어 노트'라는 블로그를 운영하며 부캐 'EK'로 활동하는 재미에 푹 빠져 있다. 현실에선 만날 수 없는 사람들을 EK는 아주 많이 알고 있다. 내 일상 속 인간관계는 한정적인데, EK는 싱가포르, 홍콩, 중국, 호주 등 전 세계 사람들과 소통을 한다. 나는 나를 내세우는 일에 그다지 호기롭지 않은데, EK는 아주 뻔뻔하고 능청맞다. EK가 내게 활력을 주어 전반적인 자존감도 올라가고 재미 지수도 높아졌다. 부캐의 긍정적 힘이다.

근력 운동으로 근육을 만드는 데는 꽤 오랜 시간과 노력이 필요하다. 마음도 근력 운동이 필요하다. 자존감은 마음의 단단한 근육과 같다. 오래 버티는 힘을 만들기 위해 나에게 맞는 자존감 운동을 시작하자.

스트레스 주는 인간들로부터
나를 지키는 법

　직장 생활에서 받는 스트레스의 80퍼센트는 아마 인간관계에서 비롯될 것이다. 그런데 직장 생활에서 뿐만 아니라 스트레스 대부분은 사람과의 관계에서 비롯된다. 사람이 사회적 동물인 이상 피해 갈 수 없는 일일 게다. 인간관계에 관한 이야기를 써 보자고 마음먹고 몇 번이나 흔들렸다. 사람마다 처한 상황이 너무 다르고, 나는 그다지 처세술에 능하지도 않고, 나라고 뾰족한 수가 있는 것도 아니기 때문이었다. 다만 스트레스 관리법에 관해서는 나누고 싶은 이야기가 있다.

　직장인 퇴사 이유를 조사해 보면 '상사나 동료와의 갈등'이 언제나 상위권이다. 나 또한 지난 25년간 이상한 사람을 꽤 많이 만난 듯하다. 많은 직장과 사람을 경험해 보고 내린 결론은 이상한 사람은 어딜 가든 있다는 것이다. 누군가에겐 나도 이상

한 사람일 수 있다.

월급이 기술과 전문성에 기반한 직무 역량의 대가라고 오해하는 경우가 많은데, 월급은 성과에 대한 보수다. 그런데 성과는 나 혼자만 잘한다고 나오는 게 아니라 협업을 통해 나온다. 그러니까 이 말은 곧 월급은 내가 다른 사람과 함께 일할 때 들어가는 에너지, 시간, 감정 노동의 대가라는 것이다. 나는 월급 중 감정 노동에 대한 대가가 차지하는 비율이 절반은 넘는다고 생각한다. 그러니 내가 상사나 동료 때문에 받는 스트레스는 돈을 버는 스트레스다. 원래 돈 버는 건 힘든 일이다.

사람과의 관계에서 스트레스를 받을 때 내가 쓰는 해결책은 두 가지다. 첫 번째는 마인드 컨트롤, 두 번째는 상황 종료. 두 가지의 공통점은 내가 컨트롤할 수 있다는 것이다. 오랜 화병의 시간을 지나 얻은 깨달음은 다른 사람을 바꾸는 일은 불가능하다는 것이다. 모든 화병은 안 되는 걸 되게 하려다 보니 생긴다. 그러니 내가 할 수 있고 내가 바꿀 수 있는 일에 집중하는 게 최선이다.

마인드 컨트롤

첫째, 나는 내 직업을 사랑한다. 이게 가장 중요한 포인트다. 자신의 일과 업이 즐거움을 주지 않는다면 이것부터 고민해야 한다. 스트레스를 이기려면 일에서 오는 보람과 즐거움이 있어야 하는데, 일에서 재미를 못 느낀다면 이 직업이 나에게 맞는지부터 고민해야 한다.

둘째, 현재 직장은 나의 직업을 실현하는 수많은 옵션 중 하나다. 따라서 직장과 내 인생을 동일시하지 않는다. 난 언제든 떠날 수 있다. (직장과 갑을 관계가 되지 않으려면 이곳이 아니어도 밥벌이를 할 수 있다는 자신감과 능력이 필요하다. 어쩔 수 없이 버텨야 하는 것과 버티기를 선택한 것은 하늘과 땅 차이다.)

셋째, 직장은 노동을 제공하고 돈을 받는 곳일 뿐 뭔가를 배우는 곳이 아니다. 배우는 게 목적이라면 학교나 학원에 가야 한다.

넷째, 다른 사람에게 큰 기대를 하지 않는다. 많은 경우 기대가 실망을 낳는다. 애당초 기대가 없으면 실망도 없다. 상사가 나보다 무언가를 더 잘 알 거라는 기대, 임원 정도면 그럴듯한 비전이 있을 거라는 기대, 개발자면 개발에 대해 잘 알 거라는 기대……. 그런 기대는 안 하는 게 정신 건강에 좋다.

다섯째, '배울 게 없다'는 말은 내 배움의 능력이 떨어진다는 뜻이기도 하다. '배운다'는 능동형 동사다. 저절로 '배워지는' 것은 없다는 말이다. 같은 곳에서 같은 경험을 해도 누군가는 배워서 성장하고, 누군가는 제자리걸음만 한다. 화풀이, 속풀이, 술풀이가 정 필요하면 딱 하루만 하고 앞으로 나아가자.

여섯째, 신박한 마음 정리법으로 그날그날 감정을 분리수거 한다. 그날 회사에서 있던 속상한 일, 기분 나쁜 말, 혹은 좋은 말을 분류해서 버릴 것은 빨리 버리고, 남길 것은 곱씹어 자존 감을 높인다. 나는 소중하니까.

상황 종료

마인드 컨트롤을 아무리 잘해도 도인이 아닌 다음에야 도저 히 견딜 수 없는 임계점이 올 때가 있다. 그리고 사람마다 참을 수 없는 '극혐 포인트'가 다르다.

저녁을 먹으면서 중학생 쌍둥이 딸아이들에게 어떤 사람이 제일 싫으냐고 물으니, 해나는 부정적인 사람이라고 하고 유나 는 돌려 말하는 사람이라고 한다. (돌려 말하는 사람이 극혐이라는 대답을 듣게 될 줄 상상도 못 했다. 참신하다. ㅎ)

나는 소리를 지르거나 빈정대거나 깐족대는 사람은 잘 넘길 수 있다. 그런 상황에 있거나 그런 사람과 대화할 때는 코미디 를 본다는 상상을 하곤 한다. 나의 '극혐 포인트'는 보이스가 차 단당하는 것이다. 궁금한 건 물어봐야 직성이 풀리고, 말하면서 또는 글로 쓰면서 생각하는 습관을 가진 나 같은 사람에게 '닥치고 가만히 있으라'는 말은 숨을 못 쉬게 하는 것처럼 참기가 힘들다. 남들은 귀찮거나 두렵거나 피하고 싶어서 꺼내지 않는 것을 꺼내는 나의 오지랖은 이 자리까지 오게 해 준 장점인 동시에 그 속도를 더디게 만든 단점이기도 했다. 지난 25년 동안 상사 때문에 자리를 옮긴 경우가 두 번 있는데, 한 번은 퇴사하는 것으로, 다른 한 번은 팀을 옮기는 것으로 상황을 종료했다.

인생은 종종 무엇이 더 나은가의 선택이 아니라 무엇을 더 참을 수 있느냐의 선택이다. 남아서 또라이 상사를 참을지, 떠나서 광야의 고통을 참을지의 선택처럼.

더 버티는 게 영혼을 갉아먹는 일이라는 판단이 선다면 얼른 '손절'이 답이다. 버틸 수 있는 끈기도 중요하지만, 필요할 때는 끊어 내는 용기와 판단력도 중요하다. 이건 루저도 아니고 포기도 아니다. 나를 지켜 내는 일이다.

• • • • • •

가끔 누군가에게 '너 변했어'라며 화를 낸다. 실은 그 사람이 변한 게 아니라 내가 모르던 걸 알게 됐을 뿐인데……. 원통은 위에서 보면 원형이고, 옆에서 보면 사각형이다. 나 자신도 나를 잘 모르는데, 어찌 남을 다 알겠는가. 그러니 다른 사람을 쉽게 판단하려고 하지 말자. 인간관계에서 내가 할 수 있는 일은 나를 컨트롤하는 것뿐이다.

워킹맘들에게
해 주고 싶은 말 1

만 서른네 살에 쌍둥이를 낳았다. '아이를 꼭 낳아야겠다!' 이런 마음이 있는 건 아니었지만 '아이는 절대 안 낳겠어!' 하는 마음도 없던 터라, 그렇다면 서른다섯 살이 넘어가기 전에 출산을 하는 게 좋겠다고 생각했다. 그런데 임신이 마음먹는다고 되는 일이 아니라는 걸 그때 알았다.

남자와 달리 한정적인 자원을 가진 여자의 부담과 조바심을 느끼며, 왜 남자와 여자가 다른지 처음으로 실감했다. 여러 차례의 자연 임신 실패 후 불임 검사를 받고 인공 수정을 시도했으나 그것마저 실패해 시험관을 하기로 했다. 온전히 나 혼자 겪어 내야 하는 시간이었다. 건강한 몸 상태를 만드는 것도, 호르몬 주사를 매일 맞는 것도, 난자를 적출하고 이식을 받는 것도 오롯이 내 몸이 해내야 하는 일이었다.

그렇게 쌍둥이가 생겼다.

모토로라에서 막 매니저로 승진한 때였다. 회사에 나만큼 시스템 전반을 꼼꼼하게 꿰고 있는 사람이 많지 않았다. 수많은 통신사별 요구 사항이며, 모델별 기능이며, 신제품 로드맵도 다 내 머릿속에 들어 있었다. 매니저 승진 발표가 나자마자 임신 사실이 알려지는 게 부담스러웠다. 그러잖아도 신참 동양 여자 매니저를 바라보는 팀원들의 불안한 눈길이 느껴지는데, 임신이라니……. 하지만 임신을 숨기기엔 내 배가 너무 빨리 불러왔다.

다행히 입덧이 심하지 않아 임신 초기를 잘 넘기고 중기로 들어선 29주 차 검진에서 자궁이 열렸다며 응급실행 명령을 받았다. 점심시간에 잠깐 짬을 내 검진을 받으러 간 터라 순간 당황한 나머지 "회사에 가야 해요. 오후에 중요한 미팅이 있어요"라고 말했다. 황당한 표정을 지은 의사는 내가 무슨 큰 딜을 앞둔 회사 CEO나 되는 듯 최대한 빠른 시간 안에 응급실로 가야 한다고 신신당부를 했다.

온갖 초음파 측정 기계가 내 배에 달렸고, 화면으로 5분마다 자궁 수축이 일어나는 게 보였다. 조산을 대비해 약 투여가 시작되었다. 그렇게 3일간 모니터링을 한 후 나는 '침대에 누워 있을 것'이라는 처방과 함께 퇴원했다. 큰일이었다. 업무 인계는 아직 안 된 상태였고, 처리해야 할 일도 산더미였다. 팀원들의 업무 목표도 잡아 주어야 하고, 다음 해 계획도 세워야 하고, 중국에서 출시할 제품에 대한 의사 결정도 아직 안 끝난 상태였다. 바로 재택근무를 시작했다. 다행히 이상 증상이나 불편함은 없었다.

그렇게 37주를 채우고 유도 분만을 했다. 2007년 4월 11일, 출산 가방을 챙겨 집을 나서는데 시카고에 함박눈이 내렸다. 나는 자연 분만을 선택했다. 미국에서 자연 분만은 보통 입원실에서 출산까지 이루어진다는데, 쌍둥이 출산일 때는 만일의 비상 사태(수술)를 대비해 수술실에서 출산을 한다고 했다. 수술실에는 의료진만 16명이 모여 있었다. 소아과와 마취과를 비롯해 여러 의료진이 내 출산을 도왔다.

다행히 첫째 아이 출산은 크게 어렵지 않았다. 의사가 출산 전 설명하길, 첫째가 나오고 둘째가 10분 안에 나오지 않으면 자궁 안에서 질식사할 가능성이 있기 때문에 본인이 손으로 꺼낼 거라고 했다. 7분이 지나도 기미가 없자 의사는 둘째 아이를 다리를 잡아 끌어냈다. 난 아이만 낳으면 끝인 줄 알았다. 그런데 태반이 나와야 한다고 했다. 30분이 지나고, 1시간이 지나도 태반이 나오지 않았다. 건장한 남자 간호사 2명이 내 배를 쓸어내리며 몇 시간 사투를 벌인 끝에 태반이 나오고, 나는 곧 회복실로 옮겨졌다.

회복실에서 나를 기다리던 친정 엄마는 병원 에어컨 때문에 사시나무 떨듯 덜덜 떠는 나를 보더니 사색이 되었다. 안 되는 영어로 손짓 발짓을 하며 '우리 애기 좀 살려 달라'고 애원하는 모습이 지금도 눈에 선하다. 맞다, 난 울 엄마 애기지. ㅜㅜㅜ

출산 중 하혈이 너무 심한 나머지 잠깐 정신을 잃었는데, 정신이 희미해지는 걸 느끼면서 애 낳다가 죽는 게 이런 거구나 하는 생각이 잠깐 스쳤다. 아이 얼굴은 기억도 나지 않았다. 수혈을 받으며 정신줄을 놓으면 안 된다는 생각만 한 것 같다.

여자는 이 모든 과정을 직접 겪고 감당한다. '너만 겪는 게 아니니 유난 떨지 말라'는 말은 가장 모욕적이고 상처가 되는 말이다. 나의 경험은 나만 겪은 나의 고통이다. 이 과정을 겪고 나면 남자와 여자가 왜 다를 수밖에 없는지가 비로소 절실히 이해된다. 내 배 속에서 나와 함께 살던 생명, 내가 죽을 고비를 넘기고 낳은 아이, 온전히 내가 만든 생명이고 내 책임이라는 묵직한 (말로는 설명이 안 되는) 감정이 생긴다. 그러니 아이를 대하는 엄마의 동물적 본능과 아빠의 태도가 근본적으로 다른 건 어쩌면 (억울하지만) 당연한 이치일지도 모르겠다.

내가 이렇게 나의 임신과 출산의 과정을 주저리주저리 쓰는 건 딱히 해 줄 조언이 없어서다. 아이를 낳기로 했다면 넘어갈 수 없는 과정이다. 피할 수 없으면 즐기라고 하던가. 입 다물라. 피할 수는 있으되, 즐길 수는 없는 게 임신과 출산이다.

그저 혼자 맞는 매가 아닌 걸 알면 조금은 덜 억울한 맘이 생길까. 내가 잘못해서 당하는 게 아니라고 누군가 말해 주면 위로가 될까. 그러니 외로워하지 말라고, 혼자 버티고 견뎌야 하는 시간이지만, 그 시간이 지나고 나면 그렇게 버티고 살아남은 전우들을 곧 만나게 될 거라고……. 그러니 조금만 더 힘내라고…….

부디 나의 응원이 누군가에게 닿기를…….

워킹맘들에게
해 주고 싶은 말 2

연애 시절을 합쳐 14년 만에 그는 아빠가 되고 나는 엄마가 되었다. 아이를 낳기 전에 아빠인 그와 엄마인 나를 상상했어야 했다. 그런데 그게 무슨 뜻인지, 어떤 준비가 필요한지, 무슨 일이 닥칠지 아무도 말해 주지 않았다. 남편과 단둘이 유학생으로 시작한 미국 생활처럼 육아 또한 오롯이 우리 둘이 해내야 하는 일이었다. 그렇게 무방비 상태로 초보 부모가 된 우리는 적응하기까지 꽤 긴 시간이 필요했다.

집안일이 세 배로 늘었다.

아이를 낳으면 '육아'라는 새로운 일이 생긴다는 건 익히 들어 알고 있기에 마음의 준비를 하고 있었다. 하지만 육아에 집안일이 포함되어 있다는 걸 미처 생각하지 못했다. 남편과 둘이 살 때는 그냥 대충 살아도 그만이었다. 청소는 손님 올 때나 하는 거고, 빨래는 1주든 2주든 몰아서 하면 되고, 먹기 싫으면 굶고, 밥하기 싫으면 사 먹거나 라면으로 때우면 그만이었다. 그러니 가사 분담이 필요한 일도 별로 없었다. 내가 혼자 휘리릭 해도 그만인 정도의 일감이었다.

그런데 아이들이 태어나니 매일 바닥 청소를 해야 했다. 하루라도 건너뛰면 아이들이 기어 다니면서 입에 넣어서는 안 될 것을 주워 먹을지도 모를 일이었다. 빨래는 이틀에 한 번은 해야 했고, 장보기와 요리도 피할 수 없었다. 처음으로 가사 분담에 대한 불만이 생겼다.

불공평했다.

초보 엄마로서 내가 느낀 가장 큰 불만은 바로 불공정하다는 억울한 감정이었다. 나는 남존여비 사상이 강한 부모 밑에서 자랐다. '여자라서 안 돼'라는 말은 늘 내 전투력에 불을 지폈다. 자라면서 여자여서 안 될 일은 없다는 걸 증명하려는 마음이 컸다. 그래서 여자라서 받는 부당함에 대해 민감하다.

그런데 아빠인 남편과 엄마인 나는 달랐다. 엄마가 되면 온몸의 세포에 아이에 대한 촉이 생긴다. 내 배 속에 있던 생명이어서인지 이 생명을 책임져야 한다는 마음이 이성적 생각이 아니라 동물적 본능처럼 나타난다. 이성과 본능의 차이 때문에 아빠와 엄마는 매우 다른 형태로 육아에 임할 수밖에 없다.

퇴근 후 집에 오면 육아 정보를 찾아보는 게 일이었다. 무슨 주사를 맞혀야 하는지, 지금쯤 어떤 걸 먹여야 하는지, 아이가 왜 우는지, 알레르기 검사라는 게 있다는데 그건 뭔지, 수면 훈련을 시켜야 한다는데 그건 어떻게 하는 건지. 공부할 게 너무 많았다. 난 갑자기 듣도 보도 못한 분야 초보자가 되었고, 정답도 없는 분야에 대해 여기저기 주워듣고 찾아보고 물어봐야 했다. 그런데 남편은 달라진 게 없어 보였다. 퇴근 후 여전히 업계 동향 뉴스를 찾아보고, 새로운 소식을 나에게 알려 주었다. 나는 내 커리어에서 뒤처지는 불안감을 느끼고 있었지만, 남편에게는 전혀 그런 변화가 없는 것처럼 보였다. 억울했다.

그가 그린 모성상, 내가 그린 부성상

남편과 함께한 시간이 14년이니 알 만큼 안다고 생각했다. 우린 꽤 잘 맞았다. 기질과 성향은 달랐지만 그래서 좋을 때가 더 많았다. 서로의 가치관과 삶에 대한 태도도 존중하고 존경했다. 그런데 내 아이들의 아빠가 된 그의 모습은 생경했다. 엄마가 된 나의 모습도 그에게 생경했으리라. 아이를 낳으면 결혼 생활은 이전과는 전혀 다른 새로운 시대로 접어든다.

가장 맞추기 어려운 건 남편이 그린 모성상이었다. 남편이 그린 모성상은 당연히 본인의 경험에서 비롯됐을 텐데, 난 그 기준에 맞출 수가 없었다. 남편의 어머니는 내가 지금까지 만나본 어머니 중 가장 희생적이고 자애롭고 인내심이 강한 분이다. 남편이 '엄마란 그런 거'라고 생각하게 된 건 당연한 일일 게다. 우린 서로가 실망스러웠고 낯설었다. 남편은 분명히 육아 전쟁의 하나뿐인 동지였으나, 그래서 더 믿고 원망스러웠다. 원래 기대가 크면 실망이 큰 법이다.

보통 30대에 임신, 출산, 유아기 육아가 일어난다고 치면, 커리어에서는 이제 막 일에 감이 잡혀 날아오르기 시작하는 시점이다. 그런데 아이가 생기면 커리어에서 가장 중요한 시간이 뒤죽박죽되어 버린다. 그 기간에 내가 할 수 있는 유일한 일은 포기하지 않고 버티는 것이다. 최대한 힘을 비축하고, 정신줄 붙잡고, 우선순위에 항상 '나'를 놓고, 그 기간이 지나길 기다리는 거다.

지나간다. 거짓말처럼 지나간다. 앞이 안 보이는 캄캄한 터널이지만 끝이 있는 터널이다. 끝이 있는 터널은 걷다 보면 언젠가는 지나기 마련이다.

그도 터널을 걷고 있다. 캄캄해서 안 보이기도 하고, 허우적대는 팔에 실수로 맞기도 한다. 헤매는 나를 도와주지 않는 그가 때때로 야속하지만, 그도 헤매면서 묵묵히 걷는 중이다. 부디 서로에게 큰 생채기를 내지 않기를…….

터널을 함께 지나고 터널 끝에서 그를 만나면 무지 반갑다. 반가워, 여보!

● ● ● ● ● ●

나에게 백일의 기적 따원 없었다. 돌의 기적도 없었다. 네 살쯤 되어 혼자서 배변할 때가 되자 비로소 아이들이 사람처럼 보였다. 그래서 나에게 육아는 언제쯤 편해지냐고 물으면, 네 살까지만 꾹 참으라고 한다.

부정적인 생각으로부터
자유로워지는 7가지 방법

　다른 이의 시선과 평가에 민감하고, 열등감과 자신에 대한 부정적인 생각으로 괴로워하는 사람이 많다. 나 또한 그랬다. 아마도 타고난 기질과 자라 온 환경, 자신이 처한 현재 상황 등이 만들어 내는 생각 고리가 아닐까 싶다.

　어린 시절 나를 괴롭히던 열등감을 지금은 어느 정도 극복한 듯하지만, 문제가 생겼을 때 자책하는 성향은 여전히 내 안에 남아 있는 것 같다. '내 잘못이야'라는 생각이 사회생활에서는 마이너스로 작용하는 경우가 많아서 지금도 고치려고 노력하는 중이다.

　때로는 허우적댈수록 더 깊이 빠지는 늪을 지나고, 때로는 먼지처럼 사라졌으면 하는 시간을 보내고, 때로는 끝이 안 보이던 캄캄한 터널을 지난 지금, 나는 그 시간을 어떻게 버텨 왔나 생

각해 본다. 혹시 나의 이야기가 누군가에게 도움이 되지 않을까
하면서……

시간 채우기

일단 시간과 마음을 바쁘게 채운다. 보통 시간 여유가 있으면
잡생각이 많아진다. 그래서 잡생각이 떠오를 틈을 주지 않는 작
전이다. 난데없이 집 안 정리를 하기도 하고, 쇼핑도 하고, 영화
도 본다. 난 내가 게을러질 것을 알기에 미래의 내가 빠져나가
지 못하도록 일을 좀 벌여 놓는 편이다. 강연을 잡거나 미팅을
잡거나 언제까지 무언가를 하겠다고 덜컥 약속을 해 놓는다. 혼
자 다짐하는 일은 실패하기 일쑤라서 최대한 소문을 내고 공개
적으로 약속을 하는 편이다. 안 그러면 내가 안 할 것을 알기에.

알아채기

부정적인 생각이 드는 순간 내가 부정적인 생각을 하고 있음을 인식하는 게 매우 중요하다. 그리고 자기 연민, 현실 회피, 자기기만, 자학과 같은 왜곡이 일어나는 걸 경계한다. 그래서 나는 종종 유체 이탈을 해야 한다고 농담처럼 말하기도 한다. 내가 바닥으로 떨어지고 있다는 걸 느낄 때 몸에서 빠져나가 나를 바라보는 상상을 해 본다. 그러면 '아, 저기 있으면 안 되는데……' 하고 수렁에서 건져야겠다는 생각이 들기도 하고, 때로는 깊은 수렁인 줄 알았는데 별거 아닌 도랑임을 알아채기도 한다.

다른 사람의 말에 큰 의미 두지 않기

나에게 상처를 주는 사람들을 잘 보면 그들 역시 불안정하고 아픈 사람들임을 알게 된다. 그리고 이것저것 오지랖 넓게 참견하고 설레발치는 사람 대부분이 실은 내 인생에 별로 관심이 없음도 알게 된다. 그냥 한 귀로 듣고 한 귀로 흘리는 연습을 해 보자. 이 훈련을 하면 세상살이가 많이 편해진다. 내 마음을 어지럽히는 사람들은 최대한 차단하거나 멀리하는 게 좋다.

과거와 싸워 이기기

과거의 트라우마가 나를 괴롭힐 때가 있다. 특히 어린 시절 부모에게서 받은 상처로 여전히 힘든 사람들 이야기를 종종 듣곤 한다. 나이가 들어 내 자아의 실체를 알아 갈 즈음, 과거의 유령이 죽지도 않고 끈질기게 현재의 나를 옭아매고 있음을 깨달았다. 그저 잊어버리거나 내려놓는 걸로 해결되지 않는다. 절대적인 의지력이 필요하다. 과거의 상처가 현재의 나를 망가뜨리게 두지 않겠다는 의지, 내가 받은 상처를 내 아이들에게 대물림하지 않겠다는 의지, 과거에 어쩌다 밟은 똥이 내 인생을 망치게 두지 않겠다는 의지, 내 인생 내가 지킨다는 의지. 이는 많은 노력과 훈련이 필요하다. 과거로부터 온전히 자유로워지는 데 나도 꽤 오랜 시간이 걸렸다.

일기 쓰기

돌이켜 생각해 보면 나를 지키는 데 일기 쓰기가 큰 도움이 되지 않았나 싶다. 중학교 1학년 때부터 대학 졸업 때까지 썼으니, 나의 생각과 자아가 정립되는 시기 내내 일기를 쓴 셈이다. 막연한 감정을 그냥 두지 않고 글로 써 보면 훨씬 생각이 맑아지고 내가 얼마나 허망한 일로 괴로워하는지가 보인다. 그리고 그게 쌓인 후 다시 읽어 보면 어쩜 그렇게 똑같은 걱정과 고민을 주야장천 하고 있는지도 보인다. 그러면 나도 모르게 외치게 된다.

"아, 쫌. 그만하고 무브 온!"

여행하기

일상에 너무 매몰되지 않도록 여행을 떠난다. 지금은 코로나바이러스 때문에 어렵지만, 코로나 이전에는 종종 금요일 밤 즉흥적으로 주말여행을 가곤 했다. 이곳저곳 두루두루 다니다 보면 겸손한 마음이 절로 생긴다. 거대한 자연 앞에 서면 모든 근심이 작게 느껴지고, 사람들 사는 모습을 보면서 내 삶을 돌아보기도 한다. 여행을 다니다 보면 더 열심히 살아야겠다는 생각도 든다. 돈 열심히 벌어서 여행 다녀야지 하는 즐거운 생각.

운동하기

여덟 살 때 KBS 방송국에 어린이 노래 프로그램을 보러 간 적이 있다. 방송 관계자가 녹화 전 분위기를 띄우려고 퀴즈를 냈는데, '감기에 안 걸리려면 어떻게 해야 할까요?'가 문제였다. 상품에 욕심난 나는 손을 들었다.

"집에 오면 손을 잘 씻어요."

"네, 정답입니다!"

그보다 더 쉬운 문제가 있을까. 여러 전문가가 코로나 바이러스 예방법에 관해 비장하게 설명을 한다.

"마스크를 잘 쓰고 손을 잘 씻어야 합니다."

여덟 살짜리도 아는 사실을 전문가들이 반복해서 강조한다는 건 그럼에도 불구하고 실천하지 않는 사람들이 있기 때문이리라.

운동은 마음 건강의 일등 공신이다. 신체적으로 건강해짐은 물론 운동하는 동안 몸에 집중하게 되면서 잡념이 사라진다. 꾸준한 운동은 자신감 회복에도 도움이 된다. 다 아는 이야기를 마지막으로 강조하는 이유는 알면서도 안 하기 때문에……. 나 자신에게 하는 이야기다. 운동하자.^^

실패하고 싶지 않다는 건
도전하고 싶지 않다는 것이다

흙을 좋아하는 엄마를 닮아 나도 흙을 좋아한다. 봄이면 엄마를 따라 나물을 캐러 다니곤 했다. 시골에서 자란 엄마는 흙만 보면 뭔가를 심고 싶어 했다. 결혼 전 우리 집은 단독 주택이었는데, 봄이 되면 엄마는 좀이 쑤시는 듯 온갖 채소 모종(어린 식물)과 꽃 씨앗을 사다 심었다.

나도 텃밭에 채소 키우기를 좋아한다. 이 노력과 돈이면 사다 먹는 게 싸다는 생각을 하지만, 싹이 나고 커 가는 모습을 보는 것만으로도 힐링이 된다. 딸기 한 알이 커 가는 모습을 보면서 저걸 언제 따 먹을까 궁리하고, 방울토마토가 익어 가는 걸 보면서 어느 가지를 쳐 주어야 열매가 더 많이 열릴지 생각하며 요리조리 가지들을 살펴본다.

어릴 때부터 보고 자란 덕에 스스로 제법 솜씨 있는 농사꾼이라 자부한다. 그런데 깻잎 농사를 몇 번 망쳤다. 작년에 지인이 나눠 준 모종을 심었는데, 잘 자라는 듯하더니 웬일인지 꽃이 피지 않고 시들시들하다 죽어 버렸다. 엄마 말씀이 깻잎 꽃을 피워 씨를 얻으려면 잎을 떼지 말고 그냥 두어야 한다고 한다. 난 그것도 모르고 잎이 나는 족족 떼어 먹었으니 꽃도 못 피우고 죽어 버린 것이다.

봄이 왔다. 겨우내 흙 속에 움츠리고 있던 이름 모를 꽃들이 올라오고, 나무에선 새싹이 돋아난다. 마트에서 장을 보는데 씨앗 코너가 내 발걸음을 잡았다. 채소를 모종이 아닌 씨앗부터 키우기는 생각처럼 쉽지 않다. 지난번에 열무와 총각무 씨 농사로 재미를 봤는데, 여러 번 실패한 깻잎 농사를 다시 해 보고 싶어 깻잎 씨 한 봉지를 구입했다.

보통 씨앗을 심으면 3~4일이면 싹이 올라오고 아무리 늦어도 일주일 안에는 얼굴을 내미는데, 깻잎은 일주일이 지나도 아무것도 보이질 않는 것이 아닌가. 야생 동물이 와서 흙을 헤집어 씨를 다 먹었는지, 마트에서 구입한 씨앗 상태가 불량했는지 등등 이런저런 이유를 생각해 봐도 답을 찾을 수 없어 심통이 났지만, 하는 수 없었다.

나는 깻잎을 좋아하는데 전 세계적으로 한국 사람 외에는 깻잎을 안 먹기 때문에 구하려면 멀리 한국 마트까지 가야 하고 가격도 비싼 편이다. 금방 시들어서 냉장고에 오래 둘 수도 없다. 깻잎 텃밭이 있으면 먹고 싶을 때마다 원하는 만큼만 수확할 수 있으니 얼마나 좋을까.

그래서 다시 심기일전. 이번엔 될 때까지 해 본다. 텃밭에 야생 동물이 들어가지 못하도록 철조망을 설치하고 비료를 주었다. 이번에는 적당히 흙을 파고 씨를 뿌렸다. 그런데 이번에도 1주가 지나도, 2주가 지나도 싹이 올라오지 않았다. 도대체 이유가 뭔지 알 수가 없었다.

'역시 깻잎 씨를 뿌려 키우는 건 어렵구나. 모종을 부탁해야겠네. 아니면 밭을 갈아엎고 다른 걸 심을까? 에잇, 깻잎이랑은 인연이 없나 보다.'

그러고는 그냥 내버려 두었다.

그런데 3주가 지나자 싹 2개가 올라왔다. 어찌나 반가운지 아침저녁으로 텃밭에 나가 싹 2개가 잘 있는지 확인했다. 혹시나 도마뱀이 물어갈까, 바람에 날아갈까, 간밤에 내린 비에 죽었을까…… 손톱만 한 싹 2개의 생사를 수시로 확인했다. 그러다 며칠이 지나자 여기저기서 싹이 올라오기 시작했다. 이렇게 오랫동안 애간장을 태우는 싹은 처음 본다! 그제야 깻잎 씨는 발아하는 데 시간이 오래 걸린다는 엄마의 말씀이 떠올랐다. 그 긴 시간이 3주나 될지 내가 알았나! 요즘 수시로 깻잎 밭을 쳐다보는 게 나의 일상이 되었다. 오늘은 몇 개나 더 올라왔나, 오늘은 얼마나 더 자랐나. 봐도 봐도 기특하고 신통방통하다.

면접에서 홈런을 쳐 본 적이 있느냐는 질문을 받은 적이 있다. 나는 반대로 지원자를 면접할 때 실패의 경험을 묻곤 한다. 나는 실패 없는 성공을 본 적이 없고, 실패의 깊이와 연륜만큼 성공의 가능성이 커진다는 사실을 경험으로 익혔기 때문이다.

실패한 경험이 적다는 건 다시 말하면 도전하지 않았거나 실패하지 않을 정도로만 도전했다는 뜻이기도 하다. 새로운 일에 도전할 때는 잘될 확률보다는 잘 안 될 확률이 더 높다. 남들은 잘하는 일을 내가 하면 잘 안 되는 경험을 하기도 한다. 중요한 것은 실패로부터 단단해지는 내공이다. 이 내공은 실패의 원인을 아는 지식이기도 하고, 실패를 반복하지 않을 기술이기도 하고, 다음 도전을 위한 맷집과 배짱이기도 하다.

실패를 많이 한다고 저절로 내공이 쌓이는 건 아니다. 실패가 반복되면 자존감에 상처가 나고 움츠러드는 게 당연하다. 남들은 다 잘하는 것 같은데 나만 못난 듯하고, 환경을 탓하는 마음도 생기고, 억울해서 화가 나기도 한다. 실패가 내공의 밑거름이 되려면 다음 세 가지가 필요하다.

작은 것부터

　인간은 태어나 걷기까지 수많은 실패를 거듭한다. 뒤집기를 성공하기 위해 수백 번 실패를 하고, 네 발로 기기 위해 바닥에 얼굴을 수없이 박아야 한다. 첫걸음을 떼기 위해 수없이 넘어지고, 아장아장 걸음마가 달리기가 되기까지 많은 반창고가 무릎을 거쳐 간다. 신생아가 단번에 달리기를 하려고 하면 목숨이 위험해질지도 모른다.

　그래서 어린 시절 그 나이에 할 수 있는 실수와 실패를 많이 해 보는 것이 좋다. 늦잠을 자서 지각도 해 보고, 시험도 망쳐 보고, 친구 사이에서 고민도 해 보고, 학교에서 일어나는 부당한 일에 맞서 보기도 하고. 그러면서 실패의 쓴맛도 경험해 보고, 뒷수습도 해 보고, 창피함과 자존심 상하는 감정도 느껴 보고, 또 그런 친구들을 도와주며 공동체의 가치를 경험해 보기도 하는 것이다.

　실패한 경험이 풍부한 사람과 그렇지 않은 사람이 회사에 들어오면 그 둘의 차이가 확연하다. 회사 입사 시까지 큰 실패 없이 승승장구한 사람은 실수나 실패를 하지 않으려고 큰 프로젝트나 책임 있는 일을 맡기를 꺼린다. 그뿐 아니라 일이 잘 안 되었을 때 나락으로 떨어지거나 수습을 잘 못 하고, 회복하는 데도 오랜 시간이 걸린다. 심하면 회사를 그만두는 것으로 자신을 질책하거나 현장을 회피하는 방법을 선택하기도 한다.

　하지만 실패와 수습을 많이 해 본 사람은 이럴 때는 빨리 잘못을 인정하고 사과를 해야 한다든지, 다음에는 더 잘해야겠다든지, 세상에는 이상한 사람이 많으니 재수가 없었다 생각하고 마음에 담아 두지 않는다든지 등등 여러 가지 방법으로 수습하고 앞으로 나아간다.

사실 신입 사원이 하는 실수나 실패는 대부분 회사에 크게 피해를 입히는 정도는 아니다. 주니어나 시니어가 되더라도 그 직급이 감당할 만한 일을 맡고 있는 거라서 자신의 실패로 회사가 망하거나 지구가 멸망하는 일은 생기지 않는다. 다만 그 실패로 자신이 망할 수는 있다. 그러지 않기 위해서 실패에 대한 맷집을 키워야 한다.

복기하기

성공의 결과보다 중요한 것이 과정의 복기다. 무엇 때문에 실패했고, 무엇 때문에 성공했는지 복기해서 시스템화하는 과정이 필요하다. 그래야 성공 확률을 높일 수 있고, 실패의 반복을 피할 수 있다. 지속 가능한 시스템을 만드는 일은 개인의 커리어는 물론이고 회사의 성장에도 중요하다. 과정을 복기하면서 인력의 문제인지, 프로세스의 문제인지, 팀별 역할 분담의 문제인지, 법규의 문제인지, 시장의 수용도 문제인지, 가격의 문제인지 등등 원인을 파악하고 변수를 체크하면서 다시 시도해야 성공 가능성이 커진다.

이때 원인(혹은 원인 분석)을 타인에게 넘기는 경우가 있다. 이를테면 대학 입시에서 떨어지면 '선생님이(혹은 부모님이) 거기 지원하라고 하셨잖아요'라고 한다든지, 회사에서 일이 왜 이렇게 되었느냐고 물으면 '팀장님이 그렇게 하라고 하셨잖아요'라고 한다든지 하는 경우다. 간혹 커리어에 관련한 조언을 해 주었는데, 나중에 되레 볼멘소리를 하는 사람들이 있다. 이런 태도는 실패의 원인 복기가 잘못되어서 나타나는 것이다. 이 경우 실패의 원인은 내가 내 일을 주도적으로 끌고 간 게 아니라 끌려갔기 때문이다. 끌려가더라도 왜 끌려가는지, 어디로 가는지, 결과는 어떻게 될지 스스로 생각하고 중심을 잡고 있어야 하는데, 그러지 못하고 그저 끌려간 게 원인인 것이다. 이런 실패는 내 것이 아니라서 나의 내공을 쌓는 데 전혀 도움이 되지 않고 오히려 자존감에 상처만 남긴다. 끌고 가든 끌려가든 정신 바짝 차리고 중심을 잡아야 한다.

끝까지 간다

실패와 복기를 많이 한다고 해서 저절로 성공의 길이 열리지는 않는다. 맷집과 배짱은 성공한 경험이 쌓여야 비로소 생긴다. 실패와 복기를 반복하면서 실패의 원인을 하나둘 제거하고, 새로운 변수로 다시 시도하면서 될 때까지 해 보는 것. 그래서 기어이 성공의 싹을 틔우고야 마는 그 경험과 성취감이 바로 내공의 밑거름이 된다.

어릴 때 친구와 싸우고 화해한 경험, 반장 선거에서 여러 번 실패하고 반장이 돼 본 경험, 대학 입시에 실패하고 다시 도전해서 합격한 경험, 여러 번의 구직 실패 후 입사한 경험, 많은 프로젝트 실패 후 기어이 성공시킨 경험 등이 쌓여 단단한 내공이 되는 것이다. 그래서 나는 강연을 하게 되면 나의 성공담보다는 실패담을 나누곤 한다. 실패의 경험이 중요해서라기보다는 내 성장에 그 실패가 어떤 역할을 했는지, 어떻게 극복했는지, 그 결과 어떤 성공을 이루었는지를 설명하기 위해 필요한 스토리이기 때문이다. 그리고 성공만 보고 지름길을 찾으려는 사람들에게 이면의 과정을 알려 주고 싶어서다.

실패는 아프다. 하지만 성장하기 위해 필요한 과정이다. 실패를 상처로 두지 말자. 상처를 제대로 치료하지 않고 그냥 두면 곪아 터진다. 가장 위험한 건 상처의 아픈 기억 때문에 자꾸 움츠러드는 것이다. 상처가 나면 바로바로 치료하고, 왜 상처가 생겼는지 분석하고, 상처가 나지 않을 방법을 연구해 보며 툴툴 털고 일어나자. 그런 경험이 쌓여야 다시 해 볼 엄두가 나고 상처 나는 게 덜 무섭다.

'까짓, 그것 가지고 안 죽는다.'

이런 내공이 생길 때까지.

● ● ● ● ● ●

간혹 자식이 실패하지 않도록 도와주는 게 좋은 부모 역할이라고 생각하는 경우가 있다. 부하 직원이 실패하지 않도록 이것저것 잔소리하는 게 좋은 상사 임무라고 생각하는 경우도 있다. 그냥 좀 내버려 두시라. 실패할 기회를 주지 않는 것이 가장 위험한 선택이다. 실패 좀 한다고 하늘 안 무너진다.

멈춰야 할 때 멈출 수 있는
용기가 필요하다

2019년 겨울, 2주간 로드 트립을 다녀왔다. 라스베이거스의 호화찬란한 크리스마스 장식과 세계적인 서커스 회사 '태양의 서커스'의 아름다운 쇼를 구경하고, 천사들이 내려온다는 시온 캐니언 국립 공원의 에인절스 랜딩, 일출과 일몰을 볼 수 있는 브라이스 캐니언 국립 공원의 일만천봉을 들른 다음, 데스 밸리(1913년 56.7도를 기록해 지구상에서 측정된 가장 높은 기온으로《기네스북》에 등재되었다) 국립 공원 안 숙소에서 한 해의 마지막(12월 최저 기온 4도, 최고 기온 20도)을 보내는 코스였다.

그중 내 간담을 서늘하게 한 곳이 있었는데, 바로 시온 캐니언의 에인절스 랜딩 등반 코스였다. 이 등반 코스는 천사들이 내려온다는 이름처럼 산 정상이 하늘에 닿을 듯 솟아 있는데, 산 정상까지 왕복 1.8킬로미터인 이 코스는 경사가 매우 가파르고,

한 사람씩 일렬로 가야 할 만큼 협소해서 쇠사슬을 붙잡고 올라
가야 하는 난코스 중 난코스다. 그러나 아름다운 절경과 어디에
서도 체험할 수 없는 짜릿함 때문인지 여름 시즌에는 사람 뒤통
수를 보고 걸어야 할 정도로 인기 있다.

등반을 시작하기도 전에 입구에 이런 팻말이 있다.

'2004년 이후 이 코스 절벽에서 10명이 떨어져 죽었음.'

'안전은 각자의 책임입니다.'

이건 뭐 가라는 건지 말라는 건지…….

지그재그로 난 벼랑길을 한참 오르다 보면 정상 직전의 봉우
리인 스카우트 룩아웃에 이른다. 전날 내린 눈으로 등반로에 눈
이 쌓여 있었다. 미끄럼 방지 아이젠을 신발에 장착하고 오르기

시작했다.

이왕 스카우트 룩아웃까지 온 김에 정상까지 가 보기로 했다. 하지만 여기부터가 진짜 왕중왕 코스다. 쇠사슬을 부여잡고 오르던 중 만난 공원 관리자가 수차례 경고를 했다.

"오늘은 아주 위험합니다. 올라가면 더 위험합니다."

그렇게 조심스럽게 발을 옮기다 쇠사슬이 끊긴 구간을 만났다. 맙소사! 정말 그냥 바위 절벽이었다. 그곳을 지나는데 순간 다리가 후들거려 주저앉았다. 심장이 쿵쾅 내려앉으며 정말 꼼짝할 수가 없었다. 남편은 이미 건너가 아이들을 지키고 있고, 나는 절벽 중간에 서 버린 것이었다. 앞으로 나아갈 수도, 뒤로 돌아갈 수도 없었다. 뒤에서 오던 전문 산악인으로 보이는 사람이 손을 내밀며 물었다.

"도와 드릴까요? 돌아서 내려가실래요?"

나는 (가족이 있는) 앞으로 가고 싶다는 의사 표시를 했고, 그의 도움으로 다시 이어진 쇠사슬을 겨우 잡고 나서야 안도했다.

얼마쯤이나 더 올랐을까. 눈앞에 펼쳐진 남은 코스를 보고 나는 가족에게 포기를 선언했다. 다리에 힘이 풀려 더 이상은 무리인 데다 내려갈 힘을 남겨 둬야 하기 때문이었다. 나는 길 한쪽으로 물러서서 기다리기로 하고, 가족은 에인절스 랜딩을 보기 위해 정상으로 올랐다. 겨울인 데다 바람도 불고 눈까지 온 에인절스 랜딩을 찾는 (간이 큰) 사람은 많지 않았다.

그렇게 한동안 기다리고 있는데, 정상을 만끽하고 내려오는 등산객이 '넌 왜 여기 혼자 있니?' 하는 눈빛으로 말을 걸어왔다. 나는 더는 못 갈 것 같아 포기하고 올라간 가족을 기다리는 중이라고 말했다.

"오늘은 이 정도로 하려고요. 더 이상은 무리예요."

그러자 그녀가 경쾌하게 응수했다.

"괜찮아요. 할 수 있는 만큼만 하면 되죠."

멈춰야 할 때 멈출 수 있는 용기가 필요하다. 숨이 턱밑까지 차오르거나 심장이 쿵 내려앉거나 잠 못 이루는 밤이 이어질 때, 몸이 보내는 비상 신호를 알아차려야 한다. 숨 막힘이 호흡 기관의 일시적 문제인지, 숨을 몰아내는 더 깊은 심장의 문제인지, 아니면 그 심장을 조정하는 내 마음의 고장인지 등등 숨을 고르고 들여다봐야 한다.

구글에 입사하고 한동안 가면 증후군에 시달렸다(뭘 잘난 인간이 이리 많은지……). 몸이 지속적으로 이상 신호를 보냈고, 나는 상담 심리사와 카운슬링을 시작했다.

몸과 마음이 신호를 보내면 멈춰 서서 돌아보자. 멈추는 것도, 돌아가는 것도, 기다리는 것도 괜찮다.

● ● ● ● ● ●

괜찮지 않아도 괜찮아.

It's OK not to be OK.

운다고 달라지는 일은
아무것도 없겠지만

이 책을 알게 된 건 우연히 보게 된 어느 드라마에 인용된 다음 문구 때문이었다.

"말은 사람의 입에서 태어났다가 사람의 귀에서 죽는다. 하지만 어떤 말들은 죽지 않고 사람의 마음속으로 들어가서 살아남는다."

누군가의 말이 누군가의 마음에 유언처럼 남아 유령이 되어버리는 일은 우리 일상에서 비일비재하다. 내 마음에도 죽지 않고 살아남은 누군가의 유언들이 있고, 내가 무심코 내뱉은 말들도 누군가의 마음속에서 유령이 되어 떠돌고 있을 것이다.

그런데 내가 이 책을 결국 주문하게 된 것은 이 인용구의 울림 때문이 아니었다. 주인공이 든 책의 제목, '운다고 달라지는 일은 아무것도 없겠지만'이 화면에 스쳤을 때…… 나는 '구매

하기' 버튼을 눌렀다.

일부러 시작할 수도 없고
그치려 해도 잘 그쳐지지 않는
　　　　 －《운다고 달라지는 일은 아무것도 없겠지만》, 〈울음〉 중에서

운다고 달라지는 일은 아무것도 없겠지만, 그래도 눈물은 인간의 가장 날것의 감정을 고스란히 드러내는 게 아닐까 싶다. 그 날것의 감정을 보임으로써 우리는 날카로운 공격을 잠시 접고, 상대를 적군이 아닌 아군으로, 그저 지나가는 행인이 아닌 친구로 만나게 되는 게 아닐까.

얼마 전 레바논 베이루트에서 일어난 폭발 사고로 큰 슬픔에 빠진 동료와 일대일 미팅을 한 적이 있다. 레바논에 있는 그의 가족이 큰 피해를 받고 충격에 빠졌다고 했다. 지구 반대편 미국에서 자신이 할 수 있는 일이 없다며 발을 동동 구르는 그에게 내가 해 줄 수 있는 것 또한 없었다. 나는 지구상에 24시간 내에 도착할 수 없는 곳은 없으니 후회될 것 같으면 지금이라도 가 보라는 말과 함께 내가 후회한 일들을 들려주며 한참을 같이 울어 주었다. 운다고 달라지는 일은 아무것도 없겠지만, 그것으로 우린 그저 일터에서 만난 동료가 아닌 마음을 보여도 좋을 친구가 되었다.

눈에서 물이 떨어질 때가 있다. 드라마나 영화를 보다가, 너무 예쁜 바다를 보거나 흙냄새를 맡다가, 전화선을 통해 들려오는

엄마 목소리를 듣다가, 술 한잔 걸치다가 나도 모르게 눈에서 물이 떨어진다. 그러면 크게 숨을 쉬고 내 마음이 하고 싶은 대로 내버려 둔다. 콧물이 나오고, 울음소리가 나고, 온몸의 신경세포가 제멋대로 엉켜 버려도 그냥 내버려 둔다. 마음도 갈 곳이 필요하고, 소리 낼 곳이 필요하고, 그렇게 존재감을 드러내고 싶을 때가 있으니까.

마음이 자신의 존재를 알리고 싶을 때 눈물이 되어 나온다. 그러니 마음을 가두지 말자. 마음을 속이지 말자. 마음을 그냥 두자. 마음이 있으니 인간이다.

Chapter 2

계획만 세우고 실행하지 못하고 있다면

내 인생을 바꾼 마법의 주문 '아님 말고!'

내가 할 수 있는 일을 고민하는 게 좋다.

결과의 결정권이 내게 없을 때는 내가 할 수 있는 일을 하면 된다.

그리고 그 결정권이 내게 왔을 때 선택하면 된다.

해 보고 선택하지 않은 것과 해 보지 않고 선택하지 못한 것은 하늘과 땅 차이다.

고민은 짧게, 행동은 빠르게. 일단 해 보자.

어떤 일이 어떻게 벌어지든 그건 그다음에 생각하고.

고민은 짧게,
행동은 빠르게

"해외에서 경험을 쌓고 싶은데, 유학을 가는 게 좋을까요?"

"해외에서 경험을 쌓고 싶은데, 어떻게 하면 되나요?"

"해외에서 경험을 쌓고 싶은데, 일단 돈을 모아야겠죠?"

내가 주변 사람들에게서 종종 듣는 질문이다. 내 대답은 항상 똑같다.

"일단 어디든 지원을 하세요. 갈지 말지 고민은 붙은 다음에 하는 거예요. 지금은 그 선택권이 여러분에게 없어요. 여러분에 게 지금 있는 옵션은 지원하는 것, 그리고 결과를 기다리는 것 뿐입니다."

우리는 고민이 너무 많다. 게다가 앞선 고민이 너무 많다. 그 리고 그 많은 고민은 주제넘은 고민인 경우가 대부분이다. 유학 을 갈지 말지는 일단 입학 허가서를 받고 난 후에 해도 늦지 않은 고민이다. 그런데 99퍼센트가 마치 지금 내 손에 입학 허가서를 받은 양 고민을 한다. 입학 허가서를 받기까지 넘어야 할 산들을 모르는지, 아니면 생각하고 싶지 않은지, 혹은 불필요한 노동을 최대한 줄일 요량인지. 고민만 수년째 할 뿐 실제로 원서를 써 본 사람은 많지 않다. 어쩌면 거절 메일을 받는 것보다 고민하는 게 훨씬 마음 편한 일이어서 그러는지도 모르겠다.

내게 커리어 조언을 요청하는 사람들에게 나는 종종 공을 손에 들고만 있지 말고 일단 던지라고 말해 준다. 여러 번 공을 던져서 그 공이 어떻게 되돌아오는지 보라고. 그렇게 돌아오는 공을 받아 치다 보면 어느새 상상도 못 하던 곳에 가 있기도 하고, 계획에 없던 일을 해내기도 하고, 그도 아니면 공을 던지는 데 내공이 쌓여 더 멀리 공을 던질 수 있게 된다고.

내가 미국 여러 대학원에 지원했을 당시 나는 필요한 영어 점수도 갖추지 못했고, 자기소개서를 쓸 만큼 영어 실력이 좋지도 않았으며, 지원한 학교에 대해 잘 알지도 못했다. 일단 가까운 지역 내 대학원들에 지원서를 냈고, 아직 부족한 영어 점수는 입학 전까지 꼭 내겠다고 편지를 덧붙였으며, 학교 근처에 살고 있으니 만나고 싶다고 요청해서 찾아가 만나기도 했다. 나중에 든 생각이지만, 한 곳은 나를 만나고 어이없어 한 듯싶고(할 줄 아는 말이 없었으니), 한 곳은 내 정성을 갸륵하게 본 것 같다.

구직도 마찬가지다. 합격 통지는 받는 것이지 내가 쓰는 게 아니다. 내가 할 수 있는(혹은 해야 하는) 일은 문을 두드리고 대화와 협상을 하는 것이다. 합격 통지, 오퍼 메일을 받지 못해도 좋다. 그 과정이 나에겐 연습이고 필요한 훈련이다. 첫 타석에서 홈런을 칠 수는 없다. 수많은 헛스윙과 땅볼과 파울을 범한 후에야 겨우 그라운드 안에 공을 떨어뜨리는 정도의 감이 생긴다. 그 감이 쌓여야 홈런 타자가 될 수 있다.

나는 한 직장을 오래 다닌 친구들에게 다른 직장에 지원해 보라는 조언을 하곤 한다. 그럼 현실 속 내 몸값을 번뜩 깨닫게 되고, 내 손에 있는 공이 얼마나 효용 가치가 있는지를 실감하게 된다. 실제 이직 여부와 상관없이 매년 한 해 성과를 정리해서 이력서를 고치고, 몇 년에 한 번쯤은 구직 시장에 나를 던져 어떤 문이 열리는지 테스트해 보는 것은 커리어라는 마라톤을 '잘' 완주하는 데 필요한 장치다.

내가 할 수 있는 일을 고민하는 게 좋다. 결과의 결정권이 내게 없을 때는 내가 할 수 있는 일을 하면 된다. 그리고 그 결정권이 내게 왔을 때 선택하면 된다. 해 보고 선택하지 않은 것과 해 보지 않고 선택하지 못한 것은 하늘과 땅 차이다. 고민은 짧게, 행동은 빠르게. 일단 해 보자. 어떤 일이 어떻게 벌어지든 그건 그다음에 생각하고.

오늘은 Just Do It!

실패에 대한 두려움을 이기는
7가지 방법

오랫동안 친하게 지내던 후배 애나가 커리어 상담을 요청해 왔다. 애나는 미국 서부 명문대 중 하나인 UCLA에서 비즈니스와 경제학을 복수 전공하고 지금은 프로젝트 매니저로 일하고 있다. 현재 하는 IT 프로젝트에서 어쩌다 보니 UX 디자인(User Experience Design) 일을 추가로 맡게 되었고, 여기에 흥미를 느껴 본격적으로 UX 디자인 분야로 전향하고 싶다는 내용이었다.

UX 디자인이란 소비자가 제품, 서비스, 시스템 등을 사용하는 경험을 총체적으로 디자인하는 것이다. 예를 들면, 유튜브 앱을 열었을 때 어떤 영상들이 나와야 조회 수가 올라가는지, 섬네일 크기나 제목의 레이아웃을 어떻게 해야 사용하기 편한지, 사용자들에게 필요한 메뉴는 어떻게 구성해야 하는지, 구독과 알림 설정 기능은 어떻게 하는 게 좋은지 등을 다양한 방법으로 테스트하고 연구해 발전시키는 일이다. 버튼의 크기, 위치, 모양, 색의 미묘한 차이가 제품 사용에 영향을 미치기 때문에 소비자의 심리와 반응을 이해하고 분석하는 일을 병행한다.

애나는 1년 뒤쯤 현 직장을 그만둘 계획이고 다음 해 가을 학기부터 UX 디자인 관련 공부를 하고 싶은데 어떻게 생각하느냐고 나에게 조언을 구했다. 다시 학교에 다님으로써 감수해야 하는 경제적 부담감, 그리고 적지 않은 나이에 성공한다는 보장도 없이 학교라는 옵션에 투자하는 게 타당한지에 관해 진지하고 비장하게 이야기했다.

애나의 이야기를 한참 들은 후 내가 말했다.

"둘 다 하면 되겠네. 학교에도 지원하고, 다른 회사에도 지원하고."

"당장 회사를 그만둘 생각은 없어요."

"다른 회사에 지원하라는 게 당장 지금 회사를 그만두라는 얘기는 아니야."

"음, 다른 회사에 지원하려면 진짜 옮길 마음으로 해야죠. 갈 것도 아닌데 왜 시간을 낭비해요?"

내가 웃으며 말했다.

"지원만 하면 붙여 준대? 일단 시도해 보고 어떻게 되는지 봐야지."

애나가 고개를 끄덕이며 말했다.

"음, 맞는 말 같아요. 그럼 어떻게 하면 돼요?"

"검색해 보고 마음에 드는 곳 있으면 지원해 봐."

애나가 채용 정보를 검색하고 지원하는 일을 모를 리 없다는 걸 알고 있었다. 그런데 곤란해하는 표정이기에 다시 물었다.

"그냥 지원하면 되는데, 망설이는 이유가 뭐야?"

애나가 잠시 뜸을 들이다가 말했다.

"글쎄요. 아마도 두려움?"

"뭐가 두려운데?"

"음, 떨어질지도 모른다는 두려움요."

"당연히 여러 번 떨어질 거야. 일자리 구하는 사람들한테는 흔한 일이지. 너도 잘 알잖아. 그런데 뭐가 두려워?"

애나가 한참 생각하더니 천천히 말을 꺼냈다.

"주변 사람들이 제가 불합격했다는 사실을 알면 실망할 거예요. 다른 사람들은, 그러니까 그냥 일반적인 사람들 말고 저랑 가까운 사람들은 저에 대한 기대치가 높거든요. 그래서 마음의 부담이 커요."

나도 겪었을 뿐만 아니라 지금도 끊임없이 틈을 노리는 이 두려움이라는 감정을 어떻게 해야 할까? 두려움은 매우 고약하고 어둡고 가장 힘이 센 감정이다. 하지만 잘 다루면 파워풀한 에너지가 된다. 두려움을 다루는 일곱 가지 팁을 소개하겠다.

공을 던지자

우선 공을 던져야 한다. 공을 던져 봐야 손맛이 생기고, 파울도 치고 땅볼도 치고 그러다 홈런도 치게 된다. 벤치에 앉아 한 방을 꿈꾸는 건 어불성설이다. 인생에 한 방은 없다. 적어도 내 인생엔 없었다.

많은 사람이 운이 좋았다거나 운이 맞아야 한다거나 '운빨' 이 있어야 한다고 이야기한다. 그런데 이 운이라는 것이 찾아왔을 때 잡을 수 없으면 아무 소용이 없다. 운은 결국 내가 던진 공이 돌아온 것이고, 돌아온 공을 방망이로 제대로 쳤을 때 만루 홈런이 터지는 것이다. 두 번째 공을 던질 때가 첫 번째 공을 던질 때보다 덜 무섭다. 세 번째 공을 던질 때는 두 번째 공을 던질 때보다 덜 무섭다.

확률을 올리자

럭비공이 무서우면 탁구공을 던져라. 빨간 공이 무서우면 노란 공을 던져라. 내 손에 어떤 공이 맞는지, 나는 어떤 공을 잘 던지는지 알아 가는 과정이 필요하다. 여러 개의 공을 여러 곳으로 던져야 한다. 내가 정해 놓은 곳으로만 공을 던지면 안 돌아올 확률이 높다. 대학원도 지원하고, 새로운 직장도 지원하고, 1인 미디어를 시작하는 것도 좋다. '뭐 하나만 맞아라' 정신이면 된다.

시작부터 잘하려는 욕심을 버리자

구글에 입사한 후 적응하기까지 시간이 꽤 걸렸다. 전 세계의 똑똑한 사람은 다 모여 있는 것만 같았고, 그럴수록 나는 초라해지고 내 것을 내놓기가 두려웠다. 프레젠테이션 준비를 해야 하는데 시작조차 할 수 없었다. 회의록이나 디자인 문서 등

그 어느 것도 시작할 엄두가 안 났다. 늦은 밤까지 책상 앞에 앉아만 있는 날이 이어졌다. 결국 초치기로 결과물을 만들 수밖에 없었고, 당연히 퀄리티는 바닥이었다. 그걸 보면 다시 괴로웠다. 악순환을 거듭하는 날들이었다.

그런 내게 상담 심리사가 조언을 했다. 일단 아무거나 생각나는 걸 적어 보라고. 순서도 필요 없고 형식도 필요 없고 영어도 좋고 한국어도 좋으니, 일단 머릿속에 떠오르는 단어들을 페이지에 넣어 보라고. 그렇다. 우리가 시작조차 하지 못하는 건 시작부터 잘하려는 욕심 때문이다.

미술학도를 꿈꾸며 데생을 배우던 시절이 있었다. 열심히 눈을 그리고 머리카락을 묘사해도 완성된 아그리파는 이상했다. 미술 학원에 석고 데생을 기가 막히게 하던 선배가 있었는데, 그 선배가 그리는 모습을 처음부터 관찰한 적이 있다. 슥슥슥슥, 슥슥슥슥……. 가만 보니 선배는 연필을 든 손의 힘을 빼고 지휘하듯 도화지의 맨 위쪽부터 아래쪽까지 수백 번 훑듯이 희미한 선을 그렸다. 마치 연필이 저절로 움직이는 것처럼. 연필이 흔적을 남기고 지나간 곳에는 알 수 없는 수많은 곡선이 쌓여 갔다. 거기엔 눈도 없고 중심선도 없었다. 그런데 그렇게 쌓이기 시작한 선들이 점점 형태를 갖추고 세부적인 모양을 이뤄 가더니 마침내 기가 막힌 완성본으로 탄생했다.

흰 도화지는 항상 무섭다. 힘을 빼고 희미한, 심지어 의미 없어 보이기까지 하는 선 긋기가 시작이다. 어차피 나중엔 묻히거나 지워질 선들이다.

실패를 기준점으로 삼자

애나와 이야기를 나누며 나는 그녀와 나의 큰 차이점을 발견했다. 나는 실패가 기준점인 반면, 애나는 실패하지 않는 것이 기준점이었다. 실패는 누구에게나 아픈 경험이다. 하지만 실패를 예상했다면 결과는 당연한 것이고, 그럼 다시 도전할 회복력이 생긴다. 애나가 그동안 잘해 오고 크게 실패한 경험이 없다는 것은 다시 말하면 실패하지 않을 안전한 일만 골라서 했다는 뜻이기도 하다.

실패와 나를 동일시하지 말자

애나는 실패할 자신을 받아들이기 어렵다고 했다. 어느덧 30대 중반이라는 나이도 있고, 이제 와서 실패하면 리스크가 너무 크다고 했다. 이런 감정은 실패와 자신을 동일시하기 때문에 생긴다. '이번엔 잘 안 됐네'가 아니라 '난 망했어'가 되는 순간, 나 자신이 쓸모없고 무가치하며 보잘것없고 불완전한 인간이라는 생각이 든다. 이런 감정이 생기면 자존감에 상처가 나고, 그러다 보면 '난 역시 안 돼' 하며 나락으로 떨어져 버리게 된다. 실패한 자신을 맞닥뜨리는 일은 누구에게나 두려운 법이다. 그러나 실패는 그저 여러 가지 현상의 하나일 뿐 그 자체가 '나 자신'은 아니다.

실패는 결과가 아닌 과정이다

애나는 '실패'라는 단어를 꽤 여러 번 사용했다. 어떤 일의 결과에 '실패'라는 이름을 붙이는 순간 최종 결론의 형태가 되어 버리기 때문에 더 이상 다음을 모색하기가 어렵다. 실패는 그저 내가 예상하거나 원하던 결과와 다른 결과일 뿐이다. 그 과정에서 무엇을 배웠고, 어떤 성장을 이루었으며, 그걸 계기로 앞으로 어떤 공을 다시 던질지 방향을 잡는 돛의 역할을 해 주는 것으로 충분하다. 실패를 어마어마한 것으로 만들지 않아야 실패와 친해진다. 실패와 친해지면 두려움도 작아진다.

두려움을 두려워하지 말자

두려움은 인간을 포함한 모든 동물이 가진 동물적 본능이다. 그 덕분에 (육식 동물은 약한 것을 누르는 것으로, 초식 동물은 모여 사는 것으로) 생존을 해 왔고, 인간은 역사를 만들어 왔다. 정치도, 경제도, 사회도 인간이 가진 두려움을 해석하고 극복하는 다양한 방식이다. 두려움에 대한 해법을 누가 어떻게 제시하느냐에 따라 우파도 되고, 좌파도 되고, 마케팅 기법도 되고, 교육 방식이 되기도 한다. 그러니까 이 두려움이라는 감정은 나만 느끼는 게 아니라 전 인류가 보편적으로 지닌 감정이라는 것이다.

두려움이 없어 보이는 사람은 그저 센 척할 뿐이다. 두려움이 없는 사람은 없다. 우리는 두려움을 느끼기에 위험 요소를 감지하고, 먹을 것을 비축하고, 주변을 살핀다. 즉 두려움은 극복하거나 떨쳐 내야 하는 감정이 아니라, 살아 있는 동안 평생 느끼는 자연스러운 감정이라는 의미다. 다만 두려움의 힘이 워낙 크니 항상 경계하며 마인드 컨트롤을 해야 한다. 크게 압도되지 않고 잘 관리하면 삶을 움직이는 원동력이 된다. 그리고 분명한 건 (혹시 도움이 될까 하여 말하자면) 나만 무서운 게 아니다. 위로가 되려나…….

● ● ● ● ● ●

수영에서 처음 배영 자세를 배울 때 강사가 몸의 힘을 빼고 물 위에 가볍게 누우라고 했다. 어떻게 물 위에 가볍게 눕는단 말인가! 난 한동안 물을 먹고 힘 빼는 법을 배운 후에야 물에 뜰 수 있었다. 사실 수영장에서 단체 교습 중에 물에 빠져 죽을 일은 거의 없다. 난 어떤 두려움과 싸운 것일까? 까짓, 안 죽어!

아직도 뭘 해야 좋을지
모르겠다면

나에게는 쌍둥이 딸 유나와 해나가 있다. 초등학교 3학년 때 유나가 음악 시간에 배운 멜로디언을 곧잘 치고 좋아하기에 전자 오르간을 사 준 적이 있다. 소싯적 피아노를 쳐 본 나는 악보도 잘 못 보면서 건반을 곧잘 치는 유나가 신기했다. 그런데 얼마 지나지 않아 나는 피아노가 유나 기질에 맞겠다는 생각이 들었다.

유나는 규칙이 있고 예상 가능한 것들을 즐긴다. 완벽주의 기질이 있어 자신이 한 일의 결과가 예측 가능한 것들을 좋아하고, 그런 것들을 잘 해낸다. 예컨대 수학 같은. 수학은 이미 만들어진 공식이 있고, 배운 대로 적용해 풀면 답이 나오고, 그 답이 맞았는지 틀렸는지도 이견의 여지 없이 분명하고, 오답 노트를 정리하는 데도 어려움이 없다.

그런 관점에서 보면 피아노는 수학과 많이 닮았다. 악보가 있고, 음계가 있고, 악보에 있는 대로 박자에 맞춰 건반을 치면 예상하던 소리가 나온다. 초보자에게는 그다지 상상력이 필요하지도 않다. 제대로 치면 듣기 좋은 소리가 나고, 틀리면 어색한 소리가 난다. 그러니 유나는 배운 적도 없는 피아노를 연주할 줄 아는 피아노 영재가 아니라, 그저 피아노가 기질에 맞는 일 중 하나인 것이다(많은 경우 아이가 피아노에 소질이 있는 것으로 착각하기 쉽다).

반면, 해나는 예상되는 답이 있는 일을 싫어한다. 예컨대 수학 같은. 이미 만들어진 공식대로, 누구나 똑같이 적용해서 모두 같은 답을 만들어 내는 일에 흥미를 느끼지 않는다. 그래서 몰라서 틀리기보다는 중간에 집중력이 떨어져서 실수로 틀리는 경우가 더 많다.

그 대신 해나는 창의적인 일을 좋아한다. 글을 쓰거나 그림을 그리거나 뮤직비디오를 만들거나 하는 일들. A4 용지 한 장만 써도 되는 글을 주저 없이 서너 장을 써 내려간다. 해나가 초등학교 4학년 때 〈햄스터의 하루〉라는 글을 쓴 적이 있다. 햄스터의 시점으로 쓰인 이 글은, 밤에 케이지를 탈출해 주방과 거실을 탐험하고 잠자는 식구들을 만난 후 다시 아무 일 없다는 듯 케이지로 돌아가 해나와 굿모닝 인사를 하는, 매우 흥미진진한 한 편의 단편 소설이었다. 지구는 둥글다는 선생님 말씀에 손을 들고 지구는 울퉁불퉁하다고 자기 생각을 말하는 영리한 아이이기도 하다.

나는 우리 아이들이 자신의 기질과 성향에 맞는 직업을 가졌으면 한다. 기질과 성향에 맞아야 재미가 있다. 재미있어야 잘할 수 있다.

언젠가 회사에서 아이디어 회의 중에 재미있어 하는 나를 이상하다는 듯 바라보며 한 팀원이 내게 물었다.

"일이 재미있으세요?"

나는 그렇다고 대답했다. 그러자 재미있는 말이 돌아왔다.

"월급은 재미없는 일을 하는 대가인데, 일이 재미있다니 반대로 돈을 내고 회사에 다니셔야겠네요."

듣고 보니 맞는 말이기도 하면서 슬픈 말이기도 했다. 재미없는 일에 대한 보수라니……

구글에 입사한 후 나는 디자이너가 정말 나에게 맞는 직업일까를 고민한 적이 있다. 프로젝트를 이끌며 해야 하는 끊임없는 설득과 논쟁, 팀 간 기 싸움, 조율, 협의 등이 기질적으로 나와 맞지 않는 것 같다는 생각이 들어서였다. 나는 기질적으로 '긴장감'을 좋아하지 않는다. 팽팽한 협상을 즐기고 이기는 걸 좋아하는 사람들도 있겠으나, 나는 그렇지 않다. 그래서 나는 스포츠를 생중계로 보는 것도 좋아하지 않는다. 결과를 알고 나서 나중에 느긋한 마음으로 돌려 보는 것을 선호한다. 만약 디자이너라는 직업이 협상가의 색깔이 강했다면 나는 진작에 그만두었을 것이다.

이전 직장을 퇴사할 때 어느 후배가 10년 후에도 디자인 일을 계속할 생각이냐고 물었다. 나는 사람에 대한 궁금증이 많다.

인간의 내면을 구성하는 말초적인 인간 심리에 대한 호기심과 그것들이 겉으로 드러나는 행동과 행위, 표현, 그리고 무엇이 인간을 행복하게 만드는지, 무엇이 군중을 움직이게 하는지 등에 흥미를 느끼고 알아 가는 일이 재미있다. 그래서 사람을 관찰하고, 무언가를 만들어서 반응을 보고, 왜 특정 집단은 다른 반응을 내는지 다시 연구하고, 수정된 결과물로 다시 테스트를 하고, 그게 미치는 사회적·환경적·인지적 영향 등을 살펴보는 일이 재미있다. 따라서 디자인이라는 일이 나와 잘 맞는다고 생각한다.

10년 후 내가 여전히 디자이너라는 타이틀을 가지고 있을지는 모르겠다. 하지만 나는 분명 사람을 알아 가는 일을 하고 있을 거다. 그것이 웨딩 플래너든, 여행 가이드든, 문화 센터 강사든……

어떤 직업을 가질지, 어떤 회사에 입사할지, 어떤 사업을 할지를 고민하기 전에 나는 어떤 기질을 지녔는지, 어떤 성향인지를 아는 게 중요하다. 나의 기질과 성향을 잘 파악하고 있다면, 그래서 그 기질과 성향으로 내가 무엇을 잘하고 좋아하는지를 안다면, 직업의 선택 폭이 훨씬 넓어지고 수월해진다. 내가 잘하는 혹은 좋아하는 특정한 일에 너무 몰입되지 않아야 한다. 중요한 건 내가 그 일을 왜 좋아하고 잘하는지를 정확하게 파악하는 것이다. 아직도 뭘 해야 좋을지 알 수 없어 고민한다면, 유체 이탈 관점으로 나를 바라보자. 내 기질과 성향을 알아내는 게 먼저다.

●●●●●●

　내 직업의 재미에 관한 이야기에 오해가 없기를 바란다. 나는 자신의 직업에서 단 10퍼센트의 재미만 느낄 수 있어도 매우 훌륭한 직업이라고 생각한다. 내가 생각하는 이상적인 직업은 10퍼센트는 재미있는 일이고, 60퍼센트는 그럭저럭 별 감흥 없는 일이고, 30퍼센트는 하기 싫지만 그냥 하는 일로 구성된 것이다. 재미가 10퍼센트밖에 없는 일을 어찌 하느냐고? 일주일 40시간 중 4시간이다. 일주일에 4시간이나 본인의 일이 정말 재미있다고 느껴 본 적이 있는가? 일주일에 4시간을 정말 재미있어서 행복을 느끼며 일한다면 당신은 훌륭한 직업을 가진 것이다. 우리 대부분 이 4시간의 행복을 느끼지 못해 불행하다. 혹여 40시간 내내 재미있는 일을 찾는다면, 그건 꽃을 단 동막골 소녀이거나 광대로 분장한 조커를 꿈꾸는 거다. 꿈 깨시길.

한 번의 성공보다 백 번의 실패가
차라리 더 나은 이유

나는 전형적이고 규격화된 입시 기법을 꽤 잘 따라 했다. 이를테면 주제와 상관없이 일단 큰 원을 그리고 시작한다든지, 미리 만들어 놓은 물감 컬러를 칠할 순서대로 물감통에 넣어 둔다든지 하는 것들. 내 결과물은 주제를 막론하고 매우 일정하고 일률적이었다. 나는 지도 선생님들의 신뢰를 얻었고, 기복 없는 결과를 낸다는 점에서 입시에 최적화된 학생이었다. 하지만 나는 매번 어떻게 해도 똑같은 그림만 그리는 자신에게 실망하고 좌절했다. 창의력이라곤 눈곱만큼도 없는 것 같았다. 틀을 벗어나지 못하는 나 자신이 부끄럽고 답답했다.

같은 학원에 다니는 친구가 있었는데 나와는 정반대 케이스였다. 어느 날은 죽을 쑤기도 하고 또 어느 날은 시간 내에 완성하지 못할 때도 있었는데, 가끔 기가 막힌 디자인을 해냈다. 참

신한 주제 해석, 처음 보는 선과 면의 균형, 상상도 못 하던 색의 조합 등으로 만들어 내는 그 친구의 디자인을 볼 때면 〈아마데우스〉영화 속 살리에리의 질투심과 좌절감이 느껴졌다. 나에겐 타고난 재능이 없다는 생각이 나를 괴롭혔다. 디자이너가 되겠다는 결심에 회의감이 들기도 하고 빈정대기도 하면서 스스로 상처를 많이 냈다. 집안을 발칵 뒤집어 놓으며 보란 듯이 시작한 일인데, 내 재능과 능력은 기대에 한참 못 미쳤다.

대학교 입학 후 찾아온 시련은 새로운 국면이었다. 대학교 디자인 수업에는 더 이상 공식도, 모범 답안도, 참고서도 없었다. 알쏭달쏭한 주제를 던져 주고 디자인을 해 오라니, 내가 배운 입시 미술은 아무짝에도 소용이 없었다. 그 와중에도 눈높이와 기대치는 높아서 밤을 새우기 일쑤였다. 대부분의 시간을 '생각'만 하며 보냈다. 선 하나 긋지 못하고 몇 시간, 선 하나 긋고 지우며 몇 시간, 그려진 선들을 보며 괴로워하는 데 몇 시간. 그러다 아침이 밝아 오면 허겁지겁 하던 걸 챙겨서 수업에 들어가곤 했다. 물론 나의 작품은 미완성이고 형편없었다. 그런데 어처구니없게도 같은 과 친구들의 작품 설명을 들으며 속으로 형편없다고 평을 하는 게 아닌가.

'어휴, 저 정도는 1시간이면 그리지. 저걸 디자인이라고 가져온 거야?'

마치 나는 고귀한 생각을 가진 디자이너인데 시간이 없어서 완성하지 못했을 뿐 시간만 충분했다면 근사한 디자인을 했으리라 생각하면서……

그렇게 4년의 세월을 보내고서야 깨달았다. 아니, 인정할 수밖에 없었다. 나는 천재 디자이너도 아니고, 시간이 주어진다 해도 근사한 디자인은 못 내놓을 것이며, 상상 속 나는 그냥 착각이고 허상이라는 사실을. 4년이 지나도 형편없는 작품밖에 내지 못한다면 그것은 시간이 없어서가 아니라 그냥 내 실력이 그 정도인 것이었다.

그로부터 수년이 지나 현장에서 실무 경험을 쌓으며 중요한 사실을 깨달았다. 타고난 재능이 없음을 한탄하는 것도, 상상 속 멋진 작품을 꿈꾸며 지금의 나를 부정하는 것도, 다른 사람의 성과물을 평가 절하하거나 혹은 부러워하는 것도 지금 나에게 아무런 도움이 되지 않는다는 사실을. 타고난 재능은 없으나 타고난 성실함으로 부족한 부분을 채울 수 있고, 고뇌보다는 실천의 행위가 나를 단단하게 만들 수 있으며, 타인의 삶이 아닌 온전히 내 삶에 포커스를 맞추고 살아야 한다는 깨달음이 생겼다.

나 스스로를 평가 절하하는 것도 문제지만, 스스로를 대단한 사람이라고 혹은 그런 사람이 되어야 한다고 착각하는 것도 금물이다. 우리는 대부분 평범한 사람들이다. 하루아침에 번쩍이는 아이디어가 떠오를 리도 만무하고, 연습 없이 달인이 되는 마법도 일어나지 않는다. 세상에 태어나서 기어 다니기도 전에 걷는 사람은 없다. 이 사실을 빨리 인정하고 받아들여야 한다. '난 앞으로 수십 번, 아니 수백 번 실패할 것이다'라고 생각하면 마음이 조금 편해진다. 성공하기 위해서가 아니라 실패하기 위해서 하는 시도라고 생각하면 못 할 일도 없다.

'어차피 망칠 텐데 까짓것 일단 해 보지, 뭐. 되든 안 되든.'

시도한 일의 결과가 안 좋으면 '괜찮아, 앞으로 아흔아홉 번 더 실패할 찬스가 남아 있어'라고 생각하면 된다.

놀랍게도 한 번의 성공보다는 백 번의 실패가 훨씬 더 나를 노련하게 만든다. 그러니 실패를 두려워해서는 안 된다. 실패를 해 봐야 나의 실체를 만난다. 돌이켜 보면 대학 시절 선 하나 긋지 못하고 고민하며 밤을 지새운 것은 실패가 두려워서가 아니라 나의 실체를 만나는 게 두려워서였다는 생각이 든다.

나를 감싼 포장지를 벗기고 나의 실체를 만나야 한다. 그것이 나의 스펙이든, 주변의 기대든, 내가 만든 허울이든. 껍데기가 아닌 나의 본질과 맞닥뜨려야 한다. 그 지점이 내 스토리의 시작이고 주춧돌이다. 내가 디딜 땅과 주춧돌과 시작점을 알고 나면, 그때부터는 튼튼한 집을 지을 수 있다. 그리고 그 집은 바람이 불어도 흔들리거나 무너지지 않는다. 우리가 끊임없이 고민하고 실패를 두려워하고 혼란을 느끼는 이유는 아마도 아직 나를 만나지 못했기 때문이 아닐까 싶다. 나를 만나야 한다. 그래야 나를 만들 수 있다.

● ● ● ● ● ●

석사, 박사, 포닥(박사 후 과정)까지 마친 후 '이제 뭐 하지?' 하며 멘붕에 빠지는 사람들을 보곤 한다. 길이 있어 걸었으나 그 길이 나의 길인지에 대한 치열한 고민과 탐색 없이 걸은 경우다. 참 안타깝지만 이 문제에 대해 누구도 답을 줄 수 없다. 우리 각자가 스스로의 답을 찾아야 한다. 하지만 희망은 나를 만나는 일은 인생 어느 시점에서든 할 수 있다는 것이다. 나를 알고 시작점을 정했다면, 지금껏 지어 온 집을 아깝다 생각하지 말고 새로운 집을 지으면 된다. 집은 버리더라도 그 집을 지으며 쌓은 나의 내공은 자산이 되어 새로 집을 짓기가 훨씬 수월해진다.

나는 어떻게
하고 싶은 일을 찾았는가

'어떻게 살고 싶은가? 무엇을 하며 살고 싶은가?'

이 질문과 그에 대한 답은 흔들리는 세상 속에서 나를 지탱해줄 뿌리다. 그런 뻔하고 흔한 말 말고 다른 쌈박한 건 없느냐고 백번을 물어도 나의 대답은 같다.

"본인이 하고 싶은 일을 찾으세요."

그런데 보통 꿈이 뭐냐고 물으면 '의사가 되고 싶다', '유튜버가 되고 싶다', '구글에 입사하고 싶다'라는 식의 대답을 하는 사람이 많다. 하지만 이런 꿈들은 뿌리가 흔들리기 쉽다. 우선 그 꿈을 이룬 후의 그림이 없다. 곧바로 '이다음은 뭐지?' 하는 허망함이 찾아오기 쉽다. 더 큰 문제는 그걸 이루지 못하면 인생을 실패했다고 느낀다는 점이다. 꿈이란 어떤 가치를 이루고 싶은가에 대한 답을 말한다.

나는 막내딸이다. 위로 오빠가 둘 있다. 부모님은 나를 '똥개'라고 불렀는데 막내인 고명딸이 귀여워서 그러셨을 테지만, 어린 나는 그게 몹시 못마땅했다. 부모님은 오빠들에게 하는 것과는 달리 나에게 큰 욕심을 내시지 않았다. 어느 날, 그 이유가 내가 여자아이이기 때문이라는 걸 알게 되었다. 시험 점수가 부모님의 기대에 미치지 못하면 "내 그럴 줄 알았다. 원래 여자애들은 안 돼"라는 편잔을 들었다. 혼나지 않았다는 안도감을 주기보다는 자존심을 상하게 하고 열등감을 주는 말이었다. 부모님에게 칭찬을 듣고 싶어 열심히 공부해서 좋은 성적을 받으면 "교만하면 안 된다. 네가 잘나서 잘한 게 아니라 하나님이 도우신 거다"라는 말로 주의를 주셨다. 결국 시험을 못 본 이유는 내가 여자아이라서, 시험을 잘 본 이유는 하나님의 은총 덕분인 것이었다. 어린 나이였지만 난 내 존재의 의미가 항상 의문이었다.

그런데 중학교 1학년 중간고사 때 미술 과목에서 100점을 맞았다. 실기만으로 평가한 점수였는데 미술 선생님은 나에게 부족함이 없다며 칭찬을 해 주었다. 난생처음 들어 보는 칭찬에 어리둥절하기도 하고 신기하기도 했다.

'나도 잘하는 게 있구나.'

그즈음 내 마음속에 막연히 미술을 하고 싶다는 불씨가 생겼다. 그 당시 교회 행사 때마다 온갖 장식과 팸플릿을 만들던 고등부 선배가 있었는데, 슥슥슥 멋진 글자를 만들기도 하고, 휘리릭 포스터를 그리기도 했다. 그 선배의 손길이 닿으면 밋밋하던 교회 벽이 금방 화려해졌고, 여름 성경 학교며 크리스마스며 제대로 분위기가 나는 마법이 일어났다. 나는 선배의 보조를 자처해 열심히 잔심부름을 하며 선배를 도왔다. 그리고 꿈이 생겼다.

'세상을 아름답게 만드는 일을 하고 싶다!'

고등학교 입학 후 미대를 가야겠다는 마음이 커졌다. 하지만 부모님의 반대가 뻔했다. 첫째는 여자니 얌전히 있다가 시집이나 가라고 할 테고, 둘째는 그림쟁이는 안 된다고 할 테고, 셋째는 미술 학원 보낼 돈이 없다고 할 게 뻔했다. 첫째와 둘째 이유에 대해서는 어떻게든 밀어붙일 수 있었지만, 돈 문제는 내가 어떻게 해 볼 수 있는 일이 아니었다. 그러던 중 미술 선생님이 학교 미술실에서 매우 저렴한 비용으로 입시 미술 과외를 하겠다는 공고를 냈다. 나는 이때다 싶었다. 이번 기회를 놓치면 절대 시작할 수 없을 것 같았다.

어렵게 부모님에게 이야기를 꺼내자 역시나 예상하던 이유로 반대를 했다. 이번에는 나도 물러서지 않았다. 나에게 고작 한 달에 10만 원도 투자를 못 하느냐고 반항을 했다. 우리 집이 그 정도로 가난하느냐고 상처도 냈다. 사실 우리 집은 그 정도로 가난하지 않았다. 그저 우선순위가 아니었을 뿐이다. 그렇게 며칠을 식음 전폐하고 눈물로 애걸하는 나에게 엄마가 이런 제안을 했다.

"나는 잘 모르겠으니 두 남자의 허락을 받아 와라."

두 남자 중 한 사람은 명문대 의대생인 큰오빠였고, 다른 한 사람은 담임 선생님이었다. 나의 중차대한 결정에 왜 두 남자의 허락이 필요한지 이해되지 않았지만, 한 발짝 물러선 엄마에게 더 날을 세우는 건 어리석은 짓이었다.

"막내 하고 싶은 거 시키세요."

큰오빠는 쉽게 넘어갔다. 담임 선생님은 미술을 하려고 해도 성적이 나쁘면 안 된다며 이번 중간고사에서 상위권에 들면 허락해 주겠다는 조건을 걸었다. 난 보란 듯이 선생님이 제시한 성적을 받았고, 엄마도 더 이상 반대하지 않았다.

그렇게 온 집안을 발칵 뒤집으며 시작한 일이다 보니 힘들어도 힘들다고 말할 수 없었다. 힘들다고 하면 얼씨구나 하며 그만두라는 이야기로 이어질 게 뻔하기 때문이었다. 더구나 "내 그럴 줄 알았다. 원래 여자애들은 안 돼"의 증거로 남을 순 없었다. 나는 내가 해낼 수 있다는 점을, 내가 틀리지 않다는 사실을 증명하고 싶었다.

이것이 나의 지난 25년간 커리어를 지켜 온 기초다. 그래서 산을 만나면 감당하고 넘어가야 한다는 생각이 들지 '이 산이 아닌가 벼' 하고 돌아갈 생각은 하지 않는다. 이렇게 글을 쓰는 것 또한 내가 꿈꾸는 '세상을 아름답게 만드는 일' 중 하나다. 나중에 디자이너라는 직업을 그만두고 은퇴하더라도 나는 세상을 아름답게 만드는 일을 하다 생을 마감할 것이다.

주변에서 마흔이 넘어 '앞으로 어떻게 하지?' 고민하는 사람들을 종종 만난다. 마흔 정도까지는 남들이 가는 대로 따라만 걸어도 어느 정도 길이 보인다. 연구 분야는 석사, 박사, 포닥까지 크게 고민하지 않아도 시간이 흐른다. 취업을 한 사람도 대략 마흔이 되는 시점인 10~15년 차까지는 크게 고민하지 않아도 시간이 흐른다.

문제는 그다음이다. 나랑 같이 걷던 그 많은 사람이 다 CEO가 될 순 없다. 언젠가는 각자 자신의 길을 찾아야 할 때가 온다. 그때가 왔을 때 나는 어떤 사람인지, 어떻게 살고 싶은지, 무엇을 하고 싶은지 충분히 고민되어 있지 않으면 멘붕에 빠진다. 그리고 그때는 '아이고 박사를 해라', '아이고 대기업에 취직을 해라' 하며 그렇게 옆에서 '아이고, 아이고' 하시던 부모님에게도 더 이상 남은 점괘가 없다. 정말 덩그러니 혼자 남겨지는 것이다. 그때 나락으로 떨어지지 않으려면 나는 무엇을 하며 살고 싶은지를 오늘부터 고민해야 한다. 내 인생 운전사는 나다. 불행하게도 (혹은 다행히도) 나를 평생 무임승차시켜 줄 황금 마차 따윈 없다.

일단 저지르면
수습할 힘이 생긴다

춥고 외롭던 재수 시절을 보낸 끝에 이화여대 생활미술학과 (시각디자인)에 합격했다. 전공이 나뉘는 3학년 때 학과 이름이 '정보디자인학과'로 바뀌고, 본격적으로 컴퓨터 그래픽 수업들이 생겼다. 그 당시 그래픽 작업이 가능한 애플 컴퓨터 가격이 한 학기 등록금보다 비쌌기 때문에 학생 대부분 학교 컴퓨터실의 컴퓨터를 돌아가면서 사용했다.

아직도 나에겐 미스터리인데 내 기억에 없는 걸 보면 큰 전쟁 없이 컴퓨터가 생긴 것 같다. 돈에 매우 인색하던 아버지의 기억에 의하면 내가 나중에 성공해서 크게 갚아 주겠다고 호언장담을 했다고 한다. 아버지의 도박사 기질을 건드렸던 걸까? ㅎㅎ (나중에 알고 보니 은행 대출을 받아 사 주신 거였다. 그도 그럴 것이, 당시 한 학기 등록금이 대략 250만 원이던 것으로 기억하는데, 내가 산 매킨토시 쿼드라 컴퓨터가 모니터 포함 400만 원 정도 했으니까.)

그렇게 3학년 봄에 개인 컴퓨터가 생겼다. 나는 미친 듯이 각종 컴퓨터 그래픽 툴을 공부했다. 당시 매킨토시 컴퓨터는 매우 전문적이고 비싸서 사용자도 많지 않고 배울 수 있는 곳도 흔하지 않았다. 나는 원서 번역서나 매뉴얼 혹은 그저 이것저것 되는대로 눌러 보면서 사용법을 익혔다. 혼자 공부하는 데 한계를 느낀 나는 '맥다모(매킨토시 다루는 모임)'에 가입했다. 맥다모에는 회사원이나 대학생 등 전공을 불문하고 매킨토시라는 공통 관심사를 가진 다양한 사람이 가입했는데, 매주 모여 정보를 교환하고 주제별 스터디를 했다. 나는 '컴퓨터 그래픽 소모임'의 리더를 맡아 매주 스터디를 진행했다. 일주일 동안 공부해서 새로 알게 된 (다른 사람들은 아직 모르는) 기능들을 설명할 때면 어깨가 으쓱했다.

1994년 5월, 맥다모로 일반인과 학생 대상의 컴퓨터 그래픽 강의를 맡아 줄 강사 섭외가 들어왔다. 나는 덥석 "제가 할게요"라고 말해 버렸다. 그리하여 홍익대학교 여름 방학 특강, 컴퓨터 그래픽 4종 세트(포토샵, 일러스트레이터, 익스프레스, 페인터)를 가르치는 강사가 되었다.

계약서에 사인을 하고 집으로 돌아온 바로 그날 밤 '현타'가 왔다. 내 실력은 돈을 받고 현업 실무자들을 가르칠 만한 수준이 아니었다. 고작 독학으로 배운 재주와 맥다모에서 쌓은 노하우로 매일 수업을 어찌 진행할지……. 대책도 없이 저질러 버린 것이었다. 3학년 여름 방학 두 달 동안 자주 악몽에 시달리며 식은땀을 흘렸다. 아무것도 모르는 채 수업에 들어갔다가 망신을 당한다든지, 특강비 환불을 요구받는다든지, 갑자기 모두 결석하고 나 혼자 강의실에 있는 등 꿈의 스토리는 다양했다. 이때 나는 거의 매일 밤을 새우다시피 공부를 해서 다음 날 가르치는 일을 반복했다. '내가 미쳤지'를 입에 달고 살며 괴로운 하루하루를 보냈다. 그렇게 두 달을 보내고 나니 혹독한 전지훈련을 받고 온 프로 선수처럼 실력이 단단해졌다. 원래 가르치는 사람이 제일 공부를 많이 하고 가장 많이 배우는 법이다.

늘 조마조마한 마음으로 수업에 임했는데 강의에 대한 평가는 예상외로 좋았다. 그리고 그해 겨울 방학에도 두 달 동안 강의를 했다. 두 번째는 훨씬 수월했다.

우리가 자주 잊는 사실이 있다.

'시간은 흐른다.'

이 간결한 불변의 사실이 내겐 위로이고, 자극이고, 해결책인 경우가 많았다. 시간은 무엇을 하든 안 하든 누구에게나 공평하게 흐른다. 내 경험상 일단 저지르고 수습을 하다 보면 시간은 흐르고, 어느새 죽이 되든 밥이 되든 끝이 나 있다. 처음이 힘들 뿐 그 과정을 해내고 나면 쑥 성장한 자신을 만날 수 있다. 저지르자. 일단 저지르면 수습할 힘이 생긴다. 리얼뤼? 리얼뤼!

기회는 늘 준비 안 된
순간에 찾아온다

1995년 대학교 4학년 여름 방학과 겨울 방학에 나는 삼성 SDS에서 인턴 디자이너로 일했다. 케이블TV의 VOD(Video On Demand) 시범 사업을 준비 중이었는데, 그때 필요한 텔레비전 프로그램 메뉴 화면을 디자인하는 일이었다. 지금의 넷플릭스 같은 서비스를 구상한 것이니 시대를 매우 많이 앞선 듯하다. 그리고 다음커뮤니케이션의 전신이던 작은 IT 벤처 회사에서 '서태지와 아이들' 인터넷 사이트를 만드는 아르바이트도 했다. 그러면서 나는 웹디자인과 인터랙션(상호 작용) 디자인의 매력에 푹 빠지게 되었다. 누가 시키지 않아도 밤새 뭔가를 만들었다. 원하던 그래픽 효과를 만들었을 때나 어려운 코딩 문제가 해결되었을 때 느끼는 쾌감은 이루 말할 수 없이 짜릿했다.

웹디자인은 무엇보다 디자인 결과물을 확인하기 위해 출력소를 찾아다니거나 비싼 비용을 들이지 않아도 된다는 게 좋았다. 인쇄물은 디자인을 수정하려면 기존 제작물을 폐기하고 다시 제작해야 하는데, 웹디자인은 수정이 용이했다. 그리고 코딩으로 실제 동작하는 걸 혼자서 만들 수 있다는 점도 재미있었다. 무엇보다 컴퓨터를 다루는 데 누구보다 자신 있었다. 아직 비주류 분야이고 현업에 선배가 많지 않아 겁도 났지만, 한편으론 그래서 더 신나는 일이기도 했다. 내 맘대로 해도 뭐라 할 사람이 없을 테니……. 지나고 보니 나의 겁 없는 도전은 여기서부터 시작이었다.

그런데 문제는 취직이었다. 웹디자이너를 찾는 기업이 그리 많지 않았다. 그 당시 시각디자인 전공자들의 진로는 대체로 대기업 디자인실이나 광고 회사, 그리고 인쇄 디자인물(북 디자인, 포장 디자인, 로고 디자인, 일러스트 등)을 주로 만드는 디자인 에이전시였다.

나의 흑역사를 밝히자면, 졸업을 앞둔 대학 4학년 12월에 당시 인턴으로 일하던 부서의 내부 추천을 받아 삼성SDS 공채에 지원했다가 또르르 떨어졌다. 내가 합격할 확률은 매우 높았다. 내부 프로젝트 경험, 부장님 추천, 그 당시 삼성의 대대적 여성 인력 확충 흐름에 나는 꽤 적합한 인력이었다.

실패 요인은 두 가지였다. 첫째, 영어 점수가 부족했다. 둘째, 면접을 말아먹었다. 그때 기억이 아직도 생생하다. 면접관 4명이 지원자 4명을 동시에 보는 면접이었다. 면접관이 질문을 던졌다. 어느 책에 나오는 내용을 기반으로 던진 질문이었는데,

첫 번째 면접자가 질문을 잘못 이해하고 자신이 가장 감명 깊게 읽은 책에 대한 대답을 늘어놓았다(지금 생각해 보면 아마도 준비해 간 답이 아니었나 싶다). 나는 네 번째 순서였는데, 첫 번째 면접자가 이 답하는 걸 들으며 '저 사람 망했군' 생각했다. 그런데 웬걸, 두 번째 면접자도 똑같이 감명 깊게 읽은 책에 관해 이야기를 하는 것이 아닌가.

'어라, 뭐지?'

그런데 세 번째 면접자가 쐐기를 박았다.

"제가 가장 감명 깊게 읽은 책은……."

그쯤 되니 나는 혼자 질문을 잘못 이해한 게 아닐까 하는 의심이 들기 시작했다. 마침내 내 차례가 되었을 때 나는 자신 없는 목소리로 답변을 시작했다.

"제가 가장 감명 깊게 읽은 책은……."

불합격이 결정되는 순간이었다. 중심을 잃고 다른 사람을 따라 하면 인생이 꼬인다는 걸 아프게 배운 경험이다.

그렇게 삼성SDS의 취업 카드를 보기 좋게 날렸는데 친구들의 취업 소식이 들려왔다. 불안했다. 내 선택이 맞는 걸까? 내가 가고자 하는 길이 존재하는 걸까? 준비되지 않은 채 다가오는 대학 졸업은 공포였다. 그러다 디지털조선일보(조선일보가 디지털 미디어 사업을 위해 만든 자회사)의 공채 1기 공고가 떴다. 나에게는 날릴 수 없는 황금 같은 기회였다. 어떻게 나를 잘 홍보할 수 있을까 고민하다가 내 포트폴리오를 인쇄물이 아닌 CD로 만들기로 했다. 마치 게임처럼 메뉴를 선택하면 각 프로젝트가 뜨고, 기능별로 추가 페이지가 나오도록 완벽하게 동작하는 CD를 만들어서 제출했다. 나중에 최종 면접에 오라는 전화를 받았는데, 전화한 팀장이 본인이 직접 만들었느냐며 여러 가지 질문을 했다. 이때 합격을 예감할 수 있었다. 그렇게 나의 첫 직장 생활이 시작되었다.

1996년 디지틀조선일보의 공채 1기 최초 웹디자이너. 그게 나의 첫 커리어 타이틀이다. 그 당시 IT 섹션을 담당한 선배 기자에게 웹 코딩 기술을 배웠다. 나는 새로운 기술을 꽤나 빠르게 배웠다.

어느 날, CJ 디자인실에서 근무하던 대학 선배로부터 연락이 왔다. 제일제당 웹사이트 개편과 온라인 쇼핑몰 제작을 계획중인데, 디자인실에 웹디자인을 해 본 인력이 없다는 것이었다. 그렇게 나는 전격 스카우트 제의를 받아 20개월 만에 첫 직장을 그만두고 두 번째 직장인 CJ로 이직을 했다.

그즈음 커리어에 대한 고민이 시작되었다. 고작 실무 경력 2년 만에 이런 큰 프로젝트를 진행하게 되어 의욕이 넘쳤지만 어떤 게 좋은 디자인인지 막연하기만 했다. 매출과 관련 있는 상품이라면 성공과 실패가 숫자로 분명하게 드러나지만, 디자인의 좋고 나쁨을 가르는 기준은 불분명했다. 게다가 그 당시 기업의 웹사이트는 구색 맞춤용 곁가지일 뿐 기업의 성패에 치명적인 영향을 미치는 것도 아니었다. 우린 그저 몇몇 디자이너가 모여서 어떤 게 더 예쁜지를 논의했고, 그에 맞게 디자인이 개편되었을 때 자축하며 만족해했다. 좋은 디자인이란 무엇일까…… 내공이 필요했다.

1998년 봄, 유학을 준비 중이던 남자 친구가 미국 대학원으로부터 합격 통지를 받았다. 내공을 쌓기 위해 공부하고 싶다는 갈망이 있었지만, 새로운 프로젝트에 뛰어들어 야근에 치여 살던 나에겐 당장 실현할 수 없는 꿈이었다. 그래서 이별을 통보했다. 결혼이 급한 나이도 아니었고, 당장 다니던 회사를 때려치우고 준비도 안 된 유학길에 오를 수는 없는 노릇이었다. 결혼해서 함께 가기를 원하던 남자 친구에게 나는 결혼 약속 대신 이별을 통보했다.

4년 6개월간의 연애는 내가 상상한 것보다 훨씬 내밀하게 내 삶에 들어와 있던 모양이었다. 어딜 가도, 무엇을 해도 그가 있었다. 우리는 이별 한 달 만에 전격 재결합했다. 이어 6월에 양가에 결혼을 통보하고 한 달 후인 7월에 결혼을 했다. 결혼 후 한국을 떠날 계획이었기 때문에 모든 준비를 생략했다.

그렇게 양쪽 집안을 놀래주며 결혼을 했는데, 문제는 남편은 8월에 시작하는 가을 학기를 위해 바로 출국해야 하는 상황이고 나는 당장 퇴사할 상황이 아니었다는 점이다. 그래서 신혼여행 후 남편은 바로 미국으로 떠나고, 나는 친정에서 나 홀로 신혼 생활을 시작했다. 그 당시 동네에 흉흉한 소문이 돌았다고 한다.

"저집 딸이 소박을 맞았대. 지지난 주에 결혼을 했는데, 글쎄 혼자 친정으로 돌아왔지 뭐야. 대체 뭔 일이래……."

동네 사람들에게 내가 막장 드라마 속 비련의 여주인공이 되어 있었다는 이야기를 나중에 전해 듣고 한참을 웃었다.

나는 진행 중이던 온라인 쇼핑몰 프로젝트를 마무리하고, 그해 11월 시카고행 비행기에 올랐다. 지금 생각해 보면 어디서 그런 괴물 같은 힘이 생겼는지 모르겠다. 엄마는 그 낯선 나라에서 필요한 물건을 당장 못 구하면 어떻게 하느냐며 온갖 살림을 넣어 주었다. 나는 나대로 짐이 많았다. 거금을 들여 산 매킨토시 컴퓨터를 가져가야 했다. 모니터는 포기하더라도 본체는 가지고 가야 유학 준비를 할 수 있었다. 온갖 디자인 자료, 필요한 책, 내 작업물들을 챙겼다. 전쟁에 필요한 나의 총알들이었다. 그리하여 나는 기준 무게를 초과하는 이민 가방 4개, 백팩과 데스크톱 컴퓨터가 들어간 기내용 가방, 그리고 당일 아침 막 담근 김치통 보따리까지 들고 무슨 전쟁 통 피란민처럼 그렇게 김포공항을 떠났다.

한국을 떠난다는 소회나 부모님과 이별하는 아쉬움, 새로운 미래에 대한 설렘을 느끼기엔 마음의 여유가 없었다. 당장 미국 입국 심사를 어떻게 통과해야 할지가 걱정이었다. 그렇게 잔뜩 긴장한 상태로 입국 심사를 마치고 짐을 찾아 공항에 마중 나온 남편을 만났을 때, 온몸의 힘이 풀려 주저앉아 버렸다. 스물일곱 살. 이제 드디어 새로운 시작이었다. 완벽하게 독립한 어른 인생의 첫발이었다.

영어 점수도 없는 나를
미국 명문 대학원이 합격시킨 이유

어린 시절, 할아버지는 소문난 구두쇠였다. 그 어렵던 시절에 자식을 11명이나 낳았으니 구두쇠가 아니었다면 자식 건사가 불가능했겠다는 생각이 든 건 어른이 된 후였다. 초등학교 시절 방학 때 할아버지 댁에 놀러 가면 사람은 밥값을 해야 한다며 과수원 일이며 외양간 일이며 이것저것 시키셨다. 아버지도 크게 다르지 않았다. 사람은 돈을 벌어야 한다는 걸 늘 강조했다. 그래서 아버지는 당신 돈으로 먹고사는 가족들에게 매우 권위적이었다. 그게 돈의 힘이라고 했다.

어린 시절 나에겐 그게 꽤 상처가 되었다. '어른들이, 게다가 부모가, 뭐 저렇게 돈으로 치사하게 자식한테 생색을 내나? 낳았으면 기본적으로 해 줄 건 해 줘야 하는 거 아니야?' 이런 생각. 아버지는 용돈을 주며 "내 돈이다"라는 이야기를 늘 백번쯤

했다. 그래서 나는 남의 돈 말고 내 돈을 벌어야 한다는 생각을 아주 강하게 하며 자랐다. 내 돈이 아닌 남의 돈은 다 치사한 돈이라고 여겼다.

미국에서 돈을 벌려면 하루빨리 대학원을 졸업하고 미국 회사에 취직을 해야 했다. 이제 대학원에 가는 건 우아하게 내공을 쌓기 위한 옵션이 아니라, 미국에서 밥벌이를 하기 위해 어쩔 수 없이 꼭 해야만 하는 일이었다. 이건 매우 중요한 삶의 태도다. 돈벌이가 옵션이 아니라 필수가 되면 커리어를 바라보는 마음가짐이 달라진다. 나(혹은 가족)의 생계에 대한 묵직한 책임감을 느끼면 어떻게든 방법을 찾을 수밖에 없다. 그래서 일에 대해 어떤 관점을 지니고 있느냐가 매우 중요하다. 일이 자아실현이면 자아실현은 안 해도 그만이다. 하지만 밥은 먹고 살아야 한다. 나는 밥벌이는 매우 존엄한 일이라고 생각한다. 내 인생을 내가 책임지는 것, 그게 어른이다.

나는 미국에서 어떻게든 살아갈 방법을 찾아야 했다. 모든 것이 낯설었다. 처음 만나는 서양인들도, 처음 보는 미국 동전들도 어색했다. 내 키가 몇 인치인지도 모르는 바보가 되어 버렸다. 남편이 학교에 가면 나 혼자 아파트에 남았는데, 첫 몇 개월은 외출도 못 하고 집에만 있었다. 밖에서 누구라도 마주치면 어김없이 말을 걸어왔기 때문이다. 특유의 미국 중부 억양으로 던지는 'How are you?' 변주곡의 향연. 'How's it going?', 'How's everything?', 'Whassup?', 'Howdy!' 등이 'How are you?'의 다른 표현임을 알아채는 데 한 달, 'I'm fine'이라고 입을 여는 데 한 달이 걸렸다.

생활은 남편이 연구 조교로 일하며 받는 월급으로 넉넉하지는 않지만 아파트 월세를 내고 최소한의 기본은 유지할 수 있었다. 그렇다고 비싼 돈을 내고 어학원에 다닐 처지는 아니었다. 알아보니 시카고시에서 운영하는 커뮤니티 칼리지(2년제 전문대학 혹은 평생 교육원 역할을 하는 시립 교육 기관)에 무료 영어 강의가 있는 것이 아닌가. 매일 4시간 수업을 듣는 과정이었는데 얼마나 감사한 기회였는지 모른다. 이것이 미국에서의 첫 번째 사회생활이었다.

나는 이 커뮤니티 칼리지를 1년 정도 다녔다. 내가 다니던 무료 과정에는 주로 남미 이민자 학생이 많았는데, 나는 그것이 신의 한 수였다는 생각이 든다. 한국 학생이 없었기 때문에 친구들과 소통하려면 무조건 영어를 써야 했다.

나의 미국 초기 영어 실력은 처참했다. 영어로 대화하는 일은 늘 어려웠지만 특히 월요일 수업 시간은 공포였다. 수업이 시작되면 짧은 프리토킹 시간이 주어지는데 이때 주말에 무엇을 했는지를 파트너와 이야기해야 했기 때문이다. 어색한 미소와 갈곳 잃은 눈동자로 버티던 몇 주가 지나고, 이대로는 안 되겠다 싶어서 문장 하나를 준비했다.

'I went to church.'

그래, 이거면 되겠지.

월요일 수업 시간. 드디어 대화 시간이 돌아왔다. 역시나 주말에 뭐 했느냐고 파트너가 물었다. 난 야심 차게 준비한 문장을 또박또박 말했다.

"아이 웬 투 처치."

내심 뿌듯해하는데 돌아오는 질문.

"어, 그래? 너 종교가 뭔데?"

왓? 한국에서는 교회에 다니는 사람은 당연히 기독교인을 뜻한다. 불교인이면 절에 다니고, 천주교인이면 성당에 다니지 않는가(그러고 보니 우리는 왜 종교를 말하지 않고 건물과 출석 행위를 말하는 걸까?). 나는 순간 당황했다.

'아니, 교회에 갔다고 하면 당연히 기독교인이라는 뜻인데, 종교가 뭐라니?'

머리가 하얘졌다. '기독교'가 영어로 무엇인지 도무지 생각나지 않았다. 뭔가 P로 시작하는 단어인 것 같은데⋯⋯. 그래서 하는 수 없이 "아이 돈 노"라고 대답하고 말았다. 그랬더니 이번에는 "그래? 교회가 어디에 있는데?"라고 묻는다. 왜 이리 궁금한 게 많은지. 맙소사! 이번엔 더 문제다.

'위치를 어떻게 설명하지?'

to 부정사와 관계 대명사가 머릿속에서 뒤죽박죽되면서 아무 생각도 나지 않았다. 그래서 대답했다.

"아이 돈 노⋯⋯."

오마이갓뜨! 이건 납치가 분명하지 않은가. 교회에 갔다는데, 종교도 몰라 위치도 몰라⋯⋯. 이건 거의 주말농장에 끌려갔다 나온 사람의 답변이었다. 다행히 파트너는 더 이상 묻지 않았다. ㅜㅜ

집으로 돌아와 수업 시간에 있던 일을 남편에게 말하고 대체 기독교가 영어로 뭐냐고 물으니, 크리스천이란다. 오마이갓뜨 백번! 지저스 크라이스트! 그래 나는 크리스천이다. 엄마 배 속에서부터 듣던 그 말을 못 하고 '아이 돈 노'를 했다는 창피함이 머리 꼭대기까지 온몸을 빨갛게 만들었다. 이 바보 멍청이!

그렇게 영어와 씨름하면서 대학원 준비를 했다. 다행히 시카고에는 내가 원하는 전공의 대학원이 세 곳 있었다. 문제는 토플 점수였다. 시험만 보면 영어 울렁증이 도져 필요한 점수가 나오질 않았다. 그러나 포기할 수는 없었다. 유학 선배가 교수를 직접 찾아가 사정해 보라고 조언해 주었다. 현지에 있는 외국 학생이 면담을 요청하는데 안 만나 줄 교수는 별로 없을 테고, 무엇보다 학교 입장에서도 입학할 학생을 확보하는 게 중요하다고 했다. 나는 뭐라도 해야 하는 상황이었다. 그래서 세 곳 모두 직접 찾아가 나를 어필하는 면담을 했다. 물론 나의 형편없는 영어 실력으로. 붙여만 달라는 절박한 심정으로. 두 곳은 불합격했지만, 일리노이 공과대학교(IIT:Illinois Institute of Technology) 디자인 대학원으로부터 2000년 봄 학기 입학 합격 통지서를 받았다. 미국 생활 시작 1년 만에 받아 낸 합격 통지서였다. 앗싸!

그토록 원하던 합격 통지서를 받았는데 마냥 기뻐할 수가 없었다. 나의 등록금 마련 계획은 이랬다. 그 당시 한 학기 등록금이 1만 달러 정도였는데, 부모님에게 1000만 원을 지원받아 1학기, 한국에서 일하면서 모은 1000만 원으로 2학기, 미국에서 인턴으로 돈을 벌어 3학기, 그리고 졸업 학기는 학자금 대출로 해결할 계획이었다. 그런데 IMF 외환 위기로 껑충 오른 환율이 당최 1000원 이하로 떨어지질 않는 것이었다. 등록금을 내야 하는데 그 당시 환율이 1300원 정도였으니 당장 300만 원이 모자란 상황이었다. 더 이상 돈을 마련할 곳은 없었다. IIT 디자인 과정에는 학사 과정이 없어서 강의 조교 자리도 없을뿐더러 디자인과 같은 전문 대학원은 연구 조교도 없고 장학금 지원도 많지 않았다.

나는 학교에 이메일을 보냈다. 이미 시카고에 와 있고 합격까지 했는데 한국의 환율 사정상 등록금이 부족하니 장학금을 지원해 달라는 내용이었다. 내가 이 대학원을 졸업하고 미국 사회에서 어떤 사람이 될 것이고, 졸업 후 나의 성공이 학교에 어떤 기여를 할 수 있을지도 덧붙였다. 간절하다 보니 방언 터지듯 영어가 술술 써졌다. 그런데 며칠 후 학교로부터 답장이 왔다. 학비의 30퍼센트를 장학금으로 지원하겠다는 것이었다. 모자란 300만 원이 딱 채워지는 금액이었다. 하늘은 스스로 돕는 자를 돕는구나! 역시 죽이 되든 밥이 되든 일단 찔러 봐야 한다. 밑져야 본전, 아님 말고니까.

서른 살, 마음먹은 만큼
성공할 수 있는 나이

열아홉 살의 나는 수험생이었다. 하루하루가 살얼음판 같았으나 끝이 있는 터널이었고, 난 그 터널의 끝을 지나고 있었다. 터널만 지나면 뭐든 내 마음대로 할 수 있는 어른이 된다는 생각에 설레었다.

스물아홉 살의 나는 낯선 미국 땅에서 첫 직장을 다니기 시작했다. 두려웠지만 새로운 시작이 주는 벅찬 감격과 뜨거움이 있었다. 얻어 온 가구들로 채워진 아파트였으나 마음이 궁핍하지 않았고, 블랙 프라이데이 때 산 20달러짜리 스웨터가 인생의 큰 즐거움이었다. 미국에 온 지 얼마 되지 않았다는 것도, 미국에서 첫 직장이라는 것도 내게는 의지가 되는 변명이었다. 드라마 〈도깨비〉의 대사처럼 모든 날이 좋은 것은 아니었으나 스물아홉 살의 나는 꽤 괜찮았다.

그런데 서른아홉 살의 나는 불안하고 초조했다. 그리고 마흔 살이 된다는 게 무서웠다. 세상일에 미혹되지 않는 불혹에 이르는 나이라지만 나는 터무니없이 흔들리고 있었다. 20~30대로 분류되는 청년층이 아니라 빼도 박도 못 하는 40~50대 중년이 된다는 걸 받아들이기 힘들었다. 아름다운 청춘 시절이 저물고 이제 뒷방으로 밀려날 일만 남았다는 생각이 엄습했다.

나이만의 문제는 아니었다. 쌍둥이 육아 전쟁을 치른 후 아이들을 유치원에 넣고 정신을 차려 보니 어느새 서른아홉이 되어 있었다. 20대의 나는 새로운 툴과 기술을 누구보다 먼저 익히는 실력을 갖추고 있었다. 30대 중반까지만 해도 나에 대한 자신이 있었다. 그런데 서른아홉 살의 내 모습은 어정쩡했다. 후배들의 실력은 출중했고, 앞으로 내가 도달해야 할 레벨(주로 미국인들)을 보면 도저히 엄두가 나질 않았다. '난 여기까지인가?' 하는 생각으로 우울한 서른아홉의 해를 보내고 있었다.

그러다 홍님(편의상 이 어르신을 '홍'님이라 칭한다)을 만났다. 그 당시 홍님의 나이는 일흔일곱 정도인 것으로 기억한다. 홍님은 매우 부지런하고 현명하고 열린 사고를 하는 분이었다. 내 고민을 가만히 들은 홍님은 이렇게 말했다.

"예순 살에 은퇴했을 땐 충분히 했다고 생각했지. 그러니 이젠 내려놓고 쉴 때도 되었다고 생각했어. 지금 와 생각하니 60대는 기운이 펄펄 나는 나이라는 생각이 들어. 만약 10년만 젊어져 다시 60대로 돌아간다면, 나는 뭐든 새롭게 시작해 볼 것 같아. 40대는 직장 생활의 꽃이지. 20대는 뭘 잘 모르고 30대는 뭘 좀 아는 것 같지만 권한이 적은데, 40대는 연륜과 직책에 권한까지 가진 나이야. 원하는 걸 모두 할 수 있고 지휘할 수 있는 장수의 나이. 그러니 꿈을 크게 꾸고 마음껏 펼쳐 보시라."

인생 선배의 경험에서 우러나온 조언과 응원이 마음에 깊이 울렸다. 무엇보다 '10년만 젊었더라면……'을 말하던 회한의 목소리가 정신을 번쩍 들게 했다. 고작 서른아홉 살에 뒷방 늙은이가 될 걱정을 하는 건 어리석은 생각이었다. 그렇게 나는 좀 더 여유롭고 편안한 마음으로 불혹을 맞이할 수 있었다.

이제 나는 마흔아홉 살이 되었다. 곧 하늘의 뜻을 알게 된다는 '지천명(知天命)'의 나이다. 얼마 전부터 지천명을 맞이할 준비를 하고 있다. 서른아홉의 나는 무방비였고, 흐릿했고, 안절부절못했다. 하지만 마흔아홉의 나는 다르다. 시간을 5년 단위로 나누어 큰 그림을 그리고 버킷 리스트를 작성했다. 하늘의 뜻은 아직 모르겠으나, 많은 이를 만나 듣고 배우려고 한다. 그러다 보면 언젠가 하늘의 뜻을 깨닫는 날이 오지 않을까……. 오늘은 내 인생에서 무언가를 시작하기에 가장 빠른 날이다. 마흔아홉의 나는 열아홉의 그때처럼 다시 설렌다.

홍님은 일흔아홉 살에 북유럽으로 캠핑카 여행을 떠났다. 2013년 인기 예능 프로그램 〈꽃보다 할배〉를 보고 전격 '할배' 팀을 구성해 70대 할배 세 분이 캠핑카를 빌려 여행을 떠난 것이다. 평균 나이 일흔다섯. 짐꾼 이서진도 없이 할배 셋의 여행. 근사하지 않은가! 여행 중 틈틈이 '노르웨이 헤럴드'라는 이름의 뉴스레터를 발행하기도 했다. 다음은 그중 한 꼭지다.

첫날밤 대형 사고 치다, 릴레함메르에서 노숙

모두 부랴부랴 짐을 싣고 첫날밤을 지낼 탄제노덴 캠핑장 주소를 내비게이션에 입력한 다음, 공항을 빠져나와 E6 고속 도로를 타고 북으로.

내비게이션이 시키는 대로 가니 어느 비포장 시골구석이다. 내비게이션이 가자는 대로 갔는데 호숫가 귀신 출몰 지역! 돌려 나오다가 아뿔싸, 급경사 풀밭에 빠져 엔진 쪽이 번쩍 들려 헛바퀴만 돈다. 시간은 밤 9시. 인적은 없고 추워지기는 하고. 문자 그대로 사색. 윗동네로 가서 어느 집 문을 두드리니 아줌마가 나온다. 사정사정해서 온 동네 사람들에게 전화를 돌려 보는데 트랙터 끌고 와서 꺼내 주겠다는 사람이 하나도 없다고. 천신만고 끝에 1시간 넘겨 한 아저씨가 트랙터를 몰고 와 간신히 끌어내니 땅거미. 밤 10시 30분. 어디로 간다, 이 밤중에. 어쩔 수 없다. 100킬로미터 떨어진 릴레함메르.

세상에, 왜 비싼 돈 내고 이 고생이냐는 생각.

캄캄한 밤, 비는 계속 부슬부슬. 릴레함메르 캠핑장에 도착하니 밤 12시. 문 닫고 아무도 없다. 하는 수 없이 사무실 앞에 차 세우고, 밥이고 뭐고 그냥 눕기로. 내일 일은 내일 생각.

– 〈꽃보다 할배 RV 여행〉 뉴스레터 중에서

너무 멋지지 않은가! 홍님의 멋진 여든아홉과 아흔아홉을 기대한다. 그리고 나의 멋진 쉰아홉과 예순아홉도 기대한다.

Chapter 3

더 잘하고 싶은데
내가 너무 부족하다고 느껴질 때

세계 최고의 천재들과 일하며 배운
스마트한 일의 기술

숫자가 말해 주지 않는 것은 많고, 숫자의 의미를 파헤쳐 보거나

숫자 바깥에 존재하는 세상을 알려고 하는 것은 적다.

그래서 난 숫자 중심의 사고방식을 게으르고 위험하다고 생각한다.

단순히 숫자가 아닌 그 숫자가 지닌 의미와

숫자 외의 것들을 접목해 의사 결정을 내려야 한다.

그런데 이 통찰 중심의 의사 결정은 시간이 훨씬 오래 걸리고 정교한 작업이 필요하다.

그래서 많은 비용이 들어간다.

모든 기업이 필요로 하는
최고의 능력은?

코로나 바이러스의 영향으로 기업은 이미 2025년 체제로 탈바꿈했다고 한다. 코로나가 아니었으면 5년 정도 걸렸을 변화가 준비되지 않은 채 와 버렸고, 사람들이 우왕좌왕하고 있을 때 발 빠른 기업들은 이미 2025년으로 훌쩍 넘어가 버렸다는 것이다.

실제로 코로나 사태가 종결된 후에도 영구적으로 재택근무 체제를 유지하겠다는 회사들도 있고, 코로나 바이러스로 새로운 가능성을 경험한 사람들은 이전으로 되돌아가지 않겠다고도 한다.

세계경제포럼(WEF)은 〈미래 직업 보고서 2020〉에 2025년 전 세계 기업이 가장 필요로 하는 업무 능력 15개를 선정해서 발표했다.

1. 분석적 사고와 혁신

2. 능동적 학습과 학습 전략

3. 고난도 문제 해결 능력

4. 비판적 사고와 분석

5. 창의성, 독창성, 추진력

6. 리더십과 사회적 영향력

7. 기술에 대한 사용 능력, 이해도, 능숙도

8. 기술 디자인과 프로그래밍

9. 회복력, 스트레스 내성, 유연성

10. 추론 능력, 문제 해결 능력, 아이디어 개발

11. 감성 지능

12. 민원 해결과 소비자 경험

13. 고객 응대 능력

14. 시스템 분석과 평가

15. 설득과 협상

－〈미래 직업 보고서 2020〉, 세계경제포럼

이를 분류해 보면 문제 해결 능력이 단연 최우선이다.

취업 준비를 하는 이들에게 자주 듣는 질문이 있다. 무엇을 준비해야 하는지에 대한 것이다. UX 디자인 분야에서 일하기 위해 준비하는 학생들은 UX 디자이너로 취직하려면 프로그래밍을 할 줄 알아야 하는지, 회사에서 어떤 툴을 주로 사용하는지,

어떤 분야가 앞으로 인기 있을지(증강 현실, 가상 현실, 인공 지능, 서비스 등), 타 전공에서 UX 디자인으로 전향하고 싶은데 어떤 디자인 스킬을 보완해야 하는지 등등. 아마도 주변 사람들을 보면서 나만 뒤처지는 것 같은 조바심과 불안감 때문이리라.

얼마 전 패널로 참여한 미국 컴퓨터학회연합(ACM)에서 주최한 패널 토의에서도 같은 질문을 받았다.

"디자이너가 코딩을 꼭 알아야 하는지에 대한 논란이 있습니다. 이 문제에 관해 어떻게 생각하시나요?"

"제 생각은 본인의 문제 해결 능력을 표현하는 데 코딩 기술이 필요하다면 알아야 한다는 것입니다. UX 디자이너는 기술자가 아니라 문제 해결자입니다. 문제 해결에 필요한 창의성을 어떻게 발전시킬지, 아이디어를 잘 전달하기 위해 무엇이 필요한지를 고민해야 합니다. 그게 그림일 수도 있고, 스토리텔링일 수도 있고, 코딩 기술일 수도 있습니다."

기업은 문제 해결자를 찾는다. 채용 면접 과정의 핵심은 지원자가 문제 해결에 필요한 역량, 이를테면 사고력, 통찰력, 창의력, 팀워크, 커뮤니케이션 능력 등을 갖추고 있는지, 그리고 각 분야의 전문성을 바탕으로 주어진 문제를 해결할 수 있는지를 판단하는 것이다. 그런데 여기서 중요한 것은 문제 해결 역량 이상으로 문제 정의 역량이 중요하다는 사실이다. 이는 문제를 어떻게 정의하느냐에 따라 다른 해결책이 필요하기 때문이다. 디자이너에게 요구되는 특별한 역량은 문제 발견 역량이다. 디자이너가 지닌 '사람을 이해하는 촉'으로 소비자, 제품, 서비스,

사회의 문제를 찾아내는 것이 결국은 문제 정의의 시작이기 때문이다. 결국 면접은 '문제 발견-문제 정의-문제 해결' 이 3종 세트를 보기 위한 것이어서, 앞 단계의 준비가 안 된 채 해결책만 늘어놓는 방식으로는 합격할 확률이 낮을 수밖에 없다. 짧은 면접에서 면접관이 보려는 건 해결책 자체가 아니라(몇 분 안에 나오는 해결책이라는 게 대부분 뻔한 답이다) '역량 3종 세트'이기 때문이다.

예를 들어 보자.

"가장 까다로운 고객과 그들의 요구에 어떻게 응대했는지 얘기해 주세요."

이런 질문을 받으면 여러분이라면 어떻게 답하겠는가? 대부분 '예전에 제가 만난 고객 중에……'로 이야기를 시작할 것이다. 하지만 생각을 좀 더 앞 단계에 두어야 한다. '까다로운 고객'이란 어떤 고객일까? 우선, 이 부분을 간략하게 정의하는 게 좋다. 말을 하면서 생각해야 한다. '왜 그렇게 되었을까? 제품의 문제일까? 서비스의 문제일까? 기업 이미지의 문제일까?' 등등. 그래서 특정 사례를 어떻게 해결했는지에 초점을 두기보다는 까다로운 고객이 만들어지는 이유부터 문제의 재발을 막기 위해 시스템을 어떻게 개선해야 할지까지 전반적으로 짚어 주는 게 필요하다.

"절반 정도 진행한 프로젝트에서 예상하지 못한 문제가 발생해 급하게 계획을 변경한 일이 있습니까? 그 문제를 어떻게 해결하셨습니까?"

이런 질문을 받으면 질문을 정리하는 것부터 시작하면 좋다. 프로젝트가 중단된 이유는 계획 변경, 연기, 취소, 경영진 교체 등 여러 가지가 있는데(화이트보드 사용이 가능하다면 적으면서 생각 과정을 보여 주면 효과적이다), 면접관에게 질문이 '프로젝트 변경'의 사례를 의미하는지 다시 물어서, 앞 단계를 생각할 수 있고 전체 그림을 아는 사람이라는 사실을 보여 주는 게 좋다.

"위기 상황에서 사람들을 빌딩 밖으로 대피시키는 계획을 디자인해 보세요."

이런 질문은 너무 광범위하다. 면접관도 알고 있다. 그래서 좀 더 구체화하는 작업을 해야 한다. 이를테면 빌딩의 형태가 무엇인지, 빌딩 입주자 규모는 얼마나 되는지, 출구의 형태, 종류, 크기는 어떤지, 입주자들의 연령대는 어떤지(시니어 건물일 수도 있고, 유치원 건물일 수도 있으니) 등등 범위를 명확하게 정의하고 그에 맞는 해결책을 제시하는 게 좋다. 만약 면접 보는 해당 건물이라면 면접관에게 디자인 시 필요한 질문들을 해서 '질문 능력'을 보여 주는 것도 좋은 방법이다. 좋은 질문은 좋은 해결책만큼이나 중요하다.

시선을 발밑에 둘 것이 아니라 좀 멀리 둘 필요가 있다. 내 경쟁력을 단순히 스펙에 두면 나보다 좋은 스펙을 가진 사람들은 언제나 넘치기 마련이다. 또 내 장점을 기술이나 도구 활용 능력에 맞추면 내가 얼마나 뛰어나든 나보다 잘하는 누군가가 곧 나타난다. 그렇게 되면 나는 늘 기술을 따라가는 데 급급한 추격자가 될 수밖에 없다.

기업은 문제 해결자를 찾는다. 그리고 문제 해결을 위해 생각할 수 있는 인재를 원한다. '당신은 창의적인 해결사입니까?'에 대한 답을 듣고 싶어 한다. 이력서에 자신이 참여한 프로젝트를 연대기 적듯 나열하는 경우를 보는데, 그런 경우 이력서 단계에서 떨어지거나 인터뷰에서도 실패할 가능성이 크다.

본인이 무슨 문제를 발견했고, 그 문제의 원인은 무엇이었고, 어떻게 해결을 했는지 '문제 발견'과 '문제 정의'에는 거의 힘을 쓰지 않고 결과에만 초점을 맞추면, 기업에서는 굳이 이 사람이 필요한가 고민하게 되는 것이다. 일을 능숙하게 하는 사람들은 이미 회사에 있기도 하고, 단기 계약직이나 에이전시를 고용하는 것으로도 필요를 채울 수 있기 때문이다. 풀타임 인력을 뽑는 일은 기업 입장에서는 매우 큰 투자이고 위험 부담이 있는 베팅이다. 그러니 신중하게 장기적인 가치를 실현하고 성공을 끌고 갈 두뇌를 뽑고자 하는 것이다. 경제 불황 속에서도 포기할 수 없는 단 하나의 투자는 문제 해결자를 찾는 것이다. 기술자가 아닌 해결사가 되어야 하는 이유다.

● ● ● ● ● ●

구글 복도에 붙은 어느 포스터 문구가 인상적이어서 사진을 찍어 한국에 있는 친구에게 보냈다.

'우리가 개발한 것은 밑바닥에서 만들어 낸 것입니다. 그러니 여러분은 그 위에서 개발하면 됩니다.'

We made
a thing from
scratch
so you don't
have to
make things
from
scratch.

The source of truth for anyone
making anything at Google.

standards.google

그랬더니 의외라면서 구글에서는 '세상에 이미 있는 건 전부 진부하고 후졌으니 외계인과 접선해 완전히 새로운 것을 만들자'라고 할 것 같았다나? 핵심은 기존 것이 진부해서도 아니고, 새로운 것이 필요해서도 아니다. 어떤 문제를 해결하고 있는가가 핵심이다. 기존 솔루션이 여전히 문제를 잘 해결하고 있음에도 그 솔루션을 진부하다고 느낀다면 그것은 만든 사람들만이 느끼는 피로감일 수 있다. 매번 똑같으니 외계인과 접선해 새로운 것을 만들어야 한다는 강박감은 만드는 사람들이 느끼는 압박감이다. 언제나 초점을 사람(소비자, 사용자, 구매자……)에 두어야 한다. 현재 문제가 무엇인지, 그 문제를 일으키는 원인이 무엇인지, 어떻게 해결하면 되는지를 제외한 그 모든 시도는 모두 만드는 이의 자기만족을 위한 행위다.

빅 데이터보다 더 강력한
직관의 힘을 키우는 법

2005년 모토로라 디자인 부서에서 근무할 때 일이다. 레이저 폰이 공전의 히트를 치면서 디자인팀은 한창 고무되어 있었다. 또 다른 히트작을 만들기 위한 사용자 조사와 전략 프로젝트가 대대적으로 진행되었다. 그중 컬러, 소재, 마감 기법 트렌드 조사(CMF Trending Research)가 전 세계 시장에서 큰 규모로 진행되었다. 6개월간의 대장정을 마치고 리포트가 발표되었다.

"그린 컬러가 대세입니다!"

이게 다라고? 고작 내년 유행할 컬러가 초록색이라는 걸 알아내기 위해(혹은 확인하기 위해, 혹은 윗선을 설득하기 위해) 이 수많은 조사와 분석과 데이터가 필요했단 말인가? 그즈음 시장에는 이미 그린 컬러를 사용한 제품이 쏟아져 나오기 시작했다. 시장을 선도하기엔 이미 너무 늦어 버렸다.

이젠 '빅 데이터'라는 용어를 일상에서 흔히 접하는 세상이 되었다. 우리의 일상이 네트워크에 연결되어 있고, 연결된 우리의 행적은 빅 데이터로 남고, 그것을 분석해 의사 결정에 반영하는 '데이터 기반 의사 결정(Data Driven Decision Making)'이 쿨한 대세가 되었다.

데이터로 배울 수 있는 것이 많다. 그것이 빅 데이터인 경우에는 조준하기 좋은 결과를 유추하는 데 유용하다. 그래서 온갖 종류의 숫자 데이터(Metrics)와 핵심 성과 지표(KPI:Key Performance Indicator)가 의사 결정과 목표 설정에 사용된다. 클릭률(CTR:Click Through Rate), 소비자 만족도(CSAT), 일간 활성 사용자(DAU:Daily Active Users), 월간 활성 사용자(MAU:Monthly Active Users), 성과 기록판(Success Scorecard), 프로젝트 진척률(Completion Rate) 등등. 숫자 데이터로 말하자면 왕중왕은 아마도 구글이 아닐까 싶다.

하지만 숫자가 말해 주지 않는 것이 많다. 숫자를 뽑아내는 것은 쉽지만 그 숫자들의 의미를 파헤쳐 보거나 숫자 바깥에 존재하는 세상을 알려고 하는 일은 적은 듯하다. 그래서 난 숫자 중심의 사고방식을 게으르고 위험하다고 생각한다. 단순히 숫자가 아닌 그 숫자가 지닌 의미와 숫자 외의 것들을 접목해 센스 메이킹 의사 결정(Sense Making Decision:말이 되는 의사 결정)을 내려야 한다. 그런데 이 통찰 중심의 의사 결정은 시간이 오래 걸리고 정교한 작업이 필요하다. 그래서 많은 비용이 들어간다.

삼성에 입사했을 때는 막 첫 번째 제품을 출시한 후였다. 나는 팀을 맡아서 두 번째 제품을 기획하는 일을 시작했다. 여러 기획안이 나오던 중에 한 팀으로부터 아이디어 제안을 받았다. 아이디어 자체는 충분한 잠재력이 있었지만 그걸 뒷받침할 인프라 시스템이나 출시 이후의 서비스와 소프트웨어 유지 보수를 고려해야만 하는 아이디어였다. 그런데 아이디어를 제안한 팀은 강력하게 밀었고, A/B 테스트를 요구했다. A/B 테스트는 두 종류 이상의 시안을 만들어 어느 쪽 반응이 더 좋은지를 확인하는 실험이다. A/B 테스트를 안 할 이유는 없다고 생각했다. 좋은 제안이고 이번 제품이 아니더라도 미래를 위해 고려해 볼 만한 아이디어이니 테스트를 통해 교훈을 얻는 것도 나쁘지 않다는 판단이었다. 그런데…….

일이 예상치 못한 방향으로 진행되었다. 테스트 대상을 사내 직원으로 설정했다는 점, 조사 설문지와 설계가 잘못되었다는 점, 조사에 사용된 시제품이 판단을 흐리기 쉽게 제작되었다는 점 등등. 사용자 조사는 일사천리로 진행되었고, 곧 리포트가 공유되었다. 역시나 예상대로 8 대 2의 결과가 나왔다. 제안 안을 선호하는 대상자가 8, 기존 안을 선호하는 대상자가 2. 8 대 2라는 숫자의 힘은 엄청났다. 결과는 위로 위로 올라갔고, 나는 왜 지금 그 안을 채택할 수 없는지 설명하느라 한동안 곤욕을 치러야 했다. 일단 한번 탄생한 숫자를 이기는 건 매우 힘든 싸움이다.

직관은 데이터의 또 다른 형태다. 몇몇 학자는 직관이 가장 고도

화한 지능일 수 있다고 말하기도 한다. 의식이 모르는 것도 직관은 알기 때문이다. 그들의 연구에 따르면 우리 뇌가 받아들이는 정보의 10퍼센트만이 전두엽(뇌의 앞부분으로 언어, 사고, 판단 등 고도의 지적 활동을 담당)의 의식으로 흡수되고, 나머지 90퍼센트는 무의식으로 들어간다고 한다. 따라서 본능적인 촉이 발동했다면 그것은 굉장히 많은 데이터를 바탕으로 나온 것이다. 왜냐하면 뇌가 받아들인 정보의 90퍼센트가 무의식의 영역으로 들어가니까 말이다. 직관은 우리가 태어날 때부터 지니고 있었고, 적극적으로 혹은 수동적으로 평생을 갈고닦은 정보의 결과물이다. 더욱 중요한 것은 이런 정보에 접속해 새로운 것들을 연결하고 조합하는 뇌의 능력 덕분에 직관의 힘이 더욱 강력해진다는 사실이다.

― 아이비 로스(구글 디자인 부사장), 〈데이터와 디자인〉 중에서

직관은 오랜 시간 축적되고 훈련된 '촉'이다. 오케스트라 지휘자는 수년간 소리에 훈련된 청각 촉을 지니고 있다. 그래서 연주 도중 수많은 악기 가운데 어느 악기가 틀렸는지, 어느 악기 소리가 빠졌는지를 바로 집어낼 수가 있다. 훈련된 요리사는 탁월한 미각 촉을 지니고 있다. 그래서 다 섞인 요리를 먹으며 무엇으로 맛을 냈는지 알아맞힌다. 그렇다면 디자이너는 어떤 촉을 지니고 있어야 할까? 바로 감정 촉이다. 디자이너는 사람의 감정을 다루는 직업이다. 소비자가 어떤 감정을 느끼는지, 어떤 제품이, 어떤 문구가, 어떤 색이 어떤 느낌을 주는지 아는 것이 디자인의 성공을 좌우한다.

그래서 디자이너의 촉은 데이터 속에 숨겨진 감정의 흔적을 찾아낼 수 있어야 하고, 사용자 연구 대상자들의 감정을 읽어 낼 수 있어야 한다. 빅 데이터로는 충분하지 않다. 어떤 물건을 샀는지, 어떤 영상을 얼마나 봤는지, 어떤 광고를 클릭했는지 등의 데이터만으로는 소비자에게 좋은 느낌을 남겼는지 알아 차리기 어렵다. 좋은 느낌이야말로 소비자를 제품이나 서비스에 머물게 하는 중요한 요소다. 가성비, 제품 스펙, 유용함만 내세우다가는 다른 좋은 경쟁 제품이 나오면 소비자들을 쉽게 잃는다.

가끔 대학생을 대상으로 강연을 하곤 하는데, 그럼 꼭 듣는 질문이 있다.

"대학생 때 준비해야 하는 일이 무엇인가요?"

아마도 사회생활과 취업을 준비하기 위해 필요한 것들을 묻는 질문일 게다. 그럼 나는 두 가지를 조언한다. '진한 사랑' 그리고 '끝장나게 놀기'. 디자이너에게 필요한 감정 촉을 연마하려면 감정의 스펙트럼을 넓혀야 한다. 감정의 스펙트럼을 넓히는 데 연애만큼 좋은 경험이 있을까 싶다.

누군가를 죽도록 사랑하면 감정의 밑바닥을 보게 된다. 내가 이렇게 유치하고, 나약하고, 비열하고, 옹졸하고, 거짓말도 잘하고, 잔인한 인간이었나. 내가 이렇게 멋지고, 용감하고, 재미있고, 수다스러운 인간이었나. 심장이 쪼그라들고, 머리가 하얘지고, 손이 덜덜 떨리고, 눈물을 흘리고 흘려도 멈추지 않는 경험을 해 본 적이 있는가. 이 사람을 구하러, 혹은 이 사람을 죽이러지옥까지 따라갈 계획을 세워 본 적이 있는가. 나의 감정 스펙트럼이 넓어야 다른 이의 감정을 읽어 내는 촉이 잘 작동한다.

그리고 막 놀아 봐야 한다. 흔히 말하는 여행이나 다양한 경험을 하라는 이야기가 아니다. (사회 규범이 허락하는 한) 일탈적 사고를 쳐야 한다. 죄짓고 들킬까 봐 두려워도 해 보고, 울고불고 사죄도 해 보고, 술 먹고 깽판도 쳐 보고, 치고받고 주먹싸움도 해 보고, 잘못의 대가를 치르는 일도 해 봐야 한다. 익숙하고 안전한 환경에서는 이런 감정을 경험하기가 어렵다. 여행을 추천하는 건 여행이라는 낯선 공간과 일탈의 시간이 주는 경험 때문인데, 여행에서 돌아오면 금방 원래의 나로 돌아가 버리기 쉽다. 일상 속에서 사고를 쳐야 한다. 그래야 단단한 촉이 생긴다.

빅 데이터와 인공 지능의 힘이 세질수록 사람이 사람 소리를 내기가 점점 어려워지는 걸 경험한다. 그렇다고 포기하지는 말자. 인간이 감정의 동물이라는 건 변하지 않는 사실이고, 인간의 감정을 잘 캐치해 내는 감정 촉을 지닌 사람은 미래에도 필요한 인재다. 나의 더듬이를 연마하자.

● ● ● ● ● ●

2014년 크리스토퍼 놀런 감독의 영화 〈인터스텔라〉를 극장에서 보고 나오면서 남편과 한참 열띤 토론을 했다. 이 영화는 더 이상 인간이 살 수 없을 만큼 황폐해진 지구를 대체할 새로운 터전을 찾아 우주를 누비는 탐사팀을 그린 이야기다.

영화가 끝나고 뇌리에 계속 남은 장면은 만 박사와 주인공 쿠퍼의 대화였다.

"죽음을 눈앞에 둔 순간이라도 어떻게든 살아남으려고 하겠지. 자식들을 위해서."

가족을 위해 살아서 지구로 다시 돌아가야만 하는 강한 생존 본능이 초인간적 힘을 발휘하게 하는 대목이었다. 나는 인간이 가진 생존 본능의 영험함에 관해 이야기했고, 인간만이 가진 초자연적 힘에 대한 의견을 냈다. 그런데 공학도 남편은 인간의 생존 본능조차 로봇에 입력 가능하다고 주장했다. 그렇게 한참을 이야기하다가 결국 이렇게 결론이 났다.

"아, 몰라…… 당신이랑 얘기 안 해."ㅎㅎ

대학 시절에 꼭 해 봐야 하는 일로 연애를 꼽으면 학생들은 연애가 세상에서 제일 어렵다고 아우성이다.

"아, 몰라…… 알아서 해."ㅎㅎ

인정받는 사람이 되기 위해
해야 할 것들과 하지 말아야 할 것들

상용화 제품을 양산하는 팀에서 디자인을 하다 보면 디자인이란 끊임없는 타협의 과정이고 결과물이라는 것을 항상 깨닫게 된다.

매번 몸과 마음이 너덜너덜해지고 뼈를 깎는 아픔을 느끼다가도 제품이 출시되어 사용자 손에 쥐어지는 그 쾌감을 맛보면 언제 아팠나 싶다(그래서 출산의 고통을 잊고 둘째, 셋째도 낳을 수 있는 모양이다). 나는 선행 연구나 콘셉트 프로젝트보다 제품이 욕을 먹더라도 사용자의 실제 반응을 보는 것에서 더 큰 성취감을 느낀다.

어디까지 타협해야 하는지, 무엇을 타협해야 하는지, 어떻게 타협해야 하는지, 그리고 무엇을 피해야 하는지 등등 타협의 방법에 관한 이야기를 나눠 보려고 한다.

회사의 수익 모델 이해하기

'자라'에서 일하면서 우리는 왜 '샤넬' 같은 고가 제품을 못 만드느냐고 하는 건 회사의 문제가 아니라 자신이 어떤 회사에 다니는지 파악을 못 하는 디자이너의 문제다. 30만 원짜리 스마트워치를 만드는데 수억 원이 훌쩍 넘는 '파텍 필립' 시계를 운운하는 건 번지수를 잘못 찾고 헤매는 꼴이다. 자라에 다니고 있다면 자라 제품의 포지셔닝과 소비자층을 겨냥한 디자인을 잘하는 게 가장 중요하다. 명품 디자인을 하고 싶으면 명품 회사로 옮기는 게 답이다.

구글이나 페이스북의 주 수입원은 광고다. 일반 사용자가 지불하는 돈으로 비즈니스가 굴러가는 게 아니기에 모든 우선순위와 의사 결정이 수익을 주는 광고주에 맞춰지는 건 당연한 일이다. 그렇기에 고급스럽고 정교한 만듦새보다 클릭이 더 많이 나오는 알고리즘에 집중한다. 전략적 타협을 위해서는 무엇보다 내가 다니는 회사가 무엇으로 돈을 버는지 꿰뚫고 있어야 한다. 회사의 비전이 나의 디자인 철학과 얼마나 일치하는지가 내 타협의 선을 긋는 출발점이다.

큰 그림 이해하기

제품 기획부터 출시 후 고객 관리까지 UX 디자이너의 고민이 필요 없는 과정이 있을까. 광고, 설명서, AS 센터 등 뭐 하나 사용자 경험에 영향을 미치지 않는 것이 없으니, 세상에서 가장 오지랖이 넓어야 하는 직업이 UX 디자이너가 아닐까 싶다. 그런 관점에서 디자이너는 단편적 디자인 옵션 외에도 앞뒤, 좌우의 전체적인 맥락을 파악할 수 있어야 한다.

휴대폰 기능 중 가장 말도 많고 탈도 많은 걸 뽑으라면 단연코 '설정'이다. 운영 체제 버전이 바뀔 때마다 더 나은 사용성을 위해 이렇게 저렇게 업데이트를 하지만, 사용자들이 서비스 센터를 가장 많이 찾는 이유는 설정을 잘못해서 일어나는 여러 문제 때문이다. 와이파이 설정이 잘못되어 있다거나 비행기 모드가 켜져 있다거나 알림 설정이 꺼져 있어서 고장인 줄 알고 서비스 센터를 방문한다.

이 문제에 대한 해결책으로 사용자가 직접 설정 항목의 위치를 바꾸게 하자는 안이 나온 적이 있다. 어차피 수많은 설정 사항에서 사용자가 자주 사용하는 설정은 10개 내외이니, 자주 사용하는 설정의 순서나 위치를 사용자 본인이 설정할 수 있게 만들자는 안이었다. 그런데 이 안은 결국 구현되지 못했다. 아이디어 자체가 나빠서가 아니라, 출시 후 고객 지원 센터를 운영하기 위한 비용이 몇 배로 더 증가하게 될 안이기 때문이었다. 고객 지원 센터를 운영하려면 상당한 비용이 들어가는데, 이런 사용자 설정 기능은 콜센터(보통 외주를 준다)의 고객 응대 직원들을 교육하는 데 추가 비용이 들 뿐만 아니라, 사용자가 문제가 생겨 전화를 했을 때 사용자가 보고 있는 화면과 응대 직원이 보고 있는 화면이 일치하지 않는다면, 문제를 파악하고 해결하는 데 걸리는 시간이 훨씬 오래 걸린다. 전화 통화 수와 시간은 전부 돈이기 때문에 득보다는 실이 훨씬 많은 아이디어였다.

이런 제약에도 불구하고 디자이너가 '사용성'을 내세우며 끝까지 타협하지 않고 밀어붙인다면, 회사에 손해를 끼치는 디자이너가 될 수 있을뿐더러 큰 관점에서 보자면 결국 나중에 문제가 발생했을 때 해결하기 더 어려운 사용자 문제를 간과한 판단이 될 수도 있다.

우선순위 매기기

모두가 만족하는 문제없는 제품 개발 과정이란 건 없다. 모든 이슈는 우선순위를 매기고, 타협하고, 적정선을 찾아가는 과정을 거치게 된다. 이때 어떤 기준으로 우선순위를 정하는 게 좋을까? 다음은 내가 주로 사용하는 기준이다.

첫째, 빈도. 얼마나 자주 발생하는 문제인가?

둘째, 가시성. 사용자에게 얼마나 쉽게 노출되는 문제인가?

셋째, 치명도. 얼마나 치명적인 문제를 야기하는가? 그냥 짜증이 나는 정도인지, 소비자가 제품 교환이나 환불을 요구할 수준인지, 법적으로 문제가 될 만한 소지가 있는지, 제품 브랜드 이미지에 치명적인 영향을 끼칠 문제인지, 소비자의 제품 이해도나 초기 세팅, 구매 결정을 방해하는 이슈인지 등등.

이렇게 기준을 정하고 나면 사안의 경중이 분명해지고 내 주장의 타당한 근거가 생긴다. 그러면 협업하는 팀들과 타협하기가 훨씬 쉬워진다(이미 디자인팀에서 많이 걸러진다).

고집 부리기

내 입장이 있다면 상대방에게도 입장이란 게 있다. 나만 옳다는 생각을 항상 경계해야 한다. 열린 마음으로 여러 의견을 경청하고 수렴해 내 의견을 조정하는 건 타협(어떤 일을 서로 '양보'해서 협의함)이 아니라 조율(균형에 맞게 바로잡음)이다.

그리고 소탐대실하지 말아야 한다. 작은 이슈 해결에 고집을 부리다가 큰 이슈를 놓치는 일이 종종 발생한다. 이를 피하기 위해서는 우선순위의 기준이 일관되어야 하고 철학이 분명해야 한다.

물론 끝까지 관철시켜야 하는 핵심 이슈라면 강하게 밀고 나가는 뚝심도 필요하다. 그럴 때를 위해 더더욱 잔일에 똥고집을 피우는 어리석음을 피해야 한다. 이 사람이 뭔가를 이렇게 주장할 때는 이유가 있다는 인상을 심어 둬야 한다.

'아, 저 인간 또 피곤하게 똥고집 부리기 시작하는군.'

상대방이 이런 마음을 갖는다면 타협은 이미 물 건너간 거다.

적 만들기

타협을 하다 보면 감정싸움으로 번지는 경우가 있다. 말이 뾰족해지기도 하고, 말꼬리를 잡고 늘어지기도 하고, 나중엔 정작 문제를 해결하겠다는 마음보다 지지 않으려는 마음이 강해져서 신경전을 벌이다가 이슈는 흐려지고 말싸움이 되어 버리기도 한다. 늘 경계해야 하는 부분이다.

제품이 망하면 다시 잘하면 된다. 하지만 망가진 인간관계를 회복하기란 매우 어렵다. 다음 프로젝트를 위해 여전히 함께 협업해야 하는 팀들이다. 나 혼자 할 수 있는 일이란 없다. 나의 평판과 인맥은 성공적인 커리어의 기본 중 기본이다.

적을 만들면 안 된다. 모두가 원하는 것은 프로젝트의 성공이지 누군가와 싸워 이기는 것이 아니다. 물론 가끔 나와 싸워 이기는 게 목표인 사람을 만나는데, 그런 사람에겐 그냥 져 주고 내 갈 길 가는 게 장기적으로 나에게 이익이다.

함몰되기

모든 담당자는 내가 참여하는 제품, 내가 디자인한 기능, 내 아이디어가 관철되기를 원한다. 그래서 제품 개발이 중간에 엎어지거나, 디자인이 원형을 잃고 산으로 가거나, 아이디어가 거부당했을 때 크게 상심하게 된다. 그럴 필요 없다. 전략적 결정이었을 수도 있고, 회사의 방향과 맞지 않았을 수도 있으며, 아직은 기술적으로 준비가 안 되어서일 수도 있고, 아니면 내 아이디어의 동력이 부족했을 수도 있다.

중요한 건 제품 자체보다 내가 이 과정을 통해 무엇을 배웠고 다음 프로젝트에서 어떻게 활용할 것인가이다. 제품은 실패했을지 몰라도 나는 성장할 수 있다. 그럼 성공한 거다. 같은 프로젝트를 하고도 어떤 이는 성장하고 어떤 이는 좌절의 늪에 빠진다. 선택은 나에게 달려 있다.

지금 이 순간에도 타협과 고집 사이에서 씨름하고 있는 모든 이의 건투를 빈다.

• • • • • • •

딸아이가 한국 초등학교 4학년 때 도덕 시험 오답 노트 숙제를 하다가 도움을 요청한 적이 있다. 딸아이는 본인이 선택한 3번이 정답이 아니라는 건 수긍이 되는데, 왜 2번이 정답인지를 모르겠다며 어떻게 해야 하느냐고 물었다. 나 역시 왜 2번이 정답인지 납득이 되지 않았다(사실 도덕 시험에 정답이 있다는 거 자체가 이상하다). 나는 딸아이에게 왜 2번이 정답인지 잘 모르겠다고 쓰거나, 왜 3번이 틀린 답이 아닌지 설명하면 어떻겠느냐고 조언했다. (나는 사실 중학교 도덕 시험을 치를 때 종종 그런 적이 있다. 객관식 문제에 '답이 없음'이라고 적거나, 정답을 2개 표기하거나. 진심인 적도 있고, 출제자가 원하는 정답을 알면서도 동의하지 않는다는 것을 티내려고 일부러 그런 적도 있다.)

완벽주의 성향의 딸아이는 도움이 안 되는 내 조언에 화를 냈고, 나는 남편에게 SOS를 보냈다. 남편이 설명했다.

"자, 봐. 1번은 아니지. 2번은 잘 모르겠지. 3번, 4번도 아니지. 그러니까 2번이 답이야."

딸아이는 아빠의 설명에 흡족해했다.

정답이어서 정답인 게 아니다. 다른 게 정답이 아니니 차선이 정답인 거다.

330만 통의 이력서 중에서
나를 돋보이게 하는 법

직장 생활 고비마다 소중한 가르침을 준 고마운 분들이 있다. 그중 첫 번째 가르침을 꼽으라면, 2013년 삼성전자 신규 입사자 오리엔테이션에서 어느 임원이 해 준 조언이다. 여러 곳에서 스카우트되어 입사한 경력 사원 대상의 오리엔테이션 첫날이었다.

그분은 40분의 열띤 강연을 이렇게 마무리했다.

"삼성인이 되려고 하지 마세요. 삼성인은 이미 많습니다. 여러분이 삼성인이 되는 순간, 여러분은 그저 'one of them'이 되는 것입니다. 그럼 우리는 여러분을 뽑은 이유가 없어집니다. 그럼, 굿 럭!"

(이미 마음의 준비를 단단히 하고 삼성전자에 입성한 나로서는 전혀 예상치 못한 내 인생 최고의 조언이었다. 이런, 다닐 만한 것 같아!)

'나는 왜 남들과 다를까, 왜 남들처럼 하지 못할까' 생각하며 잘하고 싶어서 혹은 눈에 띄기 싫어서 다른 사람들을 따라 하던 시절이 있었다. 분명히 잘 따라 했는데 결과가 나오지 않은 적이 많았다. 남들과 비슷한 성과를 내기도 했지만, 갑옷을 입고 마라톤을 뛰는 것처럼 진이 빠지는 경험이었다. 내 옷이 아니니 당연하다.

그렇다. 우리는 각자 자신만의 색깔을 지니고 있다. 살면서 다듬고 연마하더라도 나의 오리지널 색을 잃어버리는 순간, 나는 더 이상 내가 아니다.

기업은 다양한 인력을 필요로 한다. 특히 창의력을 요하는 직업일수록 다양한 인재는 그 기업의 핵심 역량이다. 비슷한 인력으로 비슷한 결과를 찍어 내는 일은 굳이 인간이 하지 않아도 되는 세상이다.

구글에서 신규 인력 채용하는 일에 종종 참여한다. 2019년에 접수된 이력서가 330만 통이라고 한다. 수많은 지원자 중 합격 통지서를 받는 이들은 자신의 색을 지니고 있고 그 색을 잘 보여 주는 사람들이다.

커리어에서 필요한 건 자신의 전문 분야에서 통하는 필살기만이 아니다. 각자가 지닌 개성 또한 자신만의 색이 될 수 있다. 조화를 잘 이루는 사람, 리더십이 있는 사람, 남들을 재미있게 하는 사람, 웅변력이 있는 사람, 위로를 기가 막히게 잘하는 사람, 잘 웃는 사람, 엉뚱한 상상을 잘하는 사람 등 모든 사람은 자신만의 색이 있다(난 모든 사람은 자신의 고유색을 지니고 태어난다고 믿는 편이다). 나를 잘 들여다보고, 나는 무슨 색의 사람인지 알아채고, 내 위에 덮인 얼룩을 걷어 내고, 내 본연의 색을 아름답고 단단하게 만들어 가면 된다. 그럼 돌덩이도 보석이 된다.

●●●●●●

누글러(Noogler: 구글 신규 입사자를 부르는 애칭)에게서 어떻게 하면 빠르게 적응할 수 있느냐는 질문을 받곤 한다. 그럼 난 웃으며 말한다.

"구글러가 되려고 하지 마. 누글러로 남아 있어. 그럼 성공할 거야. 굿 럭!"

'홈런을 쳐 본 적 있나요?'라는
질문에 내가 한 답변

2008년 9월 15일, 미국의 대형 투자 은행 리먼 브라더스가 파산 보호를 신청했다. 부동산 버블이 붕괴되자 거대 투자 은행도 맥을 못 쓰고 무너져 버린 것이다. 다음 날 뉴욕 리먼 브라더스 건물에서 개인 물품을 담은 박스를 든 사람들이 쏟아져 나왔다. 모두 직장을 잃은 사람들이었다. 텔레비전 뉴스로 본 그 광경은 충격과 공포 그 자체였다. 미국이 이렇게 무너지는 게 가능하구나……. 9·11 테러 때 무역 센터 쌍둥이 빌딩이 무너지는 장면을 생방송으로 보며 느끼던 초현실적 충격과 비슷했다. 리먼 브라더스 건물에서 쏟아져 나오는 사람들은 곧 여기저기서 일어날 일들의 신호탄이라는 걸 알기 때문이었다. 그리고 그건 곧 내 주변과 나에게도 벌어질 수 있는 일이라는 경고였다. 파국이었다.

금융 위기 여파는 역시나 수년 동안 이어졌다. 마이너스 경제 성장과 대량 해고로 사회 분위기가 뒤숭숭해졌다. 흔들리지 않을 것 같던 퀄컴에서도 연봉 동결이라는 조치가 나오더니 급기야 인력 정리로 이어졌다. 함께 일하던 동료가 해고 통보를 받고 하루아침에 짐을 챙겨 떠나는 모습을 지켜보는 것은 정말 힘든 일이다. 다음은 내 차례가 될 수도 있다는 생각으로 일이 손에 잡히지 않고 불안해질 수밖에 없다.

긴축 정책으로 신규 사업은 보류되었고, 기존 프로젝트는 중단하거나 유지 보수하는 정도로 규모를 줄였다. 출근해도 바쁘게 해야 할 일이 없었다. 나는 회사보다는 나의 커리어가 더 걱정되기 시작했다. 이렇게 시간을 보내면 금방 녹슨 고물이 되어버릴 테고, 그럼 고용 시장에서 더 이상 나의 효용 가치가 없어질지도 모른다는 걱정이었다. 앞으로 최소한 20년은 더 일해서 돈을 벌어야 하는데, 이 상태로 현 직장에만 베팅을 하는 건 위험한 투자라는 생각이 들기 시작했다.

금융 위기의 직격탄을 맞은 건 남편이 속해 있던 연구소였다. 당장 돈이 안 되는 연구를 하는 기초 과학 연구소들은 연구 자금이 끊기고 새로운 연구를 위한 투자도 축소되었다. 남편은 포닥 계약 연장을 못 하고 실업자가 되었다. 그리고 나는 외벌이 가장이 되었다.

남편은 한국 대학 연구소로부터 제안을 받았고, 1년 이상 이어지고 있던 실업 상황에서 더 이상 다른 옵션은 보이지 않았다. 우린 일단 도전해 보자는 쪽으로 방향을 잡았다. 남편은 한국으로 떠났고, 나는 아이들과 함께 미국에 남았다. 만약 남편이 한국 생활에 무리 없이 적응한다면 그때 가족이 옮기는 걸 고려해도 늦지 않으리라 생각했다.

그러던 어느 날 삼성전자 무선사업부 인사 담당자에게서 연락이 왔다. 해외 인재 채용을 위해 미국을 방문 중인데 만나 달라며 샌디에이고까지 찾아온 것이다. 2013년 당시 삼성전자는 갤럭시 S3와 갤럭시 노트2의 성공으로 상승세였고, 해외 인재 확보는 당시 이건희 회장이 내세운 신경영의 주요한 축이었다. 뭔가 하늘의 계시처럼 만나 보자는 마음이 생겼다. 샌디에이고에서 1차 임원 면접을 본 후 한국으로 2차 면접을 와 달라는 요청을 받았다. 나는 아이들을 아는 분에게 부탁하고 삼성전자 면접을 위해 한국을 방문했다.

일정은 오전 디자인팀 임원 면접, 오후 인사팀 임원 면접으로 진행되었다. 면접에서 디자인팀 임원이 물었다.

"홈런도 쳐 본 선수가 치는 건데, 혹시 홈런을 쳐 본 경험이 있습니까?"

나는 예상 못 한 질문에 당황했지만, 차분히 생각을 풀어 나갔다.

"팀의 성공은 홈런 타자 한 사람으로 만들어지는 것이 아니라고 생각합니다. 홈런 타자 한 사람이 빠졌다고 무너지는 팀도 좋은 팀이 아니라고 생각합니다. 반짝 1승이 아니라 다승 팀이 되기 위해서는 2군 선수들과 스태프까지 모두 어우르는 팀워크가 핵심이라고 생각합니다. 제가 지나온 여러 회사는 늘 해당 분야에서 최고였는데, 그건 한 사람의 홈런 타자가 만들어 낸 것이 아니라 모두의 성과였다고 생각합니다. 제가 항상 성공하는 팀의 일원이었다는 것은 곧 저의 성과이기에 자부심을 가지고 있습니다."

(나는 나중에 삼성 스마트워치로 홈런을 친 후에야 홈런 타자가 된다는 게 무슨 의미인지 깨달았지만, 면접 당시에는 이 답변이 최선이었다.)

2차 면접 결과는 합격이었다. 나는 그렇게 15년의 미국 생활을 정리하고 한국으로 향했다.

내가 삼성전자에서 스마트워치를
개발하겠다고 지원한 이유

우스갯말로 삼성에는 전자와 후자가 있다고 한다. 그만큼 삼성그룹에서 삼성전자의 파워가 막강하다는 뜻이다. 삼성전자 내에서 무선사업부, 그중에서도 휴대폰을 만드는 부서, 휴대폰 중에서도 갤럭시 전략 모델을 담당하는 팀이 가장 핵심이다. 물론 그게 가장 중요한 수익원이기 때문이다. 입사 후 부서장 면담에서 나는 두 가지를 요청했다. 첫째는 선행 전략 팀이 아닌 제품 양산 팀에서 일하고 싶다는 것, 두 번째는 갤럭시 폰이 아닌 다른 걸 맡고 싶다는 것이었다. 내가 가장 원한 것은 재량권이었다.

그리하여 '웨어러블 UX(User Experience:사용자 경험) 디자인 팀'을 맡게 되었다. 삼성에서 만든 스마트워치, 피트니스 밴드, 갤럭시 버즈 같은 몸에 착용하는 기기에 필요한 사용자 경험을 디자인하는 팀이었다. 2013년 9월 당시는 삼성의 최초 스마트 워치가 막 출시된 때였다. 기존의 임시 조직을 정비해 정식으로 웨어러블 UX 디자인팀을 만들었다.

구글이 만든 안드로이드 운영 체제(OS)를 사용하는 갤럭시 휴대폰과 달리 당시 스마트워치는 삼성이 자체 개발한 OS를 탑재했다. 우리 팀은 이 웨어러블 OS를 디자인하는 일부터 제품에 들어가야 하는 UX 디자인, 앱을 만드는 사람들에게 필요한 디자인 가이드라인까지 모두 담당했다. 그야말로 무에서 유를 창조하는 일을 했다.

2014년 모델을 준비하면서 동시에 2015년 모델에 대한 연구도 진행했다. 젊은 천재 과학자로 알려진 프라나브 미스트리가 수장으로 있는 미국 연구소에서 원형 형태의 워치를 위한 선행 콘셉트 연구를 진행하고 있었다. 우리 팀의 임무는 거기에 들어갈 UX 디자인을 개발하는 것이었다. 풀어야 할 숙제가 산더미였다. 원형 시계 디스플레이를 둘러싸고 있는 하드웨어 베젤이 유저 인터페이스 동작과 맞물리면서, 하드웨어의 물리적 조작과 소프트웨어 동작을 어떻게 연결할 것인지, 그 완벽한 사용성 조합을 이루어 내기 위해 수많은 시제품을 만들어 테스트했다. 유저 인터페이스 동작과 대응하는 베젤의 디텐트(Detent:멈춤쇠)를 물리적 장치로 만들어 실제 촉각을 느끼게 할지, 아니면 소프트웨어로 진동의 느낌만 구현할지, 또 디텐트가 필요하다면 몇 개를 넣어야 할지 등등 어느 것 하나 쉽게 넘어가는 법이 없었다. 해외 연구소, 제품 디자인팀, 실제 기기를 만들어야 하는 하드웨어 제작팀, UX팀이 총동원되어 과연 이 제품의 수율을 맞출 수 있을지, 수익은 낼 수 있을지 등에 대한 연구도 대대적으로 진행되었다.

삼성의 디자인 철학을 정리해 놓은 홈페이지에는 원형 UX를 다음과 같이 설명하고 있다.

"Circular UX는 세계 최초로 터치와 베젤의 물리적 조작을 통해 더 직관적이고 쉬운 UX를 경험하게 하며, 24 디텐트로 회전하는 베젤은 화면을 가리지 않고도 쉽고 빠르게 사용자에게 필요한 정보를 제공하며 주요 기능을 수행합니다."

UX 디자인팀에게 원형 디스플레이는 그야말로 새로운 도전이었다. 수십 년 동안 인터페이스 디자인이 연구되어 수많은 제품이 만들어졌지만, 그것들은 전부 사각형 형태의 스크린이었다. 그렇다 보니 자연스럽게 우리 팀이 디자인한 화면들이 전부 사각 화면에서 보던 패턴, 그리드, 형태를 기본으로 만들어지고 있었다. 어느 날, 지금까지 디자인된 화면을 전부 펼쳐 놓고 보고 있자니 이대로는 안 된다는 생각이 들었다. 사각 인터페이스 디자인을 원형 디스플레이에 욱여넣으려면 굳이 비싼 돈을 들여 원형 디스플레이를 채택할 이유가 없었다. 그래서 전격적인 현장 조사를 제안했다. 팀원 모두가 회사 밖으로 나가서 일상을 관찰하고 원형으로 이루어진 모든 사물의 사진을 찍어 오는 조사였다. 다음 날 결과물을 가지고 모였다. 각자 흩어져서 찍어 온 사진들을 공유하며 우리는 원형이 가진 형태적 특징과 원형을 채택한 기존 아날로그 제품들이 원형을 어떻게 해석하고 정보를 전달하는지 분석하기 시작했다.

디자인 산업에 축이 되어 온 고전적인 원칙들이 있는데, 그중 하나가 바로 '형태는 기능을 따른다'이다. 미국의 건축가 루이스 설리번(1856~1924년)의 이 말은, 그 이전 시대의 공예적이고 장식적인 디자인에서 벗어나 기능주의와 실용주의가 강조되던 근대 디자인의 상징이자 출발점이 되었다. 쉽게 말해 기능이 먼저고 디자인은 절제되어야 한다는 뜻이다.

그런데 원형 UX 디자인은 일단 원형과 베젤이라는 형태가 정해진 후 기능이 접목되어야 하는, 말하자면 100년 동안 지켜 온 디자인 원칙에 반하는 미션이었다. '형태는 기능을 따른다'에 반하는 과제를 풀어야 했던 것이다. 원형 디스플레이와 베젤은 손목시계라는 근원적인 출발점에서는 최적의 답이다. 이는 '형태는 기능을 따른다'의 원칙을 지키는 것으로, 손목시계라는 기능에 원형이라는 형태가 따라간 것이기 때문이다. 이제 남은 숙제는 스마트워치의 기능이 어떻게 원형 형태를 따라 디자인될 것인가였다. 소프트웨어 기능과 제품의 물리적 형태의 조화로운 사용성을 풀어야 했다.

일상적인 사각형의 화면에서 벗어난다는 것은 하나의 새로운 도전이었습니다. 작은 원형 화면의 물리적 제약에서 벗어나(Think Beyond Concept) 바깥으로 더 큰 원을 상상함으로써 보다 과감한 레이아웃을 도입할 수 있었습니다. 또한 중앙의 콘텐츠와 상하 콘텐츠 사이에 서로 다른 깊이감을 부여해 입체적인 구성을 더했습니다. 정해진 모서리가 없기에 사용자가 집중해야 할 부분을 사각형보다 더 적극적으로 보여 줄 수 있는 원형 디스플레이의 장점을 바탕으로 웨어러블 기기에 최적화된 유저 인터페이스가 디자인된 것입니다.

– 삼성디자인, 〈원형 UX 디자인 스토리〉 중에서

2015년이 시작되고 애플워치가 곧 출시될 거라는 소문이 돌았다. 우리는 아직 나오지도 않은 유령 워치와 싸워야 했다. 그해 5월 소문대로 애플워치가 발표되었다. 애플은 사각형의 스마트 기기 쪽으로 방향을 정한 듯했다. 떨리는 마음으로 발표를 지켜보던 나는 '해 볼 만하겠어'라는 자신감이 생겼다. 그리고 10월 삼성 기어 S2가 발표되었다. 하드웨어 베젤을 장착하고 완벽하게 구현된 원형 디스플레이와 최적화된 원형 인터페이스였다. 세상에 없던 물건이 탄생하는 순간이었다. 제품 공개 행사에서 상영된 영상 속 인터페이스 화면을 보며 지난 시간이 주마등처럼 흘러갔다. 수많은 보고와 수없이 버린 실패작, 그러면서 실망하고 좌절하고 포기하고 싶던 순간순간이 스쳤다.

남은 건 미디어 반응과 소비자 반응이었다. 각종 미디어로부터 찬사가 쏟아졌다. 그중에서도 베젤과 원형 인터페이스에 대한 칭찬이 압도적이었다. 미국 유명 테크 웹사이트인 '더 버지(THE VERGE)'는 삼성 저격수로 유명한 미디어다. 각종 악평과 조롱하는 리뷰가 단골로 올라오던 곳이다. 그런데 그곳에 이런 평이 올라왔다.

"Who would have guessed that Samsung would create a more elegant interface than Apple?"

(삼성이 애플보다 더 우아한 인터페이스를 만들 것으로 예상한 사람이 있었을까?)

제품 매출 성과와 별개로 디자이너로서는 최고의 성과였다. 홈런이었다.

좋은 소식이 계속 전해졌다. 나는 '2016 웨어러블 산업을 이끌 글로벌 18인의 여성 리더', '2016 웨어러블 게임 체인저 50선'에 선정되었고, 이어 'IDEA 디자인 브론즈상'을 대표 디자이너로 수상했다. 웨어러블 기기 전문지《웨어러블스》에는 다음과 같은 평가가 실렸다.

"삼성이 그녀에게 더 많은 웨어러블 제품의 아이디어를 내도록 하지 않는다면 그것은 미친 짓이다. 왜냐하면 그녀가 마침내 삼성이 나아가야 할 방향을 제시했기 때문이다."

만루 홈런이었다.

구글에 들어와서 처음 경험한
문화 충격 5가지

누글러(Noogler). 구글에 새로 입사한 직원을 부르는 애칭이다. 누글러를 위한 오리엔테이션이 진행되었다. 1000여 명이 모인 오리엔테이션은 규모부터 어마어마했다.

"우리가 개발한 것들은 밑바닥부터 만들어 낸 것입니다. 그러니 여러분은 그 위에서 개발하면 됩니다."

"문제 뒤에 숨은 진짜 문제를 찾아내고, 멋진 방법으로 해결하세요."

"현상이나 경쟁자를 쫓는 것은 시간 낭비입니다."

이런 내용의 교육이 이어졌다. 구글의 스케일과 가치가 느껴지는, 자부심이 뿜뿜 생겨나는 오리엔테이션이었다. 오리엔테이션이 끝날 땐 모두가 누글러 모자를 벗어 던지며 새로운 시작을 축하했다.

내가 속한 '검색과 어시스턴트(Search & Assistant)' 부서는 구
글의 핵심인 검색 서비스와 새로 떠오르는 인공 지능 어시스턴
트를 개발하는 곳이다. 구글에서 경험한 신선한 문화 충격 몇
가지를 소개하려고 한다.

매주 열리는 전 직원 미팅, TGIF

TGIF(Thank God, It's Friday: 하나님, 금요일을 주셔서 감사합니다)
는 구글 전 직원이 모여 이런저런 돌아가는 회사 일 이야기를
나누는 시간이다. 매주 금요일 오후에 모여서 'TGIF'라는 이름
을 붙인 듯하지만 회사가 커지면서 다른 지역 사람들을 고려해
목요일로 시간이 옮겨졌다. 내가 받은 문화 충격은 이 미팅이
매우 가볍고, 심지어 재미있다는 것이었다. 더욱 신선한 건 구

글의 공동 창업자인 래리 페이지와 세르게이 브린이 사회를 본다는 점이었다. 두 사람은 유재석과 신동엽이 토크쇼를 진행하듯 장난도 치고 서로를 '디스'하면서 매우 유쾌하고 편안하게 커뮤니케이션을 했다. 마치 조금 전까지 가라지에서 뭔가를 개발하다 나온 사람들처럼 캐주얼하고 에너지가 넘쳤다.

래리 페이지와 세르게이 브린은 구글을 '함께 재미있게 일할 수 있는 회사'로 만들고 싶었다고 한다. 구글의 익살스러운 로고가 이 창업 정신과 참 잘 맞는다는 생각이 들었다. 스스로 즐거워하는 모습만으로도 덩달아 흥분되는 그런 에너지가 참 신선했다. 대기업의 CEO는 언제나 진중하고, 늘 뭔가에 화가 나 있고, 직원과는 다른 천상에 사는 사람이라 생각했는데, 래리와 세르게이의 만담은 이런 고정 관념을 완전히 깨 주었다. (지금은 은퇴해 더 이상 이 둘의 만담을 볼 수 없다는 점이 참 아쉽다. 기업의 창업자를 만나는 일은 언제나 신선한 영감을 준다.)

'무엇이든 물어보세요', 도리

도리(Dori)는 구글 미팅에서 사용하는 사내 질문 시스템의 이름이다. 직원 전체 미팅이 잡히면 도리 시스템이 열리고, 직원들은 사전 질문을 입력할 수 있다. 익명이 가능하나 실명이 대부분이다(사실 회사 시스템에서 익명이란 존재하지 않는다). 질문은 미팅 중 실시간으로도 올라오고, '좋아요'를 가장 많이 받은 질문 순서대로 정렬이 된다. 질의응답 시간이 되면 이 도리 화면을 띄운다. 매우 놀라운 점은 질문의 수위가 참으로 거침이 없다는 것이다.

회사 전원이 모이는 TGIF 시간의 도리는 더욱 가관이다. 뉴스에서 이슈가 되고 있는 구글의 갖가지 문제점이나 사회의 이런저런 이슈에 대해 구글의 입장이나 책임을 묻는 신랄한 질문들이 올라온다. 사전에 서로 입을 맞출 시간도 없고 실시간으로 오픈된 공간에서 만들어지는 질문들이라 빼도 박도 못 하고 순서대로 답을 해야 한다. 마치 국회 청문회를 방불케 하는 긴장감이 흐르기도 한다. 여기서 답을 제대로 못 하거나 얼버무리면 그에 실망한 직원들은 다른 회사를 찾는다. 적어도 실리콘 밸리에서 회사는 갑이 아니라 을이라는 생각이 드는 순간이다.

개방성과 투명성

구글은 거의 모든 문서가 서버에 있다. 작업도 클라우드를 통해서 한다. 그래서 어느 컴퓨터든 회사 시스템에 접속만 하면 업무가 가능하다. 그리고 대부분의 문서는 '공유'가 기본이다. 요즘엔 유출되는 정보가 많아지면서 조금씩 문화가 바뀌는 듯하지만, 구글을 오래 다닌 사람들 말을 들어 보면 거의 모든 문서를 아무나 열어 볼 수 있었다고 한다.

개방성을 경험한 일화가 있다. 글로벌 경기 침체 때문에 방대해진 회사 지출 규모를 줄일 목적으로 인사팀에서 '긴축 재정 보고' 문서를 만들었는데 이게 공개되면서 회사 직원들을 자극한 일이 있었다. 직원들의 복지를 삭감하고, 승진 규모를 줄이고, 물가가 상대적으로 저렴한 지역의 채용을 늘리는 등 매우 민감한 내용이었다. TGIF 도리에 회사의 입장 표명을 요구하는 질문이 올라왔다. 인사 담당 임원이 무대로 불려 나와 자초지종을 설명하며 사과했다. 하지만 직원들의 화는 누그러지지 않았다. 다음 질문이 이어졌다. 직원들 복지를 줄여 푼돈을 절감할 것이 아니라 CEO가 받는 월급의 1퍼센트를 줄일 생각은 해 보지 않았느냐는 질문이었다. CEO가 직접 답해야 하는 질문이었다. 순다르 피차이는 침착하게 답을 해 나갔다. 나는 한 번도 경험해 본 적 없는(심지어 내가 다니던 다른 미국 회사에서도 경험해 보지 못한) 거친 대화가 오갔다. 구글 직원들은 회사가 뭔가를 숨기려 할 때 격분한다. 그리고 그 화를 당당히 표출하고 변화를 요구한다. 이것이 바로 구글의 힘이라는 생각이 든다.

자발적 공유와 협력

구글 직원들은 시키지 않은 일을 참 많이 한다. 관심 있는 주제라면 방대한 프로젝트도 스스로 진행하고 리포트를 작성하기도 한다. 어느 날은 전체 그룹 이메일로 'Z 세대'를 연구했다며 리포트를 공유하기도 하고, 어느 날은 미용과 관련된 서비스를 만들어 보려 한다며 도움을 요청하는 이메일이 오기도 한다. 그러면 또 어디선가 고수가 나타나 '여기요, 여기요' 하며 정보를 공유한다. 잘난 척하기 좋아하는 인간들이 모여서 그런지, 아니면 적극적인 봉사 활동이 평가 항목에 포함되어 있기 때문인지, 그도 아니면 정말 순수하게 지식을 향유하고 공유하려는 홍익인간 정신이 넘쳐서인지, 무엇이 이런 문화의 원동력이 되는지는 여전히 미스터리다. 내가 다닌 다른 미국 회사에서는 없는 일이었기 때문이다. 하지만 직원들이 자발적으로 씨를 뿌리고 농사를 지어 열매를 맺는 것은 돈 주고도 살 수 없는 기업 문화의 힘이다.

하의상달 문화. 이는 달리 말하면 위에서 시키는 것들을 잘 하지 않는다는 뜻이기도 하다. 그래서 생산성이나 효율의 관점에서 보자면 엉망진창으로 보이는 일도 많다. 이를 자발성이라고 해야 할지, 아니면 넘치는 자기애라고 해야 할지 경계가 애매한 지점이 있다. 하지만 자발적 동기 없이는 창의력이 생길 수 없다. 창의력이 클 수 없는 조직은 쇠퇴하기 마련이다. 그리고 행복한 개인이 모여 행복한 우리를 이룬다. 개인의 행복과 성장 없이 기업만 성장하다 보면 어느 순간 거품처럼 꺼져 버릴 가능성이 크다.

영향력 중시

"꼭 뭔가를 가져야 할 필요는 없어. 그러지 않아도 모든 부분에 영향력을 발휘할 수 있거든. 그게 구글에서 일하는 법이지."

구글에 들어와서 가장 적응하기 어렵던 부분이 팀별로 역할과 책임(R&R:Roles & Responsibilities)이 분명하지 않다는 점이었다. 부서별로 겹치는 일도 많고, 분명히 해야 하는 일인데 안 하는 경우도 있으며, 다른 부서 일인데 우리 부서에서 하는 일도 비일비재하다.

이런 말도 안 되는 사태를 도무지 이해할 수 없어 구글에 오래 다닌 동료한테 물었더니 해 준 말이다. 무언가를 정리해서 가지려 하지 말고 영향을 미치는 사람이 되면 된다는 조언이었다. 그러면 네 것이 아니어도 네 것이 된다는 알쏭달쏭한 이야기를 아무렇지도 않게 지나가듯 말해 주었다. 그런데 지나 보니 그 말이 무슨 뜻인지 이해가 된다. 자기가 하고 싶은 일을 알아서 하는 게 이곳 문화이고, 하기 싫은 일을 시키면 옮길 회사는 얼마든지 널려 있기 때문에 자생적으로 성장하고 도태되도록 한다는 것이다.

이것은 다분히 가진 자의 여유가 아닌가라는 생각을 하곤 한다. 글로벌 마켓을 대상으로 수익원이 안정적인 기업이기 때문에 나중에 버려질 일도, 지연되는 시간도, 뭉개는 직원들도 포용할 만한 여유가 있는 게 아닐까 싶다. 이런 여유가 있으면 자연스럽게 대박이 나는 엉뚱한 아이디어가 나오기도 하고, 스케일이 큰 그림도 그려 볼 수 있다. 뛰어난 인력을 영입하기에 매우 좋은 환경이기도 하다. 그 해 벌어 그 해 살아가야 하는 기업은 부서별로 역할과 책임을 정확히 구분해 효율의 극대화를 추구하게 된다. 현재 진행하는 프로젝트가 마지막인 것처럼 늘 최고의 결과를 내야 하기 때문에 장기적인 계획을 세우거나 여러 실험적인 시도를 해 보는 데 한계가 있다. 그러니까 구글의 문화는 여유 있는 부잣집이 갖는 복인지도 모른다.

구글의 천재들이
일하는 법

언젠가 회사에서 제품 개발 단계가 거의 마무리될 무렵 고위 임원으로부터 디자인 변경 검토 요청이 내려왔다. 얼토당토않은 지시에 담당 디자이너가 거세게 항의했다.

"똥인지 된장인지 먹어 봐야 아나요?"

내가 보기에도 무리한 지시였다. 제품 출시까지 얼마 남지 않았고, 임원의 요구는 플랫폼 전체를 뜯어고쳐야 하는 일이었다. 단순히 아이콘을 고치거나 앱 하나를 고치는 수준의 일이 아니었다.

뿔난 담당 디자이너가 퇴근해 버려서 나는 급히 다른 멤버를 찾아 똥인지 된장인지 테스트하는 작업을 시작했다. 역시나 똥이었다. 치우기 쉬운 예쁜 똥이 아니라 설사 똥이었다.

그런데 설사 똥 결과는 나름 의미가 있었다. 임원의 요구는 플랫폼 변경을 고려할 정도로 심각한 것이었고, 플랫폼을 변경했을 때 벌어질 일에 대한 가상 테스트 결과는 최악이었다. 임원진은 플랜 B로 선회하기로 결정했고, 결과적으로 제품은 성공적이었다. 나중에 일이 수습되고 담당 디자이너에게 해 준 말이 기억난다.

첫째, 어떤 솔루션도 틀릴 수 있다는 가능성을 열어 두어야 한다. 똥인 줄 알았는데 된장인 경우가 실제 있다.

둘째, 똥인 것을 증명하는 일은 또 다른 돌파구를 찾게 하는 원동력이 되기도 한다. 똥을 싸고 밑을 닦아야 개운하게 다른 일을 할 수 있는 것처럼…….

셋째, 현업에서 수십 년 경험을 쌓은 분들의 말을 새겨들을 필요가 있다. 지위가 높아서가 아니다. 연륜이 가진 내공의 힘은 종종 과학을 뛰어넘는 요술을 부리기도 한다. ('꼰대', '라테'는 나도 싫어한다. ㅎㅎ)

물론 담당 디자이너는 우리 팀이 실시한 테스트를 '삘짓'이라며 오랫동안 분하게 생각했다.

그런데 구글에 와 보니 웬걸…….

여기저기서 똥인지 된장인지 먹어 보는 테스트를 한다. 나름 오픈 마인드라고 자부하는 나로서도 도무지 이해가 안 되는 프로젝트가 너무 많다. 출시 직전에 취소되는 과제들, 심지어 한 팀에서 이미 먹어 보고 있는 똥을 다른 팀에서 가져가 또 먹어 본다. 맙소사!

업무 효율 관점에서 본다면 최악의 자원 관리이고, 기회비용

측면에서도 어마어마한 손실을 방임하는 것이다. 엉망진창으로 보이는 사태가 당황스러워서 나름 구글에서 오래 일한 동료에게 왜 이러는지 물었다. 그러자 돌아온 답.

"그러면 어때? 그럴 만하니까 놔두는 거야. 그게 어때서?"

뭔가에 한 대 맞은 기분이었다. 그렇지. 그게 어때서?

혹시 알아? 똥을 된장으로 만드는 신기술을 만들게 될지?

혹시 알아? 똥 된장 거름의 효과를 발견할지?

혹시 알아? 똥에서 노다지를 발견할지? (애플에서 만든 '똥' 이모티콘의 활약을 보라!)

누구든, 뭐든, 성이 풀릴 때까지 해 보길 권장하는 문화와 시스템. 아이디어 단계에서 싹을 자르지 않고 놔두는 자유방임(똥이라고 못 먹게 하면 오히려 화를 낸다). 실패에 대한 책임을 묻지 않고 뭘 배웠는지를 묻는 가진 자의 여유.

이것이 구글 혁신의 핵심이 아닐까? 차이가 있다면, 억지로 먹는 똥과 스스로 먹는 똥이랄까?

· · · · · ·

혁신은 똥밭에서 자란다.

그게 뭐 어때서?

좋은 리더가 되기 위해
내가 수시로 확인하는 것들

2006년 처음 관리자 역할을 맡은 이후 실무자와 관리자 일을 번갈아 해 왔다. 관리자로 일할 때는 실무자로 일할 때보다 정신적 에너지가 고갈되는 순간이 빨리 찾아왔다. 아마도 나와 잘 맞지 않는 일이라서 그런 듯싶다.

우선, 나는 숫자에 젬병이다. 팀 운영에 필요한 예산을 잡거나 인력 충원 협상 같은 일을 잘 못한다. 둘째, 과제에 실패했을 때보다 사람 관계가 틀어졌을 때 겪는 스트레스가 훨씬 크다. 그리고 후유증이 오래간다. 마지막으로, 과제는 결과가 대충 예상이 되는데 사람을 상대하는 일은 결과 예상이 어렵다. 그래서 경험을 쌓아도 노하우가 생기지 않고 늘 새로운 시작 같다.

그래도 경험으로 배운 교훈이 있다. 실천이 어려워서 수시로 확인하며 잊지 않기 위해 노력하는 사항들이다.

중심 잡기

리더는 중심을 잡는 사람이다. 배의 키를 잡고 방향을 정하거나 무게 중심을 잡아 한쪽으로 쏠리지 않도록 하는 역할을 한다. 그래서 많은 공부와 경험이 필요하다. 그런데 간혹 매우 사소한 일에 일일이 방향을 잡아 주거나 중심을 잡으려고 하는 경우를 본다. 그럴 필요도 없을뿐더러 그랬다가는 방향을 잡지 못하고 중심을 잃을 가능성이 커진다. 리더는 미래를 보고 전략을 세우는 사람이어야 한다. 앱 아이콘이나 바탕 화면 디자인은 디자이너에게 맡겨야지 일일이 컨펌하려 드는 건 본인의 레벨에 맞지 않는 일에 시간을 사용하는 일종의 직무 유기다.

간혹 여러 안의 장단점을 분석해 "어느 안으로 할까요?" 하고 의사 결정을 미루는 보고를 접하곤 하는데, 난 그런 경우에 항상 "담당자 의견은 무엇인가요?"라고 되묻는다. 해당 문제를 가장 잘 알고 고민을 가장 많이 한 사람은 담당자다. 그러니 담당자의 의견이 가장 중요하다. 고민이 충분히 안 되어 있을 때는 질문하고 토론하는 방식으로 담당자 스스로 답을 내도록 중심만 잡아 주는 것이 리더의 역할이다.

나의 불안을 전가하지 않는다

리더가 되면 무섭다. 많이 무섭다. 최상위 임원 대상의 미팅이나 보고는 그 압박감이 숨통을 조여 올 정도다. 최상위 임원들은 대체로 참을성이 없다. 시간이 없기도 하고 이미 많은 내용을 꿰고 있어서 중간에 말을 끊기 일쑤다.

"됐고, 그래서?"

설명을 절반도 안 했는데 이런 반응이 나오면 멘붕이 온다.

또한 리더의 결정으로 팀이 날아갈 수도 있고, 제품이 망할 수도 있고, 회사에 막대한 손해를 끼칠 수도 있으니, 이런 의사 결정은 언제나 무섭다.

그런데 가장 조심해야 하는 일은 불안할 때 하는 행동이다. 우왕좌왕하거나 횡설수설하거나 짜증이나 화를 내거나 목소리가 올라가거나…… 이렇듯 리더의 불안한 감정이 표출되는 행동은 팀원들에게 그대로 전달되어 다 같이 불안에 빠지는 결과를 낳는다. 특히 경계해야 하는 일은 책임 전가를 위해 다른 사람을 비난하는 것, 그리고 불안한 나머지 중심을 잃고 잘못된 의사 결정을 하는 것이다.

리더는 본인의 불안을 감지하는 촉을 지니고 있어야 한다. 그럴 때 혼자만의 시간을 갖거나 다른 멘토의 도움을 받거나 잠깐 다른 일에 집중해 주위를 돌리는 등 자신만의 방법으로 불안한 '감정'을 다스려야 한다. 불안함을 자주 느낀다면 근본적인 원인을 찾아 해결해야 더 큰 리더가 될 수 있다.

장기적인 해결책을 찾는다

프로젝트에 문제가 생겼을 때 왜 이런 일이 생겼는지를 물으면 대체로 질책으로 받아들인다. 하지만 이는 질책이 아니라 문제의 원인을 찾아 향후에 유사한 문제가 발생하지 않도록 개선하기 위함이다. 프로세스 문제인지, 의사 결정 라인 문제인지,

인프라 문제인지, 예산 문제인지, 팀 문화 문제인지 등을 파악해서 문제의 원인을 해결하는 게 리더의 역할이다. 발생한 문제는 담당자가 해결하면 된다(담당자를 질책하는 건 문제 해결에 도움이 되지 않는다). 리더의 역할은 장기적이고 근본적인 해결책을 마련하는 것이다.

왜 이런 일이 생겼느냐고 리더가 물었을 때 담당자가 겁을 먹고 문제를 숨기거나 땜질식으로 문제를 덮거나 해결됐다고 거짓 보고를 한다면, 조직 문화에 문제가 있는 것이다. 이를 바로잡는 것은 리더의 숙제다. 약점을 솔직하게 드러내도 불이익을 당하지 않는다는 믿음은 건강하고 창의력 있는 조직을 만드는 데 매우 중요한 덕목이다.

코칭과 멘토링

리더는 팀원의 성장을 돕는 사람이다. 그러기 위해서는 팀원에 대한 애정이 있어야 하고, 팀원의 장단점과 상황을 잘 파악하고 있어야 한다.

다면 평가 시스템이 없는 회사에서 일할 때 팀 자체적으로 다면 평가를 활용해 본 적이 있다. 다면 평가는 상급자가 하급자를 일방적으로 평가하는 방식과 달리, 상급자뿐만 아니라 동료, 하급자 등 복수의 인원이 평가에 참여하는 방식이다. 다면 평가를 제대로 활용하려면 먼저 이를 수용할 수 있는 문화가 자리를 잡아야 한다. 득보다 실이 클 수도 있기 때문에 쉽게 권할 만한 제도는 아니다. 당시에도 다면 평가를 처음 해 보는 팀원들은 당황해했고, 평가서를 취합해 열어 본 순간 나는 더 당황스러웠다. 연애편지를 보는 듯한 문구들(A가 좋아요, 싫어요), 쓸 말이 없다며 남겨 둔 공란, 업무와 상관없는 개인사를 지적하는 피드백들…….

그래서 바람직한 다면 평가란 무엇인지, 어떻게 하는 것인지, 왜 중요한지, 어떻게 활용되는지를 설명하는 시간을 가졌다. 특히 연차가 어느 정도 있는 팀원에게는 동료들에게 얼마나 구체적이고 실질적인 피드백을 주느냐가 리더십을 평가하는 기준이 된다는 점도 설명했다.

그리고 고과 결과와 함께 평가서를 한 장으로 정리해 공유했는데, 여기에 동료들의 평가 요약과 해당 평가 기간의 성과와 잘한 점, 그리고 개선이 필요한 부분에 대한 의견을 감정을 건드리지 않는 표현으로 순화해 적어 주었다. 시간이 지나면서 연애편지 같던 피드백들이 점점 실질적인 내용으로 개선되었다. 동료에 대해 좀 더 관심을 갖고 눈여겨보게 되었고, 각자의 역할을 존중하는 문화도 자리를 잡았다.

이는 내가 다니던 회사에서 쌓은 경험을 바탕으로 한 것인데, 그중에서도 특히 구글은 다면 평가를 중요시한다. 이렇게까지 공을 들일 일인가 할 정도로 장문의 피드백을 서로 주고받는다. 모든 피드백은 각 직군과 직위에 맞춰 업무 난이도, 리더십, 업무 기여도 항목으로 나눠서 평가 의견을 적도록 되어 있다. 평가 기간이 되면 리더는 식음을 전폐하고 업적 평가를 해야 할 지경이다. 리더의 책무이니 어쩔 수 없다.

권한과 책임 부여

리더는 대신 책임져 주는 사람이 아니다. 담당자가 책임을 지도록 지원하는 사람이다. 간혹 "내가 책임질 테니 맘껏 해 봐"라고 말하는 리더가 믿음직스러운 리더라고 생각하는 경우가 있는데, 이는 담당자에게 진정한 권한을 주지 않는 리더십이다. 일에 대한 권한뿐만 아니라 결과에 대한 책임도 함께 지는 것이 진정한 주인 의식이다.

책임 없는 권한은 무의미하다. 믿고 맡기면, 그리고 스스로 책임져야 한다고 느끼면 훨씬 주도적으로 일하게 된다. 그러면서 성장한다. 실패할 기회를 주어야 하고, 실패에 대해 책임질 기회도 주어야 한다. 실무 담당자의 실수나 실패가 제품에 미칠 피해의 위험을 관리하는 것이 리더의 역할이다. 담당자는 자신의 몫을 책임지고, 리더는 리더의 몫을 책임지면 된다.

〈라따뚜이〉가 가르쳐 준
새로운 재능을 발견하는 법

2007년 개봉한 애니메이션 〈라따뚜이〉는 요리사가 되고 싶어 하는 생쥐 레미의 이야기다. 나는 이 영화에서 배운 교훈을 면접 시 답변으로 활용하기도 하고, 강의 자료로도 활용한다. 그중 두고두고 되새김질하는 장면이 있는데, 새로운 창조가 이루어지는 과정과 새로운 재능을 발견하는 내용에 대한 것이다.

새로운 창조의 10단계

글을 더 읽기 전에 영화의 해당 부분 영상을 보기를 권한다.

〈라따뚜이〉의 한 장면

1단계 : 관찰(Observe)

많은 문제의 답은 일상에 있다. 아이디어가 떠오르지 않을 때, 더 이상 진전이 안 될 때, 출시한 제품의 실패 원인을 분석해야 할 때는 관찰에서 시작한다. 대학원 재학 중 '관찰' 수업이 있었는데, 그때 배운 AEIOU 기법을 아직도 잘 활용하고 있다. AEIOU는 Activities(활동), Environments(공간 · 환경), Interactions(상호 작용), Objects(물건), Users(사람)를 뜻한다.

2단계 : 발견(Uncover)

관찰을 하다 유용한 것을 발견하는 단계다. 텔레비전 인기 프로그램 〈나는 자연인이다〉를 보면 산속에서 고사리며 산나물이며 버섯을 잘도 찾아낸다. 아는 만큼 보이고, 필요가 기술을 만들고, 관심이 끈기를 만든다. 보석을 찾으려면 원석을 볼 수 있는 눈과 경험이 필요하다.

3단계 : 팀 찾기(Find Team)

혼자 할 수 있는 일은 거의 없다. 누군가의 도움이 필요하다. 그래서 나와 잘 맞는 파트너를 찾는 게 중요하다. 나의 부족한 점을 채워 줄 수 있는 사람, 편하게 이야기 나눌 수 있는 사람, 좋은 피드백을 줄 수 있는 사람을 찾아야 한다.

4단계 : 함께 쌓기(Build Up)

함께하는 사람들과 빌드 업을 한다. 각자 관찰하고 발견한 아이디어를 나누고, 내가 가진 것과 파트너가 가진 것을 융합한다. 의견을 조율하고, 우선순위를 정하고, 목표와 계획을 세운다. 함께하는 이들과 합을 맞춰 보는 과정이다. 서로 시선이 일치하지 않으면 진행 중에 산으로 가거나 어긋날 가능성이 크다.

5단계 : 확대(Extend)

아이디어에 살을 붙이는 단계다. 대부분의 초기 아이디어는 설익고 엉성하기 마련이다. 가설을 만들고, 플랜 A, B, C를 만들고, 연관된 아이디어를 붙여서 확대한다.

6단계: 변형(Transform)

변형은 두 가지 관점의 시도가 필요하다. 첫째는 초기 데이터, 직감, 아이디어의 재해석이고, 둘째는 빌드 업 된 아이디어를 두고 이게 최선인지, 다른 방식은 없는지, 문제를 일으킬 가능성은 없는지 등 최대한 다양한 시나리오로 시뮬레이션을 해 보는 것이다. 다양한 시뮬레이션은 실패 확률을 낮춘다. 재해석된 아이디어에서 의외의 결과가 나오기도 한다.

7단계 : 도구 찾기(Find Tool)

아이디어가 어느 정도 정리되고 좁혀지면, 이젠 그걸 만들 툴을 찾아야 한다. 소프트웨어일 수도 있고, 플랫폼일 수도 있고, 기술자일 수도 있다. 어떤 툴을 사용해야 할지 모를 때는 전문가에게 문의한다.

8단계 : 만들기(Make)

아이디어의 실현. 만들어 보는 것이다. 목표에 따라 단순한 시제품일 수도 있고, 스케치일 수도 있으며, 실제 동작하는 제품일 수도 있다. 처음부터 너무 잘 만들려고 하기보다는 '애자일(Agile) 방식'으로 빠르게 만들어서 여러 번 수정과 반복을 거치는 게 좋다.

9단계 : 실험(Test)

테스트 단계다. 구글에서는 팀푸드(Teamfood), 피시푸드(Fishfood), 도그푸드(Dogfood)와 같은 여러 자체 테스트 과정을 거쳐야 제품이 출시된다. 도그 푸딩(Dogfooding)은 자신이 만든 제품을 직접 써 보는 것으로, 'Eat your own dog food'에서 유래한 말이다. 그런데 구글 도그 푸딩의 치명적 결함은 테스터가 구글 직원이라는 점이다. 직접 먹어 보는 것도 중요하지만, 다른 사람이 먹고 평가를 내려 주는 게 필요하다. 수많은 구글 제품이 '덕후(Geek)스러운' 이유라고 생각한다.

10단계 : 설명과 설득(Articulate)

〈라따뚜이〉를 보다가 무릎을 친 순간이다. 지붕 굴뚝에서 옥수수를 굽다가 번개를 맞아 옥수수가 팝콘이 된 그 맛, 탄 맛도 아니고 불 맛도 아닌 그 맛에 '번개 맛'이라는 이름을 붙인다. '번개 맛'이라는 이름이 붙는 순간 더 이상의 사족이 필요 없어진다. 누구나 상상할 수 있지만 누구도 맛본 적 없는 번개 맛이 세상에 탄생하는 순간이다. 자신의 콘셉트에 브랜딩을 입히고 스토리를 만들어 내는 것이 창조의 마지막 단계다.

번개 맛이 만들어지는 장면에 주인공 레미와 그의 형 에밀이 등장한다. 심지어 '번개 맛'이라는 이름은 에밀의 아이디어다. 무엇이 레미를 최고의 요리사로 만들었을까? 바로 호기심과 실행이다. 최고가 되는 비밀은 멋진 계획이 아니라 수많은 시행착오에 있다.

새로운 재능 발견

이번에 초점을 맞출 인물은 음식 평론가 안톤 이고다.

음식을 사랑하는 주인공 생쥐 레미는 유명 셰프 구스토를 존경한다. 레미는 아빠에게 요리를 하고 싶다고 말하지만, 아빠는 생쥐가 무슨 요리냐며 현실을 받아들이라고 한다. 좌절하는 레미. 그러던 어느 날, 악명 높은 음식 평론가 안톤 이고의 혹평을 참지 못한 구스토가 자살을 한다. 그 후 레미는 주방 보조인 링귀니와 우연히 인연을 맺고 링귀니의 모자에 숨어 그의 손을 빌려 요리를 하는 숨은 요리사가 된다.

링귀니는 대박 난 요리(실은 레미의 요리) 덕에 기자 회견을 하

영화의 전체 줄거리는 여기에서 확인

는데, 요리 비결을 묻는 질문에 얼버무리면서 레미의 존재를 숨긴다. 레미 크게 실망한다.

링귀니의 요리 소문을 듣고 음식을 맛보기 위해 찾아온 안톤 이고. 이때 그가 먹은 요리가 바로 프랑스 전통 요리 라따뚜이 (올바른 표기는 '라타투이')다. 라따뚜이를 먹는 순간, 이고는 자신의 어린 시절로 순간 이동을 한다. 어릴 때 엄마가 만들어 준 그 맛이다. 이고는 지적질을 위해 준비해 온 펜을 떨어트리고 만다. 본인의 임무를 잊고 라따뚜이를 음미하며 행복하게 먹는다. 접시에 남은 마지막 소스까지 비운 이고는 셰프에게 감사를 전하고 싶다며 대면을 요청한다. 어떻게 생쥐가 셰프라고 소개를 하겠는가. 대략 난감한 상황이다.

더 이상 레미의 존재를 숨기면 안 된다고 생각한 링귀니는 다른 손님들이 식사를 끝내고 나갈 때까지 기다려야 한다고 말한다. 이고는 기꺼이 기다리겠다고 한다.

그렇게 한참을 기다려 만나게 된 생쥐 요리사 레미. 링귀니는 그동안의 일을 설명하고, 레미가 직접 요리하는 모습을 보여 준다. 아무 말 없이 설명을 들은 이고는 잘 먹었다는 말을 남기고 식당을 떠난다. 그리고 다음 날, 신문에 이고의 평론이 실린다.

평론가의 일은 쉽다. 위험을 감수하지도 않고, 자신의 일을 평론에 맡기는 사람들 위에 서는 권력을 좋아한다. 그중 부정적 비평은 모두에게 재미를 준다. 하지만 우리 평론가들이 대면해야 하는 씁쓸한 진실은, 쓰레기라 평가된 요리라 할지라도, 평론보다 더

의미 있을 수 있다는 것이다. 그런데 평론가가 위험을 감수할 때가 있다. 바로 새로운 것을 발견하고 방어할 때다.

세상은 종종 새로운 재능과 창조에 냉담하다. 새로운 것에는 친구가 필요하다. 지난밤, 나는 새로운 것을 경험했다. 예상하지 못한 곳에서 만들어진 대단한 요리를. 그리고 그 음식과 셰프는 내가 그동안 지닌 음식에 관한 생각이 매우 잘못된 것임을 깨닫게 해 주었다. 그들은 가장 깊은 곳까지 나를 감동시켰다. 지난날 나는 '누구나 요리를 할 수 있다'라는 셰프 구스토의 유명한 모토를 무시했다. 하지만 나는 지금에야 깨닫는다. 모두가 위대한 예술가가 될 수는 없지만, 위대한 예술가는 어디에서나 나올 수 있다. 내가 지난밤 만난 구스토 식당의 요리사는 프랑스 최고의 요리사라고 자신 있게 말할 수 있다. 나는 그의 요리를 맛보기 위해 다시 구스토 식당을 찾을 것이다.

레미의 성공 스토리를 재미있게 보다가 이고의 내레이션이 흘러나오는 순간 심장이 뜨거워졌다.

살면서 숱하게 들은 말들이다. 생긴 대로 살아라, 송충이는 솔잎을 먹고 살아야 한다, 넌 안 된다, 넌 못한다, 뱁새가 황새 따라가려다 다리 찢어진다 등등. 뱁새가 황새가 될 순 없지만, 뱁새도 훌륭한 새가 될 수 있다.

나를 더욱 뜨겁게 한 건 내가 그런 새로운 재능과 창조의 친구가 될 수 있지 않을까 하는 마음 때문이었다. 소외되고 주저앉고 길을 잃고 서 있는 이들을 위해, 세상의 냉담함을 온몸으로 받아 내고 있는 이들을 위해 조금은 따뜻하고 친절한 세상을 만드는 데 도움이 될 수도 있지 않을까 하는 마음.

오늘도 힘껏 응원을 보낸다. 친구들, 힘내!

'모두가 위대한 예술가가 될 수는 없지만, 위대한 예술가는 어디에서나 나올 수 있다.'

● ● ● ● ● ●

최근 구글에서 커리어 코칭을 시작했다. 내성적이어서 자기를 표현하는 데 어려움을 느끼거나, 재능은 있는데 아직 서툴러서 업무 처리에 실수를 하거나(더 큰 문제는 그로 인한 자책이 너무 심해진다는 것), 아직 연륜이 부족해서 전략이나 작전을 잘 못 세우고 엉뚱한 곳에 힘을 쓰고 있는, 그래서 자신의 가치를 제대로 평가받지 못하는 이들을 대상으로 코칭을 하는데, 조금씩 성장하고 자신감을 찾는 모습을 보면 기쁘고 행복하다. 올해 고과 평가 기간 중 저평가를 받고 있던 승진 대상자 디자이너를 돕기 위해 내가 할 수 있는 최고의 평가서를 작성했다. 그녀가 승진 소식을 전했을 때 나는 뛸 듯이 기뻤다. 자신의 승진을 진심으로 기뻐하는 나를 신기해하며 고마움을 전해 왔다. 나는 이 진심이 통하는 따뜻함이 좋다.

Chapter 4

후회 없는 인생을 살고 싶은
서른 살에게 꼭 해 주고 싶은 말들

느려도 좋으니 끝까지 나답게

난 여전히 내 몸값을 흥정하거나 승진 베팅을 하거나
크게 사업을 벌일 배짱은 없다.
그냥 내 속도에 맞춰, 좋은 사람들과, 내가 하는 일에 재미를 느끼면서,
그렇게 언젠가 고수(高手)가 되기를 희망할 뿐이다.
30년이면 겨우 깨달음이 온다고 하니,
앞으로 배울 것도 많고 쌓아야 할 내공도 많고 가야 할 길도 멀다.
42.195킬로미터를 쉬지 않고 달려야 하는 마라토너에게 페이스 조절은 생명이다.
나는 1등이 목표가 아니라 완주가 목표다.

나답지 않은 것들을
억지로 하지 말 것

나는 가끔 나만의 여행을 떠난다. 당일치기일 때도 있고, 몇 박을 하기도 한다. 엄마가 된 후에 더 소중하고 절실한 여행이 되었다. 아이를 낳으면 (당분간) 모든 시간이 아이 중심으로 돌아간다. 퇴근 후 집에 돌아와 잠이 들기 전까지 '엄마'라는 제2의 직업을 수행해야 한다. 주말이나 휴가도 엄마에겐 쉬는 시간이 아니다. 오늘 그냥 두면 상할 냉장고 속 음식 재료들, 식구들 끼니, 숙제 안 하고 놀고 있는 아이가 눈에 밟힌다. '엄마'와 '아내'가 살아가는 시간과 공간에서 오롯이 '나'를 찾기란 결코 쉽지 않다.

닐 할아버지가 사는 산속 집 다락방 하나를 빌렸다. 나를 반갑게 맞이해 준 건 닐 할아버지가 아니라 할아버지의 아들이었는데, 할아버지의 아들은 다락방을 본인이 손수 지었다며 자랑스

럽게 설명을 해 주었다.

내가 이 집을 고른 이유는 거실 창에서 보이는 레드우드(미국 삼나무 또는 세쿼이아라고도 하는데 우리나라에도 있는 메타세쿼이아의 먼 친척뻘 되는 나무다) 숲과 그 숲을 향해 만들어진 야외 덱 때문이었다. 나는 이곳에서 책을 읽고, 글을 쓰고, 생각을 하며 시간을 보낼 참이었다. 나는 잘 살고 있는지, 누군가에게 상처를 주진 않았는지, 나에게 상처 난 곳은 없는지, 앞으로 주어진 시간을 어떻게 살고 싶은지 등등. 쓸모 있는 혹은 쓸데없는 생각을 흐르게 하는, 일종의 물고랑을 다듬는 농부의 시간이다.

레드우드는 세상의 모든 나무 중에서 키가 가장 크다. 지구상

188

에 현존하는 가장 키가 큰 나무인 '하이페리온'도 바로 이 레드우드종이다. 레드우드는 보통 2000년 이상 살고, 성숙한 나무의 나이가 500년에서 800년이 된다고 한다. 그러니까 500년 동안 유아기와 청소년기를 보내고 비로소 500년 만에 장년이 되는 게 레드우드의 삶이다. 하늘을 향해 쭉 뻗은 레드우드를 볼 때마다 상상도 안 되는 그 세월에 숙연해지곤 한다.

레드우드는 그 수백 년 동안 한자리에서 매일 같은 하루가 지루했을까, 아니면 오늘도 주어진 하루가 감사했을까? 그것도 아니면 자연의 순리대로 순리의 시간을 그냥 그렇게 무상무념으로 살아 내며 천년의 도인의 되었을까?

얼마 전 읽은 역사책에 중국 춘추 전국 시대를 살던 철학자 노자의 사상을 설명하는 단락이 있었는데, 그중 한 구절이 내 눈길을 사로잡았다.

'아무것도 하지 마라. Do nothing.'

그 간결하고 짧은 한마디가 내내 머리에 남았다.

아무것도 하지 마라. 자신 안에 가만히 머물러라. 주위를 둘러보지 말고, 아무 소리도 듣지 마라. 어떤 희망도, 의견도 품지 마라. 나무나 꽃처럼 모든 의지와 의욕을 비워 낸 상태에 이르면 비로소 도를 깨우치기 시작할 것이다. 하늘을 움직이고, 봄을 불러오는 위대한 우주의 법칙인 도가 자신 안에서 작동하기 시작했음을 느끼게 될 것이다.

— 에른스트 H. 곰브리치, 《곰브리치 세계사》 중에서

나무처럼 꽃처럼, 자연의 생명이 그렇듯이, 자연의 법칙을 거스르지 말고 순리대로 살라는 가르침이다. 노자의 사상을 탐색하다가 노자는 최고의 선(善)을 물에 비유한다는 것을 알게 되었다. 이를 '상선약수(上善若水)'라고 한다. '최고의 선은 물과 같다'라는 뜻이다. 우리는 하는 짓이 야무지지 못하고 싱거운 사람을 비유적으로 '맹물'이라고 표현하곤 한다. 사람을 하찮게 보거나 쉽게 생각할 때 '물로 본다'라는 표현을 쓰기도 한다. 생각해 보니 물을 참 하찮은 것으로 여긴 표현이구나 싶다. 노자님이 하늘에서 대로하실라……

수유칠덕(水有七德). '물에는 일곱 가지 덕목이 있다'라는 뜻이다. 노자는 물의 일곱 가지 성질을 인간이 가져야 할 올바른 덕목 일곱 가지라고 이야기한다. 올바른 덕목이란 인간관계, 리더십 등 자기 수양의 근간이 되는 덕목이라는 뜻이기도 하다.

첫째는 겸손이다. 물은 높은 곳을 차지하기 위해 다투지 않고 낮은 곳으로 흐른다. 물이 바다로 흐르는 이유는 바다가 가장 낮기 때문이다. 겸손한 사람은 스스로 바다가 되어 주변 사람들이 절로 흘러들게 하는 물의 에너지를 가진 사람이리라.

둘째는 지혜다. 물은 흐르다가 막히면 돌아간다. 돌아갈 줄 아는 것을 지혜라고 한다.

셋째는 포용력이다. 물은 무엇이든 다 받아 준다. 산천의 생명수가 되어 주고, 인간의 온갖 나쁜 짓도 다 받아 준다.

넷째는 융통성이다. 물은 스스로의 형태가 없다. 담긴 그릇 모양대로 변화무쌍한 모습이 물이다.

다섯째는 인내다. 물길을 따라 흐르다가 떨어지는 물은 단단한 바위도 뚫는다. 하루아침에 뚫는 것이 아니라 오랜 시간 끈기와 인내로 뚫어 낸다.

여섯째는 용기다. 때로는 절벽 밑으로 폭포가 되어 떨어지기도 하고, 때로는 햇빛에 의해 공중으로 증발해 버리기도 한다. 그렇게 물은 몸을 부수는 과정을 마다하지 않는다.

마지막은 대의다. 물은 그렇게 흘러 바다가 된다.

노자는 기원전 6세기경 사람이다. 그러니까 우리나라로 치면 고조선 시대쯤이라는데, 수천 년 전에 이런 깨달음과 철학과 사상을 세울 수 있던 건 어쩌면 오롯이 '사색(思索)과 물음의 시대'에 살았기 때문이 아닐까 하는 생각이 들기도 한다.

우린 너무 많은 정보 속에 살고 있다. 외부로부터 들어오는 온갖 정보가 필터링 없이 내 머리로 들어가고, 그게 또 되새김 없이 내 생각으로 자리를 잡는 시대에 살고 있다. '내 생각'을 만들기 위해 생각의 시간이 필요하다. 그리고 끊임없이 '왜'라는 질문을 던지는 물음의 시간을 가져야 한다. 노자의 무위 사상까지는 아니더라도 나만의 인생철학과 생각이 있어야 껍데기가 아닌 '나'로 살 수 있다.

●●●●●●

"도를 아십니까?"

누구나 한 번쯤은 길을 가다 들어 봤을 질문이다. 나 또한 여러 번 받은 질문이다. 그럴 때마다 도망가기에 바빴다.

오늘은 문득 궁금해진다. 그들은 나에게 무엇을 알려 주고 싶었을까?

무위자연(無爲自然). 아무것도 하지 않는 게 아니고 '억지로 하지 않는다'라는 뜻이라고 한다. 그러니 'Do nothing'이 아니라 'Do your thing'이 어쩌면 더 정확한 영어 표현일지도 모르겠다는 생각이 든다.

하루에 교훈
3가지씩만 적어 볼 것

산속 다락방을 떠나며 앨런 아저씨(닐 할아버지의 아들)와 짧게 이야기를 나눴다. 단번에 그가 매우 유쾌하고 지적이고 예의 바른 사람이란 걸 알 수 있었다. 앨런 아저씨는 다락방에서 지내는 데 불편한 점은 없었는지 물었다. 혹여나 조용히 쉬고 싶은 나를 방해하는 건 아닌지 조심스러워하면서도 방문자와의 대화를 즐거워하는 게 느껴졌다. 자신의 메시지를 군더더기 없이 부드럽고 유쾌하게 전달하는 그의 화법에 매료되어 순간 녹음기를 꺼내 녹음을 할 뻔했다. 앨런 아저씨에게 배운 오늘의 교훈 세 가지를 정리해 본다.

도덕 vs 법

앨런 아저씨에게는 세 딸과 두 손녀가 있다고 했다. 딸들에게 늘 여자라서 못 할 일은 없으니 뭐든 하고 싶은 일을 맘껏 하라며 격려했다고 한다. (왜 대화가 이렇게 흘렀는지는 기억이 나질 않는다. ^^;;)

"원하는 건 뭐든 할 수 있어요. 되고 싶은 건 뭐든 될 수 있고요. 누가 딸들에게 '걔는 부족해, 약해, 똑똑하지 않아'라고 하면 나는 이렇게 말할 거예요. '지금은 좀 부족해 보일지 몰라도 언젠가는 본인이 충분히 훌륭하다는 사실을 증명해 보일 겁니다'라고요."

나는 물었다.

"왜 본인의 가치를 남들에게 증명해야 하나요? 그냥 나답게 살면 되잖아요."

앨런 아저씨는 잠시 숨을 고르고는 미소를 지으며 말을 이어 갔다.

"세상에는 도덕적인 것과 법적인 것이 있어요. 도덕은 양심적인 것이고, 법은 권리고요. 행복하다, 좋다 하는 느낌을 받는 건 도덕의 영역이지만, 누구나 원하는 걸 할 수 있도록 법으로 보장되는 건 중요해요."

그러면서 딸들과 손녀들이 원하는 건 무엇이든 할 수 있는 공정하고 아름다운 세상이 되면 좋겠다고 했다. 그의 말을 듣고 머릿속에 두 가지 생각이 스쳤다.

우선, 나의 존재 가치를 증명하는 행위가 꼭 다른 사람의 인정을 구하는 것은 아니라는 사실이다. 그저 이렇게 사는 사람도 있다는 걸 보여 줌으로써 각자의 모습대로 살아가도 된다는 메시지를 던지는 것일 수도 있다. 결국 자신의 존재 가치를 증명하는 것은 건강한 공동체를 만들어 가는 우리 모두를 위한 일일 수도 있겠다는 생각이 들었다.

두 번째는 때때로 법적인 것 이상으로 도덕이 더 중요한 경우도 있다는 점이다. 특히 디자인이 그렇다. 법규를 지키는 것 이상으로 소비자의 감정을 정교하게 다뤄야 한다. 개인 정보 혹은 사생활 보호가 그렇고, 접근성도 그렇다. 법적으로 허용된 것만 맞추면 된다는 안일한 생각으로는 소비자에게 절대로 감동을 줄수 없다.

개인 정보는 소비자의 신뢰를 얻는 가장 바닥에 있는 정서이고, 잘못되었을 때 소비자가 느끼는 감정은 불편함이 아니라 공포와 분노이기 때문에 한번 무너진 신뢰는 회복하기가 어렵다. 약속 시간에 늦은 남자 친구는 용서할 수 있어도 바람피운 남자 친구는 용서할 수 없는 법이다. 신뢰가 무너졌으므로…….

접근성은 '모든 삶이 소중하다'라는 기업의 철학을 바탕으로 한다. 누군가를 소중히 여기지 않는 기업이 난들 소중히 여길까 싶다. 단지 내 돈에만 관심 있는 기업의 충성 고객이 될 소비자는 없다.

당신의 생각은 소중하다

난 앨런 아저씨에게 우리의 대화를 글감으로 써도 되느냐고 물었다. 그리고 사진 몇 컷을 부탁했다. 앨런 아저씨는 내 덕에 오늘 하루 기분이 좋다며 매우 기뻐했다. 그러면서 나중에 글이 완성되면 꼭 보여 달라고 했다. 나는 전문 작가가 아니고 그냥 취미로 글을 쓰는 중이라고 얼른 고백을 했다. 그러자 아저씨가 웃으며 말했다.

"그게 뭐 중요한가요. 쓰고 싶은 게 있으면 마음대로 쓰면 되죠. 그건 당신의 생각이고, 온전히 당신 것이죠."

그렇다. 내 생각이고, 내 글이다. 심사를 받아야 하는 논문도 아니다.

작가 이슬아는 '글쓰기는 부지런한 사랑'이라고 말한다. 그가 말하는 글쓰기 장점이다.

> 글쓰기에는 마음을 부지런하게 만드는 속성이 있다.
> 글쓰기는 무심히 지나치는 것들을 유심히 다시 보게 한다.
> 글쓰기는 지나가는 순간들을 잘 기억하게 한다.
> 글쓰기는 나 자신을 부지런히 사랑하는 일이다.
> 글쓰기는 다른 사람의 마음과 삶에 부지런히 접속하는 과정이다.
> ─ 이슬아, 〈세상을 바꾸는 시간, 15분〉 강연 중에서

글을 쓰기 시작하면서 생긴 변화를 나 스스로 느낀다. 무심히 지나치던 것들을 다시 한번 돌아보고, 기억하려고 메모하고, 곱 씹어 생각으로 정리하는 습관이 생기고 있다. 지나쳐 가는 것들을 붙잡아 나의 생각으로 만들어 내는 것은 매우 중요한 일이다. 그리고 그것을 글로 적어 보는 것은 생각을 정갈하고 단단하게 만드는 과정이다.

나는 내가 좋아

앨런 아저씨는 캘리포니아 산불로 온통 잿더미가 되어 버린 지붕 청소를 해야 한다고 했다. 평생 집 짓는 일을 했으니 그까짓 지붕 청소쯤이야 식은 죽 먹기겠지만, 몇 년 전 심장 마비로 며칠 동안 혼수상태에 빠져 있었는데 최근에야 겨우 건강을 되찾았다는 말을 들으니, 짐짓 걱정되어 다른 사람에게 부탁을 하지 그러시느냐고 했다.

그랬더니 이번엔 활짝 웃으며 이렇게 말했다.

"나는 내가 좋아요!"

'내가 좋다'라고 서슴없이 말할 수 있는 사람이 얼마나 될까. 그런데 곰곰이 생각해 보면 왜 이 말을 하기가 어려울까 싶다. 우리는 끊임없이 어딘가 지원을 하고, 누군가에게 나를 뽑아 달라고 부탁하고, 나를 잘 보이기 위해 포장을 한다. 그런데 '나는 내가 좋다'라고 서슴없이 말할 수 없다면 과연 어느 누가 나를 좋다고 받아 줄까.

면접자나 발표자가 스스로 자신 없어 하면 듣는 사람 입장에선 매우 불안하다. 스스로도 확신이 없는 사람 말을 믿어야 할까 싶다. 틀릴 수도 있고, 잘 못할 수도 있다. 하지만 적어도 자기애는 있어야 한다. 세상에서 나를 가장 사랑하는 사람은 나여야 한다.

앨런 아저씨는 튀어나온 배를 힘껏 집어넣고 가장 멋진 모델 포즈를 지었다. 짚고 있는 레드우드 수령은 1000년이 넘는다고 했다.

레드우드와 엘런 아저씨

매일 잠들기 전 오늘 얻은 교훈 세 가지를 기록하는 습관을 가져 보면 어떨까. 1년이면 1095개의 교훈을 얻게 된다. 3년이면 3000개가 넘는 교훈이 쌓인다. 삼천배 할 체력은 없어도 교훈 3000개를 적어 보는 정성쯤은 들여야 득도의 경지에 오르지 않을까?

1등이 아니라
완주를 목표로 할 것

재택근무 기간이 길어지면서 운동량이 현저히 줄어들었다. 러닝 머신이 거실에 있는데도 이런저런 핑계로 움직이기를 게을리했더니 몸이 둔해지고 체력이 급격히 떨어지는 게 느껴진다. 산을 오를 때는 내가 가진 체력의 한계를 잘 알고 분배해야 한다. 정상에 오르겠다는 치기로 힘을 다 써 버렸다가는 내려올 기운이 없어 주저앉아야 한다. 민폐 중 민폐다. 특히 혼자 오를 때는 더더욱 나 자신의 한계를 감지하면서 돌아갈 타이밍을 정해야 한다.

대학교 신입생 시절 봄 축제 때 3학년 선배들의 장사를 도왔다. 흰 면 티셔츠에 실크 스크린으로 염색을 해서 팔았는데, 신입생인 내 눈엔 그 염색 티셔츠가 마술처럼 신기했다. 디자인학과 여학생들이 만든 제법 고급스러운 그래픽 면 티셔츠는 불티

나게 팔렸다. 그날의 대박 매진을 축하하는 뒤풀이가 막걸리 집에서 열렸다. 난생처음 마셔 본 막걸리가 달달했다.

그게 문제였다. 난 내 주량도 모르고 술에 취하면 어떻게 되는지도 모르는 채 선배들이 따라 주는 막걸리를 겁도 없이 계속 받아 마셨다. 그러다 머리가 빙빙 돌고, 소리가 윙윙거리고, 생각이 가물가물해지려는 찰나, 두 발로 집에 안전하게 들어가야 한다는 생각이 불현듯 스쳤다. 작은오빠에게 전화를 걸어 내 위치를 알리고 구조 요청(?)을 했다. 나를 본 오빠의 한마디를 듣고는 필름이 끊어져 버렸다.

"짜샤, 네가 드디어 인간이 되는구나!"

어린 시절 내 눈에 오빠의 인생은 늘 멋지고 근사하고 부럽기만 했다. 초등학교 때 오빠는 무슨 잘못을 했는지 연탄 광에 갇혀 '반성하는 시간' 벌을 받은 적이 있다. 그런데 반성은커녕 오빠는 그날 광에 있는 연탄을 다 부수어 버렸다. 문을 열고 연탄 범벅의 작은오빠를 본 엄마는 그날 두 손 두 발 다 들었고, 웬만하면 작은아들은 건드리지 않고 내버려 두는 쪽으로 방향을 잡은 것 같았다(성깔을 부리려면 그 정도는 해야 아무도 안 건드린다).

대학생이 된 오빠는 종종 말도 없이 집을 나가 며칠 동안 배낭여행을 하다 거지꼴로 집에 오곤 했다. 과외 아르바이트로 돈을 제법 많이 벌었는데(오빠는 명문대에, 처신을 잘하고, 학생을 잘 다루어서 꽤 인기 있는 과외 선생이었다고 한다. 뭐 과외 학생한테 성깔 부릴 일은 없을 테니……), 통장에 돈이 쌓이면 자꾸 돈을 모으고 싶은 욕심이 생긴다며 어느 날은 책을 왕창 사 오고, 어느 날은 여행을 떠나고, 어느 날은 친구들에게 퍼 주고 그랬다. 난 오빠의 그런 자유롭고 괴짜 같은 모습이 멋지고 부러웠다. 아무 데서나 널브러져 자도 되는 남자라는 것도 부러웠고, 그런 성깔과 기질을 타고난 것도 부러웠으며, 그렇게 자유로운 영혼으로 하고 싶은 거 하면서 살아가는 모습도 부러웠다.

내 간은 콩알이다. 많은 사람이 내가 도전적이고 용감하고 추진력이 있다고 오해하는데, 나는 사실 돌다리도 두드려 보고 주변을 살펴보고 안전장치가 있음을 확인하고 움직이는 편이다. 그래서 더디다. 어느새 돌아보니 내 동료, 심지어 내 상관은 물론 상관의 상관마저도 나보다 어린 경우가 흔해졌다. 30대 후반부터는 조급증이 생겼으나, 내 속도로는 이게 최선이다.

얼마나 더 오래 현역으로 디자인 일을 할 수 있을까 조바심이 들던 40대 중반 즈음에, 30년 이상 메릴랜드 대학교에서 접근성(Accessibility:신체적 특성이나 나이, 지역, 언어, 교육 수준 등의 조건이 다른 사람들이 불편 없이 이용 가능한 기술이나 장치, 건물, 제도 및 문화 등을 연구하는 학문) 분야를 연구하는 그레그 밴더헤이든 교수님의 강연을 들을 기회가 있었다. 열정적인 강연을 들은 나는 존경심이 절로 생겨 어떻게 30년 이상 한 분야를 연구할 수 있었는지, 그런 열정은 어디에서 나오는지 물었다. 그랬더니 예상 못 한 답변이 돌아왔다. 30년이 되니 뭔가 조금 알 것 같아 이제부터 제대로 할 수 있을 듯싶다며, 사람들이 고작 30년도 일을 안 하고 은퇴하는 게 몹시 안타깝다고 했다. 30년 내공을 쌓아야 겨우 깨달음이 생긴단다. 나중에 밴더헤이든 교수님의 이력을 검색해 보니 이렇게 나온다.

'밴더헤이든 박사는 기술 접근성 분야에서 47년간 활동해 오고 있다.' @.@

연탄을 부수어 버릴 성깔도, 말도 없이 집을 나갈 용기도, 자유로운 영혼도 없는 내가 어떻게 실리콘 밸리 최고 기업 중 하나인 구글에 입성하고, 가장 핫하다는 인공 지능을 연구하는 수석 디자이너 자리까지 올 수 있었을까 곰곰이 생각해 보니, 간이 콩알만 해서다.

나는 안전을 확인하기 위해 주변 돌들을 최대한 많이 두드려 본다. 미어캣처럼 주변을 두루 살펴보고, 여차하면 도망갈 곳과 나를 도와줄 사람들을 늘 주변에 두었다. 오랫동안 연락을 안 하던 지인에게 뜬금없이 새해 인사 문자를 보내는 건 어려운 일이 아니다. 지인이니까. 여러 회사에 지원하거나 연락해 보는 것도 무서운 일이 아니다. 사람을 찾고 있는 곳이니까. 강연을 하겠다고 손을 들거나 누구나 알 만한 유명인에게 다짜고짜 나를 인터뷰할 의향이 없는지 묻는 이메일을 보내 보는 것은 위험한 일이 아니다. 안 돼도 그만이니까.

하지만 간이 콩알만 하니 하던 일을 때려치우는 일은 잘 못한다. 그래서 좀 미련하게 잘 버티는 편이다.

'성실하고 책임감 있게 주어진 일을 잘 해낸다.'

내가 자주 듣는 주변 평이다. 그래서 지인들은 추천을 부탁하면 모두 흔쾌히 나서 준다. 나의 큰 자산이다. 거의 매번 이직할 때마다 첫 1년이 참 힘들었다. 삼성도 그랬고, 구글도 그랬다. 1

년을 채우려다가 죽을 것 같다는 생각을 자주 했다. 그런데 늘 1년이 지나고 2년이 지나면 난 대체적으로 좋은 평가를 받는 우수 직원이 되어 있었다.

난 여전히 내 몸값을 흥정하거나 승진 베팅을 하거나 크게 사업을 벌일 배짱은 없다. 그냥 내 속도에 맞춰, 좋은 사람들과, 내가 하는 일에 재미를 느끼면서, 그렇게 언젠가 고수(高手)가 되기를 희망할 뿐이다. 30년이면 겨우 깨달음이 온다고 하니, 앞으로 배울 것도 많고 쌓아야 할 내공도 많고 가야 할 길도 멀다. 42.195킬로미터를 쉬지 않고 달려야 하는 마라토너에게 페이스 조절은 생명이다. 나는 1등이 목표가 아니라 완주가 목표다.

● ● ● ● ● ● ●

동성의 쌍둥이 아이를 키우면서 가장 난감할 때가 서로의 페이스가 다를 때다. 둘은 서로의 페이스를 비교하면서, 또는 비교당하면서 큰다. 함께 다니던 수영 교실에서 한 아이만 수행 평가를 통과해서 통과하지 못한 아이가 상처를 받고 포기해 버린 일도 있었다. 태어날 때부터 비교 대상이 있으니 어쩔 수 없이 나만의 절대 속도가 아닌, 상대 속도를 의식해야만 하는 인생이 되었다. 부디 아이들이 각자의 속도계대로 비교에 휘말리지 않고 컸으면 하는 바람이다.

누군가의 성공을
진심으로 기뻐해 줄 것

　내가 속한 구글 디자인 부서에는 공감(Empathy), 표현(Expression), 경험(Experiences), 탁월함(Excellence) 등 4E로 구성된 디자인 지침이 있다.

　그중 가장 기본이 되는 덕목이 공감이다. 사람에게 공감하고, 함께 일하는 팀원들에게 공감하고, 코로나 사태와 같은 일련의 여러 사회 이슈에 공감하는 능력. 그 공감의 결과가 디자인이다. 개인 정보 유출에 대한 우려, 느린 통신 속도로 인터넷 접속이 어려운 사람들, 돈이 없어 정보에 접속할 수 없는 사람들, 꿈은 있으나 소통의 통로를 찾지 못하는 사람들, 여러 장애로 기기 사용이 어려운 사람들…… 디자인은 이런 공감으로부터 시작된다.

　언젠가 회사에서 디자인 리뷰 회의 중 안타까움을 호소한 적이 있다. 디자인 제안에 사용자는 없고, 빨리 털어 내기 좋은 안, 우리 팀이 책임지지 않을 안, 협업하는 팀과 조율하기 좋은 안들이었기 때문이다. 사용자가 이 단계에 오기까지 어떤 과정을 거치는지(다른 담당자가 맡은 부분), 이 단계 다음에 어떻게 되는지(다른 담당자가 맡은 부분), 그래서 이 솔루션이 사용자의 어떤 문제를 해결해 주는지에 대한 '마음'이 보이지 않았다. 나는 디자이너는 홍익인간 정신을 가진 사람이어야 한다며 우스갯소리를 섞어 지적했지만, 그날은 내내 씁쓸했다. 자신의 일을 업으로 여기는 사람이 많지 않은 건 슬픈 일이다. 나의 일이 직업이 되어야지 직장이 되면 그저 껍데기인데 말이다.

공감 능력은 리더에게도 필요한 덕목이다. 어쩌면 이 시대에 가장 필요한 덕목일지도 모르겠다. 구글에는 직군별 직급에 따라 요구되는 핵심 역량이 있다. 그중 리더들에게 특별히 요구하는 항목이 있는데, 바로 '인재 확보 및 유지' 역량이다. 구글은 사내 이동이 매우 자유롭다. 각 팀은 경쟁적으로 다른 팀원을 스카우트하고, 상시 운영되는 사내 공모 제도에 자유롭게 지원해서 팀 이동을 한다. 그러니 좋은 인력으로 팀을 꾸리고 유지하는 것이 무엇보다 중요한 리더의 역할이다. 사람의 마음을 움직여 스스로 동기를 부여하고, 열정을 갖게 하며, 약점을 극복해 내고, 유대 관계를 만들어 내는 중심에 리더의 공감 능력이 있다.

역사적으로 세계를 정복한 수많은 수장은 강인함의 표상이었고, 전통적으로 성공한 리더십은 늘 카리스마를 가지고 사람을 이끄는 모습으로 여겨졌다. 하지만 분열되고 아파하고 갈 곳을 잃은 이 시대에, 우리에게 필요한 리더는 단연코 덕장이 아닐까 싶다. 나의 아픔에 공감하는 리더, 나의 실수와 실패에 공감하는 리더, 나의 성공을 진심으로 기뻐해 주는 리더, 나를 부품으로 여기지 않고 함께 가는 동지로 여기는 리더, 나를 사람으로 바라보는 리더, 나를 나로 존중해 주는 리더가 진정 이 시대에 우리가 갈망하는 리더가 아닐까 싶다.

혼자서 할 수 있는 일은 거의 없다. 대부분 다른 사람들과 협업이 필요하고, 누군가의 도움을 받거나, 누군가가 이루어 놓은 것 위에 덧붙여 만들어 가야 한다. 요즘 유행하는 1인 미디어조차 1인의 일이 아니다. 구독자와 소통하고 공감을 얻어 내야 하는 일이다. 이 공감의 능력 안에 짠함의 미학이 있다. 누군가에게 느끼는 짠한 감정, 그것이 공감이다.

숫자보다
사람을 먼저 챙길 것

얼마 전, 오랫동안 공석이던 부서장 자리에 새로운 리더가 합류했다. 조직이 크고 진행 중인 프로젝트도 많은 데다 다른 부서와 얽혀 있는 숙제도 산더미처럼 쌓여 있던 터라, 팀마다 프로젝트 소개와 현안 보고 일정이 줄지어 잡혔다. 보고서에는 온갖 프로젝트 코드명과 약어, 부호, 차트가 가득했다. 갑자기 치기가 발동했는지, 왜 함께 일하는 사람에 관해서는 아무도 이야기하지 않는지 의문이 들었다. 그래서 나는 팀 소개와 별개로 부서장과 팀원과의 만남을 주선했다. 프로젝트 코드명을 알기 전에 나와 함께 일하는 사람 이름을 아는 게 먼저라고 생각했기 때문이다.

정해진 서식을 활용해 자신을 소개하는 시간을 가졌다. 물론 부서장도 참여했다. 이 시간만큼은 일 이야기는 금물. 놀랍게도 우린 서로에 대해 모르던 것을 많이 알게 되었다. 마리아는 4개 국어를 할 수 있고, 스캇은 영화 시나리오를 쓴 경험이 있으며, 한나는 1일 1일러스트를 그리고 있는데 솜씨가 제법이고, 캐런은 스케이트보드를 즐기는데 대학 때는 아이스하키 선수였다고 했다. 아버지 임종이 얼마 남지 않아 가슴 졸이고 있다는 스티븐의 이야기에는 우리 모두 안타까워했다.

코로나 바이러스로 재택근무를 시작한 이후 오가며 나누던 소소한 대화가 없어졌다. 사무실에서 일할 때는 복도에서 마주치며 인사를 나누고, 카페테리아에서 안부를 묻기도 하고, 점심을 같이 먹으면서 살아가는 이야기를 주고받으며 친해지는데, 재택근무를 하니 일 외에는 다른 이야기를 하지 않게 되었다. 일대일 미팅도 일부러 회의를 잡아야 하니 친해질 기회가 좀처럼 없다. 휴가 계획 묻자고 회의를 잡을 수도 없는 노릇 아닌가.

리더의 역할은 사람을 다루는 것이다. 적재적소에 맞는 사람을 배치하고, 서로 맞는 멤버들로 팀을 구성하고, 부딪치는 멤버들은 가능하면 안 부딪치는 일을 맡기는 지혜가 필요하다. 사람마다 성향이 달라서 리더 기질이 강한 사람이 있고, 보조하는 일을 잘하는 사람이 있다. 기획을 잘하는 사람이 있는가 하면, 정리를 잘하는 사람이 있다. 혼자 일해야 잘하는 사람이 있고, 그룹으로 일해야 잘하는 사람이 있다. 말하기를 좋아하는 사람이 있고, 듣기를 좋아하는 사람이 있다. 그렇게 모여서 일하는 곳이 회사다.

또한 사람마다 배경과 사정이 다르다. 아이 때문에 5시면 무조건 퇴근해야 하는 사람이 있는가 하면, 밤에 효율이 올라가는 사람도 있다. 원래는 잘하는 사람인데 지금 잠깐 몸이 아파서 최상의 컨디션이 아닌 사람도 있고, 여러 가지 개인 사정으로 회사 일에 몰입하기 어려운 처지에 놓인 사람도 있다. 사람이 로봇이 아닌데 1년 365일 늘 최상의 컨디션으로 최고의 성과를 내리라 기대하는 건 잘못이다. 그래서 사람을 잘 아는 일은 리더의 기본 의무다. 그것이 리더의 역할이다. 로봇의 전원 버튼을 누르는 것이 아닌, 사람을 다루는 일. 그 일을 잘하라고 리더급은 높은 월급을 받는 것이다.

언젠가 함께 일하던 팀원이 면담을 요청했다. 아이가 아파서 육아 휴직을 해야 할 것 같다고 조심스럽게 말을 꺼냈다. 신제품 출시를 얼마 남겨 놓지 않은 때라 휴직 이야기를 하기가 어려운 모양이었다. 이야기를 듣고 나는 빨리 휴직 절차를 처리하겠다고 했다. 그런데 내 반응이 기대와 달랐는지 왠지 실망하는 눈치였다. 자기가 빠져도 괜찮겠느냐는 질문을 듣고 아차 싶었다.

그래서 부연 설명을 했다.

"인생에서 가장 중요한 건 나의 건강이고, 그다음은 가족이고, 일은 그다음이다. 건강 망치고 가족 잃으면 일이 다 무슨 소용이냐. 일은 평생 해야 할 텐데 필요할 때 잠깐 쉬어 가는 것도 괜찮다. 물론 지금 상황에서 누구 하나 빠지면 타격이 크지만, 회사 일은 어떻게든 굴러갈 것이다. 자리 비워 놓고 기다릴 테니 아이가 건강을 되찾으면 얼른 돌아와라."

그제야 조금 안도하는 듯 보였다. 나에게도 의도를 제대로 전달하는 커뮤니케이션에 대해 큰 공부가 된 일이었다.

코로나 바이러스가 가져온 예상치 못한 코로나 블루는 업무에도 알게 모르게 영향을 미치고 있다. 구글은 재택근무를 시작한 2020년 3월 이후 여러 가지 대책을 마련하고 있는데, 그 중 인상 깊은 게 매니저 교육 프로그램에 변화를 준 일이다. 기존의 전형적인 리더 교육이 아닌, 마음 관리(불안증, 우울감 등)에 대한 교육 프로그램이 신설된 것이다. 갑작스러운 변화 때문에 심리적으로 불안해하는 직원들을 안정시킬 방안과 재택근무의 효율적 운영 방식에 대한 교육이 참신했다. 또한 본인이나 가족 케어를 위해 파트타임으로 돌리거나 휴직을 해야 하는 경우가 늘어나는 것에 대비해 휴직 기간을 늘리고 관련 제도를 발 빠르게 정비했다. 줄어든 근무 기간에 따른 개인별 목표치를 수정함과 동시에 조정된 기대치에 따라 공정한 평가를 받을 수 있도록 평가 시스템을 조정한 것도 놀라운 부분 중 하나다.

좋은 인재를 얻지 못하는 것, 좋은 인재를 놓치는 것, 좋은 인재를 유지하지 못하는 것은 회사에 큰 손해다. 더 나아가 그런 인재를 키우지 못하는 것은 우리 사회 전체에 큰 손해다. 좋은 인재는 꼭 우리 팀이 아니더라도, 우리 회사가 아니더라도 우리 사회에 필요한 존재이기 때문이다. 사람이 먼저다. 사람을 챙겨야 사람이 성과를 만든다. 비대면 사회에서 놓치기 쉬운, 사람의 냄새, 사람의 목소리, 사람의 감정…… 그 안에 답이 있다.

누군가를
함부로 판단하지 말 것

딸아이 해나는 하기 싫은 일을 잘 못하는 내 기질을 닮았다. 그래서 과목마다 혹은 주제마다 학업의 기복이 심한 편이다. 싫어하고 동의 안 되는 걸 강요받는 일이 얼마나 괴로운지 알기에 해나가 하기 싫다고 할 때 이걸 왜 해야 하는지 설명하는 일이 매번 참 큰 숙제다.

해나가 영어 숙제를 붙잡고 뭔가 잔뜩 골난 표정으로 씩씩거렸다. 에세이를 써야 하는데 한 줄도 쓰지 못하고 밤늦도록 괴로워했다. 웅변술의 귀재로 알려진 루디 프랜시스코라는 사람의 유튜브 영상을 보고, 청중의 감정을 어떻게 이끌어 내는지, 기승전결은 어떻게 만드는지, 휘몰이 웅변과 강약 조절은 어떻게 하는지 등을 분석해서 각자의 생각을 적어 내는 게 숙제였다. 문제는 샘플로 사용된 영상의 메시지였다.

　제목은 '불평꾼들(Complainers)'. 핵심 내용은 당신이 불평하는 소소한 것들은 전쟁이나 질병, 사고로 고통받는 사람들에 비하면 아무것도 아니니 불평 그만하고 살아 있음에 감사하라는 것이었다. 해나는 이 메시지에 화가 나서 숙제를 거부하고 있었다. '메시지가 이따위인데 웅변술이 뭐라고!'라면서…….

　해나는 눈물이 많은 아이다. 해나에게 눈물은 의지로는 조절이 안 되는 화학 작용 같은 것이어서 순간순간 감정 변화에 따라 자기도 모르게 눈물이 나 버려 당황한 기억이 많다. 그럴 때마다 상처가 된 말은 '무슨 그런 사소한 일로 우냐', '이게 울 일이냐', '왜 우냐' 하는 주변의 반응이었다. 자신은 그 순간 진심으로 기분이 나쁘거나 무섭거나 창피하거나 슬퍼서 우는데, 주변에서 그걸 '사소한' 일로 치부하는 게 상처가 된 것이었다. 그러니 루디의 메시지에 화가 나는 건 당연하다. 해나가 숙제를 제출한 후 자신이 왜 화가 났는지 이야기해 주었을 때 나는 해나와 함께 루디를 한참 욕했다. 이 무슨 꼰대 같은 말인가…….

어렸을 때 나는 경험하지 않은 일은 이해할 수 없다는 믿음이 있었다. 감기에 한 번도 걸려 보지 않은 사람이 감기가 무엇인지 어떻게 이해한단 말인가. 그러니 '파란만장하게 경험을 해 보리라'. '그 경험이 나를 지혜롭게 하리라' 생각했다. 그런데 나이가 들어 보니 사람의 경험이란 매우 제한적일 수밖에 없고, 꼰대는 그런 한정적인 경험이 전부인 줄 알고 그것에 의존할 때 만들어진다는 사실을 깨달았다.

무엇보다 중요한 건 내가 경험한 감기가 타인이 경험한 감기와 다르다는 점이다. 대학원 시절, 오랫동안 사귄 남자 친구와 헤어졌다는 후배의 소식을 듣고, 나는 내가 겪은 이별이 생각났다. 식음을 전폐하고 앓아누운 기억이 떠올라서 얼른 위로해 주어야겠다는 마음으로 후배를 찾아갔다. 그런데 내 예상과는 달리 너무 멀쩡한 게 아닌가. 그때 생각난 게 '감정 고통 측정기'였다. 사람들의 고통을 표준 지표로 표시할 수 있으면 얼마나 좋을까…….

우린 너무 쉽게 다른 이를 판단한다. '너 정도면 감사한 줄 알아', '그건 창피한 것도 아니야', '그건 고생 축에도 못 껴'…… 이런 말들. 우주로 나가떨어질 정도로 고통스러운 일이 아니라면 절대 그치지 않을 듯한 지구인들의 평가질. 하지만 사람마다 타고난 배포가 다르고, 감수성의 농도가 다르고, 상황을 분석할

지력도 다른데, 그 누가 나의 고통을 '그까짓 것'이라고 말할 수 있단 말인가. 더 웃긴 건 그러다 결국 못 견디고 너덜너덜한 상태로 나가떨어지면 그제야 '괜찮아······'라며 위로한다. 이 망할 지구인들!

소비자 심리를 연구해서 제품을 만드는 나는 직업상 내 경험이 일반화의 오류로 넘어가지 않도록 극도로 경계한다. 자신의 경험을 일반화하는 순간 제품은 소비자를 위한 것이 아니라 나를 위한 것으로 진행될 가능성이 크다. 현업에서 윗사람들에게서 종종 듣는 말이 있다. '내가 사용자로서 아는데 말이야······', '우리 애가 써 보고 그러는데······' 등등. 자신이 일반 사용자의 대표라고 생각하는 이 어처구니없는 그룹이 제일 골칫덩어리다. 자신이 일반 사용자라고 생각하는 구글 직원들도 마찬가지다.

책을 내 보면 어떨까 했을 때 가장 먼저 든 생각은 환경 문제였다. 나무를 희생할 가치 있는 책을 만들 수 있을까 하는 우려, 만들고 버려지는 수많은 출판물 속에 괜히 쓰레기만 늘리는 게 아닐까 하는 걱정 같은 것이었다(첫 직장 신입 사원 연수 과정 중에 발행 부수를 맞추기 위해 찍자마자 버려지는 신문을 본 장면이 기억에 선하다). 나에게는 진지한 이 고민이 듣는 사람들에게는 왜 웃기고 과장된 생각으로 받아들여지는지 모르겠다. 풋 하고 웃거나 과장된 생각이라고 하거나 지금 그게 문제냐며 되레 흥분하는 사람들을 보며, 이해까지는 바라지도 않았지만 역시나 괜한 이야기를 꺼냈구나 싶어 바로 후회했다.

공감은 상대방을 이해하는 마음이 아니라, 그저 듣고 고개를 끄덕여 주는 행위에서 끝나야 하는 건지도 모르겠다. 나의 잘 못된 필터링은 오히려 공감의 독이 될 가능성이 크니. 우리에게 필요한 건 이해나 공감보다는 그냥 내 이야기에 귀 기울여 주는 누군가가 아닐까 싶다.

· · · · · ·

해나는 결국 마감일을 지키지 못하고 며칠 뒤에야 숙제를 제출했다. 아이가 이 문제를 어떻게 받아들이고 어떻게 대처할지 결정하는 동안 내가 해 줄 수 있는 일은 그저 믿고 기다리는 것 뿐이었다. 누구에게나 자신의 생각을 말할 권리가 있고 그 생각에 동의하지 않을 권리가 있지만, 그럼에도 그것이 내가 숙제를 내지 않아도 되는 이유는 될 수 없다는 결론에 이르는 며칠 동안의 과정이 영어 점수 조금 잘 받는 일보다 몇 배는 값진 공부라고 믿는다. 사랑하는 나의 딸이 아름답고 단단한 사람으로 크길 응원한다.

두려워하지 말고
마음 가는 대로 나아갈 것

tvN 예능 프로그램 〈유 퀴즈 온 더 블럭〉을 즐겨 본다. 코로나 바이러스로 인해 포맷이 바뀌면서 다양한 직업을 가진 사람들이 나오는데, 그들의 이야기가 제법 흥미롭다. 그중 98회 '끝까지 간다' 편에 나온 김영미 PD의 이야기에 큰 감명을 받았다.

목숨을 걸고 분쟁 지역을 취재하는 사람이 있다는 소개에 나도 모르게 당연히 남자가 나오려니 했는데 등장인물이 여자라서 깜짝 놀랐고, 게다가 아이가 있는 엄마라는 이야기에 다시 한번 놀랐다.

전업 주부이던 그녀가 이혼 후 일자리를 구하기 위해 신문을 뒤적이다가 동티모르 여대생들의 시신 사진을 보게 되었는데, 왜 이렇게 됐는지 궁금해서 동티모르로 카메라 하나 들고 떠났다는 '갑분 동티모르' 이야기를 듣는 순간, '와! 정말 이렇게 사

는 사람이 있구나' 하는 생각이 들었다.

9·11 테러 이후 아프가니스탄에 간 이야기는 더욱 놀라웠다. 미국 대통령이 아프가니스탄에 전쟁을 선포하면서 그 이유 중 하나로 여성 인권을 언급했다. 김영미 PD는 대체 아프가니스탄 여자들이 어떤 환경에 놓였기에 미국이 아프가니스탄을 공격하는 이유가 되는지 궁금했다고 한다.

무섭지 않았느냐는 사회자의 질문에 호기심이 두려움을 넘어섰다고 대답하는 모습을 보면서 존경심이 들었다(나라면 절대 못할 일을 하며 사는 사람들은 언제나 경이롭고 존경스럽다).

누구나 한 번 사는 인생, 내일 어떻게 될지 아무도 모르는 인생……, 오늘 하루를 충실히 살아 내는 그녀의 인생관이 참으로 멋져 보였다. 엔딩 인터뷰 컷이 내내 기억에 남는다. 남수단 취재 중 길을 잃고 헤매다 주민에게 길을 물었더니 수단 아주머니가 이렇게 알려 주었단다.

"당신이 가는 곳이 다 길이다."

그 이야기를 듣고 용기를 얻었다고 한다.

내가 왔기 때문에 이게 길이 됐을 수도 있겠구나.

앞으로 너무 무서워하지 말고 그 길을 가도 되겠구나.

그렇게 가 보려고요. 길이든, 길이 아니든.

　　　　　　　　　　　　　　　－ 김영미 PD, tvN 〈유 퀴즈 온 더 블럭〉 중에서

유튜브 〈유 퀴즈 온더 튜브〉

우린 살면서 끊임없이 고민한다. 나는 맞는 길을 가고 있을까? 이대로 가다 보면 막다른 길이 아닐까? 돌아가야 하지 않을까? 그리고 주변 사람들을 살핀다. 다른 사람들은 어떤 길을 걷는지, 내가 걷는 길을 앞서 걸은 사람들이 있는지, 내 뒤로도 사람들이 있는지. 길이 여러 개면 여러 개여서, 길이 하나면 하나여서, 길이 안 보이면 안 보여서…… 늘 무섭고, 불안하고, 의심이 든다.

스무 살 즈음 나는 파란만장한 인생을 살고 싶다고 말했다가 엄마에게 등짝을 맞았다. 어른들은 말한다. 남들처럼 평범하게 살라고, 안전한 길로 가라고, 주변과 발을 맞추라고, 혼자 튀지 말라고.

이젠 제법 어른의 나이가 되었는데, 글쎄…… 무얼 그리 무서워했나 싶다.

앞서 걸은 사람들이 후회했을지도 모를 그 길을, 길이 보인다고 무작정 따라 걷는 일은 하지 말라고 말해 주는 어른이 더 많아졌으면 좋겠다.

괜찮다. 빨리 걸어도 천천히 걸어도 괜찮다. 아무도 가 보지 않은 길이라서 위험한 것이 아니라, 아무도 모르니 다들 겁낼 뿐이다.

돌아가도 괜찮다. 돌아가며 만난 인생 경험이 나를 더욱 단단하게 만들어 주기도 한다.

쉬어 가도 괜찮다. 앞뒤 보조 맞춰 걸어야 하는 군대 행렬도 아니고, 시간 맞춰 타야 하는 통근 버스도 아니다.

길이 있어 걷는 게 아니라, 내가 걸어 내 인생 길이 된다. 그냥 마음 가는 대로 발길 닿는 대로 흘러 보자. 수단 아주머니의 길 안내처럼……

"당신이 가는 곳이 다 길이다."

Chapter 5

영어 포기자이던 나를 살린 공부법

영어 실력보다 더 중요한 것을 깨닫기까지

사람들은 종종 영어만 잘하면 모든 일이 잘되리라 생각한다.

혹은 '나의 문제는 영어'라고 생각하는 경향도 있다. 나도 오랫동안 그렇게 생각했다.

그런데 영어 이전에 근본적인 부분을 돌아봐야 한다.

첫째, 나만의 콘텐츠, 나만의 스토리를 가지고 있는지.

둘째, 영어 때문에 떨어진 자신감으로 쭈뼛거리며 내가 가진 것을 가리고 있지는 않은지.

영어를 잘 못해도
주눅 들 필요가 없는 이유

중학교 때 영어 포기자이던 내가 어찌어찌 미국 대학원 석사 유학을 시작하고, 대학원 2년 동안 눈물, 콧물을 다 쏟은 후 졸업을 앞두게 되었다. 대학원 시절은 고3 때 이렇게 공부했으면 하버드 대학교에 갔겠다 싶을 만큼 치열한 시간이었다. 그런데 문제는 석사 과정이 아니라 취업이었다. 그중 최대 난관은 전화 면접이었다. 손짓, 발짓, 눈짓의 도움 없이 보이지 않는 상대와 1시간 동안 영어로 대화하는 일은 고역 중 고역이었다. 그래도 피할 방법은 없었다. 미국에서 전화 면접은 대부분의 회사가 치르는 2단계 과정이다(1단계는 이력서 통과).

그토록 가고 싶던 모토로라와의 전화 인터뷰에서 나는 어처구니없는 실수를 했다. 나의 부족한 영어를 걱정한 면접관이 업무가 가능하겠느냐고 물었다. 'fluent(유창하다)'라고 해야 했는데 나도 모르게 'frequent(자주 한다)'라는 단어가 튀어나와 버렸다. 본의 아니게 면접관의 우려가 사실이었음을 증명한 꼴이었다. 물론 전화 인터뷰에서 떨어졌다.

몇 번의 거절 통보를 받고 의기소침해하던 무렵, 한 IT 컨설팅 회사로부터 전화 면접 요청을 받았다. 나는 디자인과 관련된 예상 질문을 뽑고 대본을 작성해 연습을 했다.

전화 면접이 시작됐고, 나름 예상 질문지를 따라 잘 진행되는 듯했다. 마침내 면접관이 마지막 질문을 던졌다.

"What do you think makes a good consultant?"(좋은 컨설턴트가 되기 위해 필요한 것은 무엇이라고 생각하십니까?)

예상치 못한 질문이었다. 머릿속이 하얘졌다. 3초간 침묵이 흘렀다.

"Hello, are you there?"(여보세요, 들리세요?)

면접관이 답을 재촉했다. 더 이상 지체할 수 없다고 판단한 순간, 나도 모르게 말이 튀어나왔다.

"I think there are 3 points."(세 가지 요점이 있다고 생각합니다.)

'헐! 내가 지금 뭐라고 말한 거지? 아니, 세 가지 포인트가 뭐람……'

뒤죽박죽된 생각과 동시에 말이 이어졌다.

"첫째, 어쩌고저쩌고. 둘째, 어쩌고저쩌고. 셋째, 어쩌고저쩌고……"

이번 면접도 망했다. ㅜㅜ

그렇게 전화 면접을 마무리하고 풀이 죽은 상태로 대학원 지도 교수를 만났다. 내 인터뷰 이야기를 듣던 지도 교수는 활짝 웃으며 이렇게 말했다.

"정말 잘했어! 세 가지 요점이 뭔지는 중요하지 않아. 세 가지로 정리할 수 있음을 보여 준 게 중요하지."

그렇다. 어떤 것을 갖다 붙였어도 대략 말이 됐을 거다. 전문성, 신용, 커뮤니케이션, 팀워크, 리더십 등등. 내가 요점을 잡아서 정리할 수 있다는 것을 보여 줬다는 사실이 중요하다. 나는 합격 통보를 받았고, 미국에서 제2의 커리어를 시작했다.

이때의 경험이 계기가 되었을까? 나는 말을 할 때나 들을 때 노트에 요점을 적는 게 습관이 되었다. 놀랍게도 대부분이 세 가지로 요약된다. 회의 시간에 주저리주저리 말을 길게 하는 사람들을 보면 이해하기도 어려울뿐더러 결론에 도달하기까지 시간이 오래 걸린다. 회의에서 막힌다면? 일단 이렇게 말하고 보자.

"세 가지 요점이 있다고 생각합니다!"

내가 그 회사에서 맡은 고객사는 스테이트팜(State Farm)이라는 미국 최대 보험 회사였다. 전화 면접 당시 내가 마지막에 쥐어짜 낸 세 가지 요점을 듣고 합격을 결정했다고 한다. 스테이트팜 프로젝트에 합류하게 될 것이라고 알려 줬는데, 내가 너무 무덤덤해서 입사할 생각이 없다고 판단했다고 한다. 사실 나는 그 당시 스테이트팜이 미국 최대 보험 회사라는 걸 몰랐고, '주(State) 농장(Farm)에서 왜 디자이너가 필요하지? 역시 망했군' 이렇게 생각했다.

미국에서의 직장 생활은 똥 멍청이 같은 나 자신에 대한 자괴감과 그래도 이 정도는 아닌데 하는 괴리감 사이에서 방황하는 자신과의 싸움이었다.

우리는 언어로 커뮤니케이션을 하고, 언어로 능력을 표출하고, 언어로 인정받는다. 내 안에 있는 생각과 아이디어를 구조화하고, 그것을 적절한 언어로 만들어 상대방이 이해할 수 있는 포맷으로 표현하고, 그래서 상대방이 이해하는 것⋯⋯. 그것이 의사소통이다. 생각이 구체화되지 않으면, 아이디어가 표현되지 않으면, 의사가 설득되지 않으면, 그것은 그냥 내 머릿속에서 떠다니는 생각 구름일 뿐이다.

그래서 영어는 늘 내 발목을 잡는 돌덩이 같았다. 미국 직장 생활 6년 차에 제대로 난국에 부닥친 적이 있다. 새로 이직한 직장에서 업무 인계를 받아야 하는 상황이었는데, 인수자이던 그녀는 마치 갑옷을 입고 따발총을 쏘아 대는 저격수 같았다. 당최 쉼표 없이 말을 쏟아 내며 비집고 들어갈 틈을 주지 않았다. 그녀의 '말빨'은 심지어 일목요연하기까지 했다. 말을 쏟아 낸 후 그녀는 늘 만족감과 우월감을 느끼는 듯했다. 내가 이해를 못 하고 질문이라도 하려 들면, 그녀는 어김없이 썩은 표정을 지었다.

내 부족한 영어가 더욱 절망스러웠고, 그 자리에서 받아치지 못하고 지나고 나서야 되새김질하는 나 자신이 원망스러웠다. 그럴수록 생각은 더 엉켰고, 말은 더듬거렸고, 목소리는 자꾸만 작아졌다. 뭐라도 해야겠다는 생각에 나는 회사에서 제공하는 커뮤니케이션 수업에 등록했다. 그런데 그것이 신의 한 수가 될 줄이야.

여러 학자의 연구에 따르면 커뮤니케이션에서 사전적 언어가 차지하는 비중은 20퍼센트가 채 되지 않는다고 한다. 그러니까 80퍼센트는 비언어적 표현, 즉 표정, 몸짓, 목소리 톤, 말의 속도, 눈빛, 손짓 등으로 이루어진다는 것이다. 이를테면, '됐어'라는 매우 간단한 말이 어떤 맥락에서 어떤 톤으로 사용되었는지에 따라 매우 다른 의미를 전달한다는 것이다. 따라서 언어가 가진 사전적 의미보다는 그 언어와 함께 사용되는 비언어적 의미 전달이 의사소통의 80퍼센트 이상을 이룬다고 할 수 있다.

곰곰이 생각해 보니 그런 면에서 난 그녀보다 훨씬 훌륭한 커뮤니케이션 스킬을 가지고 있다. 나는 경청하는 능력이 좋고, 오픈 마인드로 대화를 이끌어 갈 수 있으며, (영어로 돌려 말할 줄 모르니) 효율적인 커뮤니케이션을 선호하고, 상대의 의견을 존중해 대화를 이어 나가고, 그래서 결국 의견을 조율하고 합의를 이끌어 낼 줄 안다. 그리고 무엇보다 중요한 건 사람들이 나와 함께 일을 하고 싶어 한다는 사실이다. 그녀의 공격성과 똑똑함은 즉각적인 업무 처리에는 효과적일 수 있으나, 장기 프로젝트에서는 오히려 마이너스 요소가 되곤 했다.

구글은 1년에 두 번 업적 평가를 한다. 그중에 6~7명의 직장 동료가 평가에 참여하는 '동료 평가'가 있다. 다양한 평가 항목에 답을 하면 마지막 주관식 두 문항이 나온다.

'A가 정말 잘하는 것은 무엇인가?'

'A가 더 잘하려면 무엇을 해야 했는가?'

잘한 것 한 가지와 더 잘할 수 있던 것 한 가지를 써야 한다. 이 방법은 평가자가 중언부언하지 않고 구체적으로 하나를 콕 집어 실질적이고 도움이 되는 피드백을 쓰게 한다.

다음은 '김은주가 정말 잘하는 것은 무엇인가?'에 대한 동료의 최근 평가다.

커뮤니케이션. 풍부한 경험과 통찰력도 훌륭하지만 의사소통 능력과 친화력이 탁월하다. 직접적이고 명확한 커뮤니케이션 스타일, 여러 이해관계자를 하나로 묶는 능력, 그리고 좋은 태도로 그녀가 맡은 역할을 수행한다.

영어에 익숙하지 않다 보니 영어를 모국어로 쓰는 사람들 사이에서 자연스럽게 주눅 들고 위축되는 경우가 많다. 그래서 내가 갖지 못한 것을 부각시키고 내가 가진 것을 하찮게 만들어 버리는 실수를 종종 한다.

하지만 내가 가진 보석들을 돌멩이로 치부할 이유는 없다. 내가 가진 매력을 인지하고 충분히 내 것으로 즐길 때, 그때 비로소 내가 빛난다. 내가 아닌 것으로 감싸고 숨기고 치장하면 할수록 진짜는 사라지고 가짜만 남는다. 사람들은 가짜를 금방 알아차린다. 내가 가진 보석이 빛을 내지 않으면, 사람들은 본인들이 가진 잣대로 값을 매긴다.

내 보석 값은 내가 매긴다.

••••••

    영화 〈폴리스 스토리〉 시리즈와 〈러시 아워〉가 크게 성공하면서 할리우드에 성공적으로 데뷔한 홍콩 배우 청룽(성룡)이 미국 토크쇼에 나왔을 때 신선한 충격을 받았다. 그가 구사하는 영어가 내가 그토록 괴로워하던 내 영어보다 못해 보였기 때문이다. 그럼에도 그는 청중을 압도하며 대화를 이끌어가는 것이 아닌가! 청중들은 환호하며 그의 말에 (정확히는 그의 매력에) 빠져들었다. 영화 〈미나리〉로 전 세계 영화제의 상을 휩쓴 윤여정 배우의 인터뷰를 보라. 영어로 말하든 한국어로 말하든 50여 년의 내공이 고스란히 느껴진다. 중요한 건 본연의 콘텐츠다. 그 콘텐츠가 가진 힘, 특별함, 그리고 매력이 청중의 귀와 마음을 열게 한다.

영어 울렁증을 극복하게 해 준
특별한 공부법

나는 1998년 20대 후반에 유학생 남편을 따라 미국에 왔다. 영어는 이미 중학생 때 포기를 했고 대학생 때는 겨우 'F 학점'을 면한 정도였으니, 거의 영어 문맹인의 상태로 미국 생활을 시작한 셈이다. 그렇게 맨땅에 헤딩하듯 기초도 없는 상태에서 서바이벌식 영어를 배웠다. 딱히 배웠다기보다는 생존했다는 표현이 더 정확할 듯하다.

미국 문화이기도 하지만 구글에서는 내가 다닌 이전 미국 회사들에 비해 훨씬 강도 높은 토론 능력이 필요했다. 솔루션보다는 문제를 정의하는 데 더 많은 공을 들였고, 지금 이걸 우리가 왜 해야 하는지 묻고 또 물었다(왜 똥을 먹으려 하는지, 이게 왜 똥이 아닌지를 참 그럴싸하고 비장하게 심지어 우아하게 설명한다. 이런 망할!). 그리고 자유로운 기업 문화 때문에 멤버들이 쉽게 헤쳐 모여를 하고, 본인이 하고 싶은 일을 찾아서 하고, 하기 싫으면 아예 안 해 버린다. 그러니까 끌려야 한다는 거다. 그러니 리더에게 요구되는 가장 큰 스킬 중 하나가 영향력이고, 영향력을 발휘하기 위한 논리적인 생각과 '말빨'이 무엇보다 중요했다.

그렇게 구글에서 보낸 첫 1년간 캄캄한 터널을 헤매고 내린 결론은, 나는 앞으로 꽤 오랫동안 미국에서 경제 활동을 해야 하고, 그러려면 영어 문제는 피해 갈 수 없는 부분이고, 그렇다면 내가 해야 하는 일은 도망이나 회피나 좌절이 아닌, 노력과 공부라는 깨달음이었다.

그런 깨달음이 왔을 때 나는 바로 온라인 북클럽에 가입했다. 6명이 그룹을 만들어 영어 원서를 월요일부터 금요일까지 매일 1시간씩 낭독하는 모임이었다. 나는 직장인으로서, 주부로서, 엄마로서의 하루가 마무리되는 밤 10시부터 1시간 동안을 오롯이 나에게 투자하기로 했다.

2020년 1월에 시작했으니 벌써 꽤 오랫동안 매일 해 온 셈이다. 처음엔 뭐라도 하자는 심정으로 시작한 일인데, 되돌아보니 생각지도 못한 효과를 얻고 있다. 나의 경험담이 혹여 어느 누군가에게 도움이 될까 하여 나누려고 한다.

영어에 대한 막연한 불안감 치유

매일 1시간씩 영어 공부에 투자하면서 영어에 대한 막연한 불안감, 아무것도 하지 않고 있다는 자책, 그로 인해 쌓이는 '난 안 될 거야'라는 부정적인 생각이 없어졌다. 영어보다 정작 나를 더

좀먹고 있던 자학적 생각이 확연히 줄었다. 스스로에게 느끼는 뿌듯함과 긍정의 힘은 보너스다. 운동을 해 본 사람들은 알겠지만, 운동으로 신체가 건강해지는 효과 외에 운동하는 자신에 대한 뿌듯함이 정신을 건강하게 해 주는 것과 비슷한 듯싶다.

영어 울렁증 극복

서두에 썼듯이 영어는 이미 중학교 때 포기한 터라 영어에 대한 울렁증이 심각했다. 대학교 1학년 때 필수 과목이던 영어 수업 시간에 돌아가면서 원서 낭독을 한 적이 있는데, 그때 정말 창피하고 괴롭던 기억이 있다. 그래서 사람들 앞에서 원서를 낭독하는 것에 대한 심적 거부감과 압박감이 컸다. 그런데 온라인 북클럽은 개인적으로 친분이 있는 사람들도 아니고 나와 비슷한 고민을 하는 멤버들이라 틀려도 된다고 생각하니 훨씬 낭독이 편하다.

영어 편식 극복

부끄럽게도 난 직업 관련 영어, 아이들 학교생활 관련 영어 외에 생존과 관련 없는 영어는 거의 쓰지 않고 지냈다. 그러다 보니 영어 가능 영역이 매우 제한되어 있고, 주로 아는 단어와 표현을 반복해서 썼다.

그런데 북클럽에 가입한 후 다양한 주제와 장르의 책을 접하면서 새로운 어휘와 표현을 골고루 익히게 되었다. 건강을 위해 식이 요법과 체질 개선이 중요하듯이 언어 역시 그 배경인 문화와 역사를 알아 가면서 배워야 진짜 내 언어로 만들 수 있다는 생각이 든다.

놀라운 일은 새롭게 배운 단어나 표현이 실생활에서 보이고 들리기 시작했다는 것이다. 그동안 적어도 직업 영어는 어느 정도 한다고 생각했는데, 내가 모르고 지나친 것이 많았구나 새삼 느끼고 있다.

영어 근육 만들기

혀가 굳었다는 말을 종종 듣는다. 낭독을 해 보니 내가 아는 단어와 내가 사용할 수 있는 단어가 다르다는 사실을 깨달았다. 요리법을 아는 것과 요리를 할 줄 아는 게 다르듯이 말이다. 쉬운 예로, 읽은 책 내용에 citrus(레몬, 오렌지, 라임 등의 감귤류 과일)라는 단어가 있었는데, 분명히 아는 단어인데도 소리를 내려니 순간 머리가 하얘지고 막혔다. 특히 explicit(분명한), implicit(암시된), exacerbate(악화시키다) 등은 발음하는 데 한국말을 할 때는 잘 안 쓰는 얼굴 근육, 입 근육, 혀 근육이 필요한 단어다. 그래서 일상생활에서는 아는 단어인데도 일부러 쓰길 피하거나 그냥 얼버무리며 대충 말하곤 했다. 그러면 어김없이 돌아오는 상대방의 반응은 '뭐라고요?(Excuse me?)'였다.

북클럽 낭독은 부담 없이 연습할 수 있어서 좋다. 발음이 어려운 단어들은 끝나고 한 번 더 연습하고, 최대한 얼버무리지 않고 정확하게 발음하려고 노력한다. 덕분에 이런 단어를 쓰게 되는 상황이 오면 좀 더 자신감 있게 대처한다.

낭독의 힘

기초가 약한 내 생존 영어의 가장 큰 약점은 글쓰기다. 눈으로 읽는 독해는 휘리릭 스캔하면서 내용을 파악하고, 듣기는 대충 눈치로, 말하기는 보디랭귀지와 상대방의 도움(이해력)으로 의사소통이 가능한데, 글쓰기는 온전히 영어 실력의 민낯이 드러나기 때문이다. 문장을 쓰려면 시제, 관사, 전치사 등이 맞나 싶어서 '멘붕 상태'가 된다. a인지 the인지, on인지 in인지……. 말할 때는 대충 서로 알아듣고 넘어가는데, 글은 의미 전달도 전달이지만 활자로 남기 때문에 내 수준이 적나라하게 드러나서 울렁증 극복이 참 안 되는 영역이다.

책 낭독을 하면서 시제, 관사, 전치사, 어휘 등을 하나하나 정성껏 소리 내 읽다 보니 자연스럽게 감이 생기기 시작했다. 그냥 이런 경우는 on이 오는 게 자연스럽게 느껴지고, the를 쓰는 게 자연스럽다는 느낌이 들었다. 컴퓨터로 문서를 작성할 때 자동 맞춤법 기능이나 단어 제안 기능의 도움을 받으면 그 순간 수정하는 데는 좋은데, 머리에 남는 게 없다. 하지만 낭독은 문맥과 흐름을 천천히 따라가면서 충분히 느끼고, 소리가 내 머릿속으로 다시 들어가면서 각인되는 효과가 있는 듯하다.

그룹이 주는 동기 부여

지난 십수 년간 새해 다짐은 늘 다이어트, 운동, 영어 공부였다. 늘 작심삼일이 되기 일쑤고, 지속적으로 습관화하는 게 힘들고, 반복되는 시도와 실패를 통해 자포자기를 해 왔다. 그런데 북클럽은 혼자 하는 게 아니라 여러 명이 함께 하고, 시간이 지나 친밀감이 생기면서 서로에게 자극이 되고 동기 부여가 된다. 영어는 (다이어트와 운동도 마찬가지지만) 방법의 문제라기보다는 얼마나 꾸준히 하느냐에 달렸음을 뼈저리게 느끼고 있다.

본인에게 맞는, 지치지 않고 꾸준히, 그러면서 즐겁고 재미있게 할 수 있는 방법을 찾아 습관화하자.

북클럽에서 읽은 책 리스트(괄호 안은 한국어판)

— 《Atomic Habits》, James Clear(《아주 작은 습관의 힘》, 제임스 클리어).

— 《Looking for Alaska》, John Green(《알래스카를 찾아서》, 존 그린).

— 《Becoming》, Michelle Obama(《비커밍》, 미셸 오바마).

— 《World War Z》, Max Brooks(《세계 대전 Z》, 맥스 브룩스) : 좀비 소설. 코로나 시국과 유사함.

— 《Nudge》, Richard H. Thaler(《넛지》, 리처드 탈러).

— 《A Man Called Ove》, Fredrik Backman(《오베라는 남자》, 프레드릭 배크만.)

— 《Factfulness》, Hans Rosling(《팩트풀니스》, 한스 로슬링) : 강추!

— 《And Then There Were None》, Agatha Christie(《그리고 아무도 없었다》, 애거서 크리스티).

— 《A Little History of the World》, E. H. Gombrich(《곰브리치 세계사》, 에른스트 H. 곰브리치) : 노자의 무위자연(Do Nothing)

사상에 잠시 심취함.

— 《21 Lessons for the 21st Century》, Yuval Noah Harari(《21
세기를 위한 21가지 제언》, 유발 하라리).

●●●●●●

처음 온 미국은 낯설고 무서웠다. 첫해에 한국에서 방문한 가
족을 맞이하기 위해 공항으로 마중을 나간 적이 있다. 공항 정
차 구역에 잠깐 차를 세운 남편이 비행기가 내렸는지 들어가서
보고 오라고 했다. 영어 까막눈에 극심한 대인(서양인) 공포에
시달리고 있던 터라 나는 그냥 차에 있겠다고 했다. 남편은 차
를 세워 두고 공항 안으로 들어갔고, 그사이 경찰관이 와서 차
를 움직이라고 경고했다. 나는 꼼짝 못 하고 조수석에 마네킹처
럼 앉아 있었다. 한참을 신호를 보내던 경찰은 두 눈 멀쩡히 뜨
고 있는 내 앞에서 주차 위반 딱지를 와이퍼에 꽂아 두고 사라
졌다. 그날 마네킹처럼 앉아 있는 나를 보며 황당해하던 남편의
표정이 아직도 생생하다.

누구나 따라 할 수 있는
아주 쉬운 영어 공부 습관

유럽 출장지에서도 새벽에 일어나 원서 낭독 북클럽에 참석을 했으니, 출석률로 따지면 개근상은 못 받아도 정근상은 받을 성적이다.

눈은 입보다 빨라서 낭독을 하면서도 눈으로 주변 활자들을 살핀다. 어디서 끊어 읽어야 하는지, 이 문장은 누구의 대사인지, 앞으로 어떤 감정 변화가 생기는지 등을 파악해 호흡과 억양에 가이드 역할을 한다.

하지만 나의 영어 낭독은 눈과 입의 속도가 비슷하다. 모르는 단어가 나오면 알파벳이나 음절 단위로 나누어 최대한 예상되는 발음을 하기 위해 눈이 고정된다. 아빠 대사를 딸의 목소리로 읽은 후 그게 아빠 대사였음을 알았을 때 머쓱해지기도 한다. 이어령 교수가 어느 인터뷰에서 한 '의미를 모르면 읽는 소리가 달라진다'라는 말이 무슨 뜻인지 참으로 공감이 간다.

그래도 이 과정을 1년 넘게 해 오니 아주 조금은 눈으로 주변 문장을 훑어보는 재주가 생기고 있다. 어디를 끊어서 읽어야 하는 문장 구조인지, 어느 부분을 강조해서 읽어야 하는지가 눈에 들어오면서 낭독의 호흡이 조금씩 좋아지는 게 느껴진다.

영어를 처음 배우던 중학교 1학년 때 영어 선생님에 대한 기억이 아직도 생생하다. 어마어마한 단어·숙어 외우기 숙제, 쪽지 시험, 그리고 무섭던 체벌. 그 재미없고 공포스러운 시간을 보내며 나는 영어가 지독하게 싫고 두려웠다. 그때의 암기법 때문에 나는 'friend' 단어를 보면 '에프-알-아이-이-엔-디' 소리가 머리에 울린다.

어휘력은 분명 중요한 기초다. 단어를 아는 만큼 보이고, 들리고, 쓸 수 있기 때문이다. 하지만 억지로 머리에 쑤셔 넣는다고 될 일이 아니다. 특히 나이가 들수록……. 그동안 이런저런 시도를 하며 도움이 된 방법들을 정리해 본다.

목표 – 하루에 2개만

1시간 낭독 중 모르는 단어에 밑줄을 치면 사전 한 권이 나올 정도다. 부끄럽지만 나는 단어 1000개로 미국에서 생존하고 있다고 농담할 정도로 기초가 부족하다. 나는 목표를 단어든 숙어든 문장 표현이든 '하루에 딱 2개만 외우자'로 삼았다. 2개라고 목표를 세우니 해 볼 만하다는 생각이 불끈 들었다. 2개만 집중해서 파고드니 자연스레 머리에 남는다. 하루에 2개라고 우습게 볼 것도 아닌 것이, 1년이면 500여 개이고 2년이면 1000여 개다. 그간 단어 1000개의 어휘력으로 버텨 왔다면 2년 만에 고수의 경지에 오르는 것이다. 물론 시간이 지나면 이 중에 상당수는 잊어버릴 테고 어휘력 2000개로 어찌 영어 고수가 되겠느냐마는 그렇게 생각하는 것만으로도 오늘의 단어 선택이 즐겁다.

목표를 낮게 잡아야 성공 확률이 높다. 영어 점수가 필요한 시험공부가 아니기 때문에 매일 꾸준히 습관처럼 할 수 있는 쉬운 목표를 세우길 추천한다. 보통 그날 '필'이 꽂히는 단어나 표현 중에서 주로 활용할 만한 것들을 고른다. 어려운 단어는 일단 피한다. 내 수준에 맞는 단어를 고르고 소화시키는 게 중요하다. 예를 들면 다음과 같은 것들이다.

— lukewarm:미지근한 물인데, 미지근한 반응에도 쓰인다. '소비자 반응이 미지근하다'라는 표현을 하고 싶을 때 쓸 수 있을 것 같다.

— earworm:귀 벌레. ㅎㅎㅎ 귀에서 맴도는 노래를 뜻한다. 수능 금지곡.

— throw shade:헐뜯다. 은유적인 고급 표현을 쓰고 싶을 때 써 보려고 입력했다.

— saturation:색의 채도. 그런데 이게 '포화'라는 뜻으로 쓰인 문장을 보니 반가웠다.

— I feel marginalized(=isolated나 excluded 모두 비슷비슷한 의미. 골라서 골고루 활용):하찮게 느껴진다, 소외된 것 같다는

뜻. margin(여백, 가장자리)도 디자인에서 내내 쓰는 단어인데, 이런 표현을 보니 반갑다.

유의어와 파생어 공부

유의어나 파생어, 혹은 관련된 단어들을 묶어서 짚어 본다. 이때 예전에 낭독할 때 나온 단어들을 소환해서 되새겨 주면 머리에 남기는 데 도움이 된다. 예컨대 다음과 같은 것들이다.

— officious：office와 official은 알아도 officious는 몰랐는데, 거들먹거리고 위세 부린다는 뜻이란다. 알고 나니 고개가 끄덕여진다.
— plummet, plunge：곤두박질치다, 급락하다. 주식 시장이 출렁일 때 자주 보이는 단어다.
— mutter(중얼거리다), mumble(웅얼거리다), murmur(소곤거리다)：특히 소설에 자주 등장하는 표현들이다. 딸아이에게 어떻게 다른지 설명을 들었다.
— counterproductive：productive(생산적인), nonproductive(비생산적인)는 업무 중 자주 사용하는 단어인데, 역효과가 counterproductive라는 걸 새로 알았다. 말 된다.

유래나 어원 찾기

책을 읽다 보면 유래가 궁금해지는 단어들이 눈에 띈다. 유래를 알고 나면 머리에 남아서 기억하는 데 많은 도움이 된다. 다음 예들을 보자.

- bear market, bull market:하락장과 강세장. 주식 시장을 나타내는 표현인데, 하락장은 곰이 싸울 때 아래로 내려찍는 자세에서, 강세장은 황소가 뿔로 들이받는 모습에서 유래한 말이라고 한다. 그래서 증권가에 황소 동상이 있는 경우가 많다고 한다(이미지 검색을 해 보시길).
- fiddlesticks!:말도 안 돼! 어처구니가 없네! 예전에는 바이올린을 fiddle이라고 불렀는데(우리가 예전에 깽깽이라고 부르던 것과 비슷한 듯), 그래서 fiddlesticks는 바이올린을 켜는 활을 말한다고 한다. 그런데 바이올린은 없고 활만 있는 경우, 그러고 보니 이게 바로 어처구니없는 상황!
- The proof is in the pudding:푸딩을 먹어 보기 전엔 뭐가 들어 있는지 모른다는 뜻. 예측과 결과가 다를 수 있다는 표현으로 광범위하게 쓰인다. 다음 날 회의 중 테스팅 이야기를 하다가 누군가 'The proof is in the pudding'이라고 말하는 걸 듣고 반가웠던 기억이 난다.
- hue and cry:hue도 디자인에서 자주 나오는 단어인데, 색조 외에 고함 소리를 뜻하기도 한다. 그리고 cry는 울음이라는 뜻 외에 비명이라는 뜻도 있다. 그래서 hue and cry 하면 강한 고함이라는 뜻이다. 오래전 영국에서는 목격자가 고함을 질러 도둑 잡는 걸 돕지 않으면 벌을 받았다고 한다. 'I raised a hue and cry.'(나는 힘껏 소리를 질렀다.)

이미지 검색

영어 단어 검색을 할 때 나는 한영사전을 먼저 찾아보고, 뭔가 께름칙하면 구글 검색으로 영어 사전의 정의를 확인한 다음, 명사나 형용사는 이미지 탭을, 동사는 뉴스 탭을 눌러 본다.

다음 단어들을 이미지 검색해 보면 글로 쓰인 단어의 뜻을 읽는 것보다 의미가 분명하게 전달이 된다. 그리고 그렇게 이미지로 각인된 단어는 나처럼 시각 기억법을 가진 사람에게는 큰 도움이 된다.

— bull market : 강세장

— pew : 길게 나무로 된 의자

— noose : 올가미

— hut : 오두막

— fizzled out : 흐지부지되다

— nibble : 야금야금 먹다

— cot : 아기 침대, 간이침대

뉴스 검색

구글에서 단어를 검색한 후 이걸 어떻게 활용하는지, 혹은 요즘도 쓰는 표현인지(주로 고전 읽을 때)를 알 수 있는 가장 좋은 방법은 뉴스 탭을 눌러 보는 것이다. 해당 단어가 어떤 맥락에서 어떻게 사용되는지 파악하는 데 큰 도움이 된다. 다음 예들을 보자.

— shun:피하다

Australian state says work from home is over, but employees still shun office.(호주 정부는 재택근무 종료를 선언했으나 직장인들은 출근을 기피하고 있다.)

Shoppers who shun credit cards will still borrow $20 for candy.(신용 카드 사용을 기피하는 소비자들은 여전히 사탕을 사기 위해 20달러를 빌릴 것이다.)

— reckon with:처리하다, 처벌하다

How COVID19 forced social media to reckon with misinformation?(어떻게 코로나19 사태가 SNS로 하여금 가짜 뉴스를 처리하도록 강제했는가?)

수다와 스토리

내가 속한 북클럽은 50분 낭독과 10분의 나눔(단어, 표현, 해석)으로 진행된다. 대부분 이 수다가 길어진다. 아줌마 수다. ㅎㅎ 그런데 이 수다가 단어를 암기하는 데 나름 도움이 된다.

— dunce:멍청이. dunce hat은 예전에 공부 못하는 학생에게 씌우던 고깔모자라고 한다(이미지 검색). 마치 어린 시절에 떠들거나 공부 못하는 학생들이 교실 뒤로 가서 손 들고 벌받던 것과 비슷한 문화였나 보다. 어떻게 이런 벌을 줄 수 있느냐고 한참을 떠들었는데, 이 단어는 앞으로 평생 기억할 것 같다.

— cope with:대처하다. 멤버 중 병원에 근무하는 사람이 있
는데, 응급 상황 대처 시 자주 쓰는 단어라며 상황과 예제
로 설명을 해 주어 머리에 남았다.

— lucrative:수익성이 좋은. 회계사인 멤버가 자기 언니가 자
주 쓰는 단어라고 설명해 주었다. 잘난 척하는 언니 욕을
한참 했다. ㅎㅎ

— partisan:지지자, 신봉자. 헐…… 이게 빨치산이란다. 빨치
산이 영어에도 있다는 걸 몰랐다. 빨치산은 프랑스어에서
온 단어로 정규군에 속하지 않은 전투원을 의미한다.

활용

새로 익힌 단어나 표현은 최대한 회사에서 활용하려고 기회
를 염탐한다. 예를 들어, surreal(초현실적)은 코로나 사태와 맞물
려 아주 잘 활용했다. 그러다 보면 전에는 그냥 흘려들었을 것들
이 들린다. 뿌듯해지는 순간이다. 예를 들어 보면 다음과 같다.

— take it with a grain of salt:(과장이 심한 이야기를) 걸러서 듣다.
직역하자면 '소금을 조금 쳐서 먹다'라는 뜻. 퍽퍽해서 삼
키기 곤란한 음식에 소금을 쳐서 먹으면 잘 넘어간다는 데
서 유래한 표현이다.

— fungible:대체 가능한.

— you've got chops(chops=skill/performance):재능이 있다.
솜씨가 좋다. chop은 입, 갈비, 칼질 등 여러 가지 뜻이 있

는데, 이 표현은 '능숙한 트럼펫 연주자의 입'에서 유래했다고 한다.

— hypocrite:위선자.

— whack a mole:두더지 잡기 게임. 직역하면 '두더지를 내려쳐라'.

It's like whack a mole. as soon as you fix one, another appears.(두더지 잡기 게임 같아. 하나를 고쳤더니 다른 게 망가져.)

— leaders control the weather:리더가 날씨를 조종한다. 리더가 팀 혹은 회사 전체 분위기를 좌우한다는 뜻.

발음 연습

발음이 너무 어려운 단어는 구글 발음 교정 기능으로 반복 연습을 한다. 구글 검색 중 다음처럼 사람 입 모양 아이콘과 함께 '발음 연습하기(Learn to pronounce)'라는 버튼이 있는데, 그걸 누르면 발음 연습 기능이 나온다. '연습(Practice)' 버튼을 눌러 내 발음을 입력하면 틀린 부분을 지적해 준다.

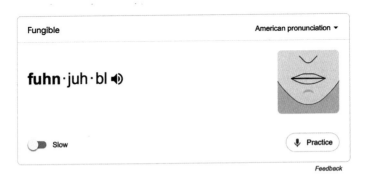

| Fungible | American pronunciation ▼ |

fuhn·juh·bl ◀))

◯ Slow

🎤 Practice

Feedback

영어 이야기만 나오면 글이 길어지는 경향이 있다. 그만큼 시행착오를 많이 겪었다는 의미다.

나의 애증의 그녀, 잉글리시! ㅎㅎ

• • • • • •

산후조리를 도와주러 친정 엄마가 왔다. 하루는 엄마를 모시고 옷감을 파는 '조앤'이라는 곳에 물건을 사러 갔다. 필요한 아이템은 옷의 해진 곳을 기울 때 덧대는 조각 천이었다. 바느질 필요 없이 다림질로 붙이는 예쁜 모양의 조각 천이 많다는 이야기를 들어서였다. 그런데 가고 보니 매우 난감했다. 사려는 물건의 이름도 모를뿐더러 뭐라고 설명해야 할지도 몰랐기 때문이다.

한참을 헤매고 있으니 참을성 없는 엄마가 직원한테 물어보라고 했다. 뭐라고 해야 할지 모르겠다고 했더니 엄마가 답답하다는 듯 "익스큐즈 미"를 외쳤다(아! 우리 엄마, 영어 앞에서는 너무 용감하다).

"익스큐즈 미."

엄마는 영어를 할 때 코맹맹이 소리를 낸다.

손가락으로 바지를 가리키며 "쓰봉", 양손을 동그랗게 만들며 "빵꾸", 양손으로 엑스 자를 만들며 "땜빵"……. 그리고는 매우 흡족한 표정으로 답을 기다렸다. 부끄러움과 수습은 나의 몫이었다. 엄마……. ㅠㅠ

우여곡절 끝에 물건을 구입하고 황급히 가게를 빠져나와서 바지는 '쓰봉'이 아니라 '팬츠'라고 알려 줬다. 엄마의 답변.

"오메, 숭한 놈들. 숭하게 빤스도 팬티고 바지도 팬티냐?"

엄마는 그날 새로운 단어 하나를 외우셨다. 엄마와 나의 우당탕탕 영어 시리즈를 책으로 내면 대박이 나지 않을까? ㅎㅎㅎ

영어는 결국
콘텐츠와 자신감이다

그녀를 처음 만난 그날부터 10년을 미워했으니, 그녀가 내게 호락호락하지 않은 건 어쩌면 당연한 일인지도 모르겠다. 그래도 함께한 세월이 22년이니 이젠 그녀의 기분을 맞춰 줄 정도의 눈치는 생겼고, 간혹 아픔을 줘도 견딜 맷집도 있다.

영어 흑역사를 고백할까 한다. 그녀와의 슬픈 기억을 이젠 웃으며 말할 수 있으니 얼마나 좋은가.

에피소드 1

미국 대학원에 입학하고 서류를 처리하기 위해 유학생 관리 부서(인터내셔널 오피스)를 찾아갈 일이 있었다. 낯설고 넓은 대학교 캠퍼스를 헤매다 눈에 보이는 빌딩에 들어간 나는 용기를 내 물었다.

"웨어 이즈 인터내셔널 오피스?"

그랬더니 질문을 받은 사람이 "2nd floor"라고 답을 했다. 나는 제대로 찾아온 거라는 안도감에 기쁘게 물었다.

"This gunmul?(이 건물?)"

그러면서 나는 ㄹ(l) 발음에 집중했다. 말을 내뱉은 후 아차 싶었지만, 이미 뱉어진 말. 그런데 그 사람이 찰떡같이 알아듣고 답을 한다.

"Yes!"

영어를 쓰다가 한국말이 튀어나오는 건 종종 있는 일이다.

에피소드 2

대학원 그룹 프로젝트 아이디어 회의. 브레인스토밍 중에 나는 미로 찾기 같은 콘셉트로 해 보면 어떻겠느냐고 제안했다. 그런데 미국 친구들이 못 알아듣는 거다. 나는 나의 미천한 'r' 발음의 문제라고 생각하고 최대한 혀를 굴려 보았으나, 여전히 못 알아듣는 것이다. 나는 스펠링을 불렀다.

"유 돈 노우, m-i-r-o?"

나는 그 순간 미로가 영어라고 생각했다. 내 머릿속에선 한국말이 영어로 둔갑하는 경우가 종종 있다. 참고로 미로는 영어로 'maze'라고 한다.

에피소드 3

샌디에이고에서 처음으로 단독 주택을 구매했다. 나는 이사

전에 리모델링을 비롯해 이런저런 것들을 준비하고 있었다. 한국의 바닥 난방과는 달리 미국 집은 공기로 냉난방을 하기 때문에 송풍관(덕트) 청소가 중요하다. 그 당시 다니던 퀄컴에는 이메일로 소통하는 사내 커뮤니티가 활성화되어 있었는데, 나는 그중 '하우스 리모델링' 관련 이메일 커뮤니티에 가입해 필요한 정보를 얻던 참이었다. 어느 날 나는 그룹 이메일로 질문을 던졌다.

"When should I clean a duck? Should I clean it before moving in or can I do it after moving in?"(덕트 청소는 언제 하는 게 좋나요? 이사 들어가기 전에 해야 하나요, 아니면 들어간 후에 해도 되나요?)

그랬더니 친절한 누군가가 빠르게 답을 보내왔다. 물론 전체 회신으로.

"Well, a duck is something you clean before your cook or after you shoot."(음, 오리는 주로 요리하기 직전이나 총을 쏜 후 손질하죠.)

내가 duct(덕트)를 duck(오리)라고 쓴 것이었다. 젠장, 장장 300명에게……. ㅜㅜ

에피소드 4

퀄컴에서 친하게 지내던 미국인 친구에게 한국에 다녀올 예정이라 한동안 못 볼 거라는 이메일을 보내며, 마지막 인사를 이렇게 마무리했다.

"I'll bring yummy Korean snake for you!"(맛있는 한국 뱀 가져

올게!)

오마이갓뜨! snack(스낵)을 snake(뱀)라고 쓴 거다. 왜 항상 이 메일을 보낸 후 실수를 깨닫는 걸까? ㅜㅜㅜ 세상에, 맛있는 한국 뱀이라니……. 게다가 왠지 있을 것만 같잖아. 물론 두고두고 그 친구와 나의 특별한 에피소드로 남았지만, 이런 어처구니없 는 실수를 정말 많이 한다. ㅜㅜㅜ

사람들은 종종 영어만 잘하면 모든 일이 잘되리라 생각한다. 혹은 '나의 문제는 영어'라고 생각하는 경향도 있다. 나도 오랫 동안 그렇게 생각했다. 그런데 영어 이전에 근본적인 부분을 돌 아봐야 한다. 첫째, 나만의 콘텐츠, 나만의 스토리를 가지고 있 는지. 둘째, 영어 때문에 떨어진 자신감으로 쭈뼛거리며 내가 가진 것을 가리고 있지는 않은지.

자신의 콘텐츠를 가지고 있다면 그다음 필요한 것은 자신감 이다. 프레젠테이션은 영어가 모국어인 사람들도 어려워하는 영역이다. 발표는 한국말로 해도 어렵듯이 말이다.

얼마 전에 새로 들어온 디렉터에게 팀을 소개하고 다음 해 목 표와 전략에 관해 설명하는 1시간짜리 프레젠테이션을 진행했 다. 프레젠테이션이 끝난 후 나는 그날 참석한 몇몇 사람에게 피드백을 부탁했다. 그랬더니 다음과 같은 피드백을 주었다.

개발 초기의 어려운 점들을 언급하면서 불평불만이라고 느끼지 않게 이야기하는 방식이 좋았다. 시장 경쟁 상황을 짚어 주며 제품 개발 계획에 대한 아주 분명한 그림을 보여 주었고, 협업 부서들에 대한 깔끔한 요약도 좋았다. 그중에서 가장 인상 깊은 대목은 훌륭한 제품을 만들면 매출은 따라온다고 강조한 부분이었다. 각 팀 발표 중에서 네 발표가 가장 좋았다.

군이 공을 많이 들이거나 철저한 준비가 필요하지 않은 경우도 있다. 개인적으로 최근 가장 기억에 남는 프레젠테이션은 10분 준비해서 5분 발표한 것이었다. 우리 팀에서 개발하는 제품의 비전을 소개하려고 만든 영상이 다른 조직에까지 퍼지며 크게 히트를 치자, 영상 제작 비하인드를 알려 달라는 요청이 들어왔다. 나는 프레젠테이션을 이렇게 시작했다.

"Long long time ago, there was Evan."(옛날 옛날에 에반이라는 사람이 있었습니다.)

예상치도 못한 구연동화 콘셉트로 시작하자 모두가 크게 웃었다. 보통 이런 경우 게임 끝이다. 사람들이 기억하는 건 스토리 자체가 아니라 '재미있게 들었다'라는 감정이기 때문이다. 가성비 최고의 프레젠테이션이었다.

영어를 배울수록
더 대단한 우리말의 힘

삼성전자에서 스마트워치에 스마트 리플라이(간단 답변 추천) 기능을 넣기 위해 회의를 한 적이 있다. 영어는 다양한 솔루션이 있는데 우리나라 말은 쉽지 않았다. 솔루션도 솔루션이지만, 한국어의 미묘한 뉘앙스 때문에 추천 답변이 대부분 사용 불가한 것이었다.

일단 존댓말과 반말이 가장 큰 문제였다. 존댓말은 존댓말로, 반말은 반말로 대꾸를 통일할 수 있다면 얼마나 좋을까. 하지만 한국어는 나이와 관계에 따라 어법이 달라진다. 상대방이 '오늘 저녁 어때?'라는 문자를 보내왔고, 그에 대한 추천 답변으로 '응, 좋아' 혹은 '오늘은 안 돼'가 떴다고 해 보자. 이렇게 주어진 걸 그냥 눌러서 답장을 보냈다가는 수습 불가 상황을 맞이할수도 있다. 어느 날 신제품 출시 준비로 야근 중이던 상무가 부사장 문자에 무심코 '응, 좋아'를 눌러 버린 바람에 화들짝 놀라 부사장실로 급하게 뛰어 올라가기도 했다.

그냥 다 존댓말로 통일하면 안전하지 않을까? 그것도 해결책이 될 수는 없다. 며느리가 '오늘 저녁 어때요?'라고 문자를 보냈는데 시어머니로부터 '그러시죠'라는 답변을 받았다면 '내가 뭐 잘못했나? 화나셨나? 지난번에 무슨 일이 있었나?' 하며 한참 고민할 것이다. 관계 맥락에 맞지 않는 존댓말이 가져올 수 있는 생각의 고리들. 게다가 존댓말도 다 같은 존댓말이 아니다. 극존칭 존대를 해야 하는 상대가 있는 반면, 어린아이에게 하는 존대는 또 다르다.

또 다른 어려움은 한국어 표현 속에 담긴 함축된 의미들이다. '예, 네, 넵, 녱, 네넵, 네네'는 각각 쓸 수 있는 상황이 다르다. 스마트 리플라이 추천 답변 중 '크크크'가 있었는데, 누가 요즘 그렇게 쓰느냐며 'ㅋㅋㅋ'로 바꿔야 한다부터 시작해서 아니다 'ㅋ'로 해야 한다, 아니다 'ㅋㅋ'를 가장 많이 쓴다 등등에 이르기까지……. 결국 회의는 그렇게 산으로 가 버렸다(세종 대왕님, 감사합니다. ㅋ).

나는 구글의 인공 지능 비서 '구글 어시스턴트'를 개발하는 팀에서 일하면서, 인공 지능 음성 서비스를 개발하고 있다. 음성 대화 디자인은 문자 대화 디자인과는 차원이 다른 세계다. 목소리(소리가 가진 캐릭터), 톤, 억양, 표현에 따라 의미가 달라지고, 심지어 무음에도 의미가 있다. 여기에 문자와 다르게 실시간 대화를 이어 가지 않으면 상호 작용이 중단돼 버린다. 그러니 사용자들은 매우 짧은 단답형 질문을 하거나('오늘 날씨 어때?'), 인공 지능 비서가 다시 질문을 해 오면('몇 시로 알람을 설정할까요?') 그녀가 입을 다물기 전에 빨리 답을 해야 한다. 실시간 음성 대화는 감정 관여도가 높은 행위이고, 그래서 오작동이 발생하면 사용자가 금방 짜증을 낸다.

게다가 음성 대화에는 우리가 인지하지 못하는 수많은 습관과 문화가 스며들어 있다. 인공 지능 비서와 대화하기 위해서는 이름을 불러 깨워야 한다. '알렉사', '시리야', '헤이 구글', '지니야', '하이 빅스비', '헤이 카카오'처럼 말이다. 사용자 리서치를 해 보면 실제 이름을 부르지 않고 깨울 때(물리적 버튼을 눌러서 깨우기)도 일단 이름을 부르고 대화하는 경우가 있었다. 이유를 물으면 그게 더 예의 바르게 느껴져서라고 한다. 그러니 각 나라 언어와 문화를 고려한 현지화는 단순 번역을 넘어서 훨씬 고도화된 전문가들이 붙어야 가능한 대규모 작업이다. 섬세한 과정을 거치지 않고 섣불리 적용하면 어색하고 무례하게 들릴 것이다.

한글날 기념으로 《매일경제》에 실린 구글 최현정 언어학 박사의 인터뷰 기사를 보니 반갑다.

맥락 따라 뉘앙스 발달한 한국어
"영어에서는 '네 옷 예뻐(That's beautiful)'라고 하면 그 뒤에 '고마워(Thank you)' 같은 말이 바로 따라오게 돼 있어요. 그런데 한국어는 그렇지 않아요. '이 옷 예뻐' 그러면 '응, 이거 싼 거야' 이런 희한한 말들이 튀어나오잖아요. 사회 문화적으로 발달돼 있고 복잡해요. 그래서 기계가 인간 언어를 이해하는 데 많은 기여를 하고 있는 언어예요."

한국어는 억양이 매우 중요하고(예를 들어 끝을 올리는 '좋아'와 끝을 내리는 '좋아'는 의미가 완전히 다르다), 문어체와 구어체가 완전히 다르며, 주어가 쉽게 생략되고, 겸양 표현도 많다. '언택트', '인싸', '아싸'처럼 외국어와 섞인 신조어도 마구 탄생한다. 그는 '과학이 도달하지 못하는 부분이 한국어에는 너무 많다'며 '매우 독창적인 언어'라고 했다. 그래서 외국인이 배우기 어렵고 기계도 배우기 어려운 언어다. 최씨는 '중국어는 사람이 배우기는 어렵지만 기계는《천자문》을 몽땅 외우는 것이 일도 아니기 때문에 기계에 학습시키기가 용이하다'며 '기계가 배우기 쉬운 언어가 있고 배우기 어려운 언어가 있는데, 한국어는 후자'라고 했다. 그래서 '이 기능이 한국어에서 된다면 다른 언어에서는 다 될 거야' 하는 순간이 많다고 한다.

영어가 모국어가 아니다 보니 한국어로 사고하고 영어로 바꿔서 말을 하는 2단계 과정을 거치는 일이 자주 생긴다. 그럴 때 난관에 부딪히기 일쑤다. 내가 표현하고 싶은 그 감도로 표현이 안 될 때 느끼는 찝찝함과 답답함을 아는지⋯⋯. 푸석푸석과 퍼석퍼석이 다른데, 영어로는 표현이 안 된다. '뭔가 안 좋은 느낌'인데 'Something feels not right'로는 영 부족하다. 내 '찝찝함'이 그 '찝찝함'이 아니다. 아파서 병원에 가면 통증에 대해 묻는데, 당최 뭐라고 해야 할지 몰라 당황스럽다.

"배가 어떻게 아프세요?"

"갑자기 여기가 찌릿찌릿, 찌르르했다가, 내장이 꼬이는 것처럼 아파요."

배가 아파 병원에 갔다가 머리가 아파지곤 한다(한국 의사들은 이걸 어떻게 알아듣는지 신기하지만……).

한국에서 초등학교 시절을 보내고 미국에서 중학교를 다니는 딸아이 학교의 상담실에서 연락이 온 적이 있다. 아이가 자살 위험이 있는 것 같다며 면담을 요청해 온 것이다. 자초지종을 들어보니, 아이가 영어를 말하면서 '죽겠다'는 표현을 습관처럼 쓰면서 오해가 생긴 듯싶었다. '배고파 죽겠다', '졸려 죽겠다', '심심해 죽겠다', '짜증 나 죽겠다' 등을 그대로 영어로 말했으니 오해를 할 법도 하다. 상담사에게 아이가 한국에서 온 지 얼마 안 됐고, 두 언어가 섞이다 보니 일어난 해프닝이라는 점, 그리고 한국어 표현의 특성에 관해 한참 설명한 후 진정이 됐다.

친구들 중에서 영어를 제일 잘한다는 우리 엄마는 영어 배우기를 좋아한다. 단어 하나라도 더 알면 친구들 사이에서 뽐내기 좋은 모양이다. 엄마는 엄마만의 독특한 암기법을 가지고 있는데, 이를테면 'grandmother'는 할머니한테 '구렁내(구린내)'가 나서 할머니를 '구렁내 마더'라고 한다고 이해한다. 미국 우리 집에 오면 영어 표현을 종종 물어본다. 한번은 만나서 반갑다는 표현을 영어로 어떻게 하느냐고 물었다. 'Nice to meet you'라

고 하면 된다고 알려 드렸는데, 소리를 유심히 듣던 엄마 귀엔
'나이스 미처'라고 들렸나 보다. 새로운 표현을 꽤 맘에 들어 했
다. 어느 날 아침 운동을 다녀와서 상기된 목소리로 이렇게 말
했다(운동하다가 만난 사람에게 말을 건 모양이었다).

"내가 '만나서 나이스 미처' 했더니, 아따, 그 사람도 좋아 미
치겠다 안 하냐. 오메, 나 이제 미국에서 살아도 되겠다."(아이러
브유, 맘)

영어는 코딩이나 기술이 아닌 언어다. 언어에는 역사와 문화
와 사회가 담겨 있다. 이런 사회적·문화적 요소는 단순 암기나
단기간의 노력으로 체화할 수 있는 게 아니다. 3개월 속성 코스,
1000단어 외우기 등으로 될 일이 아니라는 거다. 그러니 내가
영어를 (네이티브처럼) 못하는 건 외국인으로서 당연하고 자연스
러운 일이다. 그 대신 나는 고급 한국어도 할 줄 알고, 영어도 할
수 있다. 다시 말해 나는 두 문화와 사회를 모두 접하고 이해하
고 있다는 뜻이다.

여기서 우리가 잊지 말아야 할 점은 여러 언어를 접하면서 얻
게 되는 융합적 사고력이다. 우리는 종종 부족한 영어 실력을
한탄하고 불안해한다. 하지만 한 가지 언어만 사용하는 환경에
서 성장하고 한 가지 언어만 사용하는 사람과 달리, 여러 언어
를 조금이라도 배우고 사용해 본 사람은 융합적 사고를 할 수
있다는 장점이 있다. 미국에는 미국에서만 자라고 영어밖에 못
하는 사람이 많다. 이 사람들의 세계관이 협소하고 제한되어 있
다는 느낌을 종종 받는다.

지금은 글로벌 시대다. 특히 코로나 바이러스가 촉진한 디지털 시대로의 전환은 전 세계를 하나의 시장으로 묶어 버렸다. 애플, 구글, 페이스북 모두 미국 외의 시장에서 절반이 넘는 수익을 거둔다. 한국에서 만든 이른바 'K상품'들은 글로벌 시장을 타깃으로 수익을 낸다. 이제는 다양한 문화와 다양한 언어와 다양한 경험을 가진 사람과 콘텐츠가 어느 한 문화권에 국한된 것들보다 훨씬 더 경쟁력을 갖게 되었다. 어쩌면 우리(한국 사람)는 한동안 '자각 지체' 상태에 있었는지도 모르겠다. 스스로 얼마나 많은 것을 가지고 있는지, 얼마나 대단한지, 무엇을 해내고 있는지 자각하지 못했다. 개인 역시 마찬가지다. 나도 모르게 내 안에서 일어나고 있는 엄청난 융합의 힘, 그것이 얼마나 놀랍고 경쟁력 있는 상품인지 자각해야 한다. 내가 가진 것은 별게 아닌 게 아니라, 별것이다.

내가 가진 새로운 시각과 이해력으로 내 두뇌가 매일 해내는 '문화 융합 작업'을 칭찬해 주면 어떨까. 나이스 미쳐!

● ● ● ● ● ●

'지금 어디야?'라는 문자에 현재 위치를 답변으로 추천해 주는 기능을 보고 개발 임원이 의아한 듯 물었다.

"이럴 땐 '왜?'라는 답변이 추천으로 떠야 하는 거 아니야?"

Chapter 6

5년 후 나는 뭘 하고 있을까?

원하는 삶을 살기 위해 지금부터 해야 할 것들

준비 기간이 길면 길수록, 내가 투자한 노력이 많으면 많을수록

실패했을 때 오는 상처와 실망이 클 수밖에 없다.

그러니 준비하는 시간과 노력을 최대한 가볍게 하고 작은 일을 해 나가면,

그것들이 복리처럼 쌓여서 튼튼한 실력과 내공의 깊이를 만들어 낸다.

준비가 돼서 지원하는 게 아니라, 지원하고 준비하는 거다.

내 인생을 바꿔 준
한 장짜리 도표
-'Me 팩트 테이블'

미국 최대 보험 회사인 스테이트팜 본사는 시카고에서 남서쪽으로 200킬로미터 정도 떨어진 일리노이주 블루밍턴이라는 소도시에 위치하고 있다. 차로 가면 2시간이 넘게 걸려 집에서 출퇴근하기가 사실상 불가능해서 우리 부부는 주말부부가 되었다. 다행히 회사에서 집을 마련해 주어 주중에는 블루밍턴에서, 주말에는 시카고에서 지내며 일을 했다.

블루밍턴은 전형적인 미국 중부 소도시의 느낌이었다. 나 자신이 이방인이라는 생각이 매일 자각되는 곳이라고나 할까? 이 시기는 총체적 난국이었다. 주말부부도 힘들고, 미국 첫 직장 적응도 힘들고, 무엇보다 보험이라는 분야가 어려웠다. 보험 시스템을 디자인하려면 일단 보험이라는 주제 영역에 관심이 있어야 하고, 각종 보험 용어들(보험 증서를 영어로 'policy'라고 하고,

그래서 'policyholder'가 보험 계약자라는 것도 이때 처음 배웠다)과 관련 종사자들(보험 설계사와 여러 설계사를 관리하는 매니저 등)이 어떻게 얽혀 있고 어떤 식으로 굴러가는지 알아야 하는데, 모든 게 낯설고 이해되지 않는 것투성이였다. 학습 속도가 느리고 기여도도 낮으니 업무 만족도가 현저히 낮았을 뿐 아니라, 여기서 더 성장하고 싶다는 동기 부여가 생기질 않았다. 2년이 지나자 생각이 분명해졌다.

'이곳은 내가 있을 곳이 아니다. 이직을 하자.'

나는 이직의 방향을 잡기 위해 'Me 팩트 테이블'이라는 것을 만들었다.

그리고 나니 가야 할 길이 분명해졌다. 모토로라로 가자. 글로벌 마켓 대상, 휴대폰 시장에서 한국의 입지, 각 나라 통신사별 복잡한 요구 사항, 작은 화면 때문에 제한적인 시각 효과. 이보다 더 적합한 곳이 있을까 싶었다. 가야 할 곳이 분명해졌으니 방법을 찾으면 되었다.

이력서에 더해진 컨설턴트라는 타이틀과 스테이트팜 클라이언트의 이름이 무게감을 주었다. 그리고 나를 어떻게 어필해야 하는지도 전략이 분명하게 그려졌다. 모토로라 본사가 시카고에 있어서 모토로라에는 IIT 졸업생이 많았다. 소개하고 추천해 줄 지인은 얼마든지 있었다. 마침 타이밍도 좋아서 그 당시 모토로라는 야심작 레이저 폰(Razr) 준비를 위해 한창 인력 충원을 하고 있었다. 그렇게 나는 2004년 4월에 모토로라로 이직할 수 있었다.

팩트	장점	단점	전략
나는 한국인이다	한국(아시아) 시장의 시각·관점·경험을 가지고 있다.	미국 시장 경험이 부족하다.	글로벌 시장을 대상으로 일을 찾자. 한국이 선도하는 영역이면 더 좋고.
나는 인터랙션 디자이너다	인터랙션 디자이너지만, 비주얼 디자인과 코딩, 리서치 경험이 있다.	인터랙션 디자인은 끊임없는 설득과 논쟁이 필요하기 때문에 커뮤니케이션 능력이 중요하다. 나의 영어는 분명 단점이다.	많은 경우 미국 인터랙션 디자인 분야의 사람들은 인지 심리학, 인간 공학, 인간·컴퓨터 상호 작용(HCI：Human Computer Interaciton)을 전공한 공대 출신이다. 디자인 전 분야의 경험이 있음을 어필할 만한 일을 찾아야 한다.
나는 IIT 디자인 대학원 졸업생이다	명문 디자인 대학원 졸업생 네트워크의 파워.	없음.	IIT 졸업생 네트워크를 활용하자.
나는 얼리 어댑터다	새로운 기술과 도구 배우기를 좋아한다.	미국 소비자와 눈높이가 안 맞을 수 있다.	새로운 기술을 선도하는 제품 만드는 곳을 찾자.
나는 논리적이다	논리 기반 시스템과 프레임워크 만드는 일을 잘하고 좋아한다.	심미성(aesthetic) 어필은 내 경쟁력이 아니다.	복잡한 문제(시스템, 신기술 등)를 풀어내는 일이 적합하다.
기타	좋아하는 분야 – 주 타깃 고객층에 내가 속한 제품 – 새로운 분야라서 정답이 없는 제품 – 사람을 관찰하는 일 – 손으로 만져지는 실체가 있는 제품	관심이 없거나 어려운 분야 – 교통수단(차, 비행기 등) – 경제 관련(보험, 은행 등) – 서비스(문화와 사회에 대한 깊은 이해 필요) – 어린이나 노년층 대상 (간접 경험이 가진 이해의 한계)	

모토로라 일은 나와 꽤 잘 맞았다. 나뿐 아니라 모토로라 디자인팀에 있던 한국 직원 모두 일을 잘한다고 인정을 받았다. 그 당시는 구글의 안드로이드나 애플의 iOS와 같은 완성도 높은 플랫폼이 없고 제조사에서 각 통신사 요구 사항에 맞춰 납품을 하던 시절이다. 그러다 보니 국가별, 통신사별, 모델별 사양이 다양하고 복잡했다. 한국 사람들은 기본적으로 암기 훈련이 잘 되어 있다. 뭐든 빠르게 처리하고 대체적으로 성실하다. 그리고 실수하지 않으려고 꼼꼼히 체크한다. 왜냐고? 우린 실수하면 혼나면서 배웠으니까.

나는 통신사별 디자인 사양과 모델별 기능을 대부분 외우고 있었다. 다른 디자이너들은 요구 사항이 들어오면 디자인 사양을 일일이 찾아서 어떻게 된 건지 알아보느라 문제 해결에 시간이 오래 걸리는데, 나는 모든 사양을 머릿속에 넣어 둔 덕분에 누구보다 빠르고 정확하게 일을 처리했다. 미국 매니저는 그런 나를 신기해했다.

어느 날 매니저 한 사람이 퇴사하면서 공석이 생겼다. 나는 부서장을 찾아가 나에게 맡겨 달라고 말했다. 내가 왜 이 자리에 적임자인지, 당신이 왜 나를 지금 이 자리에 앉혀야 하는지, 그리고 이 자리에 앉을 사람이 어떤 걸 커버해야 하는지 설명했다 (와, 엄청 긴장했다. 미리 대본을 써서 연습하고 달달 외웠지만 그래도 심장이 쿵쾅쿵쾅). 부서장이 생각해 보겠다고 하더니 며칠 후 내가 신임 매니저로 발표되었다. 미국에서 첫 매니저가 되는 순간이었다.

매니저가 되어 보니 '우는 아이 떡 하나 더 준다'라는 말의 의미를 알 것 같았다. 매니저는 독심술사가 아니다. 내가 회사나 상사에게 원하는 게 있으면 말을 해야 한다. 훗날 한국 회사에서 일할 때의 경험이다. 남자 직원들은 승진 연차가 되면 매니저를 찾아와 자신을 어필하고 무엇이 필요한지 물어보는 경우가 많았다. 하지만 같은 기간에 승진을 어필하러 찾아온 여자 직원은 한 사람도 없었다.

매니저와 면담을 하고 승진을 요구하는 건 꼼수가 아니다. 얼마나 자신의 커리어에 진지하고 절박한가의 문제다. 성과를 내려면 성과가 나는 과제를 할당받는 게 중요하다. 매니저가 나 대신 일을 해 줄 수는 없지만 성과를 낼 만한 과제를 할당해 줄 수는 있다. 무엇보다 승진이 아쉬운 건 나다. 매니저가 아니라. 그러니까 끙끙 앓지 말고 내 밥그릇은 내가 챙기자. 내 밥그릇은 소중하니까.

재테크보다 더 중요한
잡테크의 원칙들

하는 일이 성과를 내지 못해 사기가 저하되거나 계속되는 실패로 동기 부여가 안 되거나 퇴사할 엄두는 나지 않지만 새로운 도전이 필요하다면, 딴짓을 해 보라고 권하고 싶다. 자신의 아이디어로 특허를 내거나 대학에서 특강을 하거나 학회에서 발표를 하는 등의 딴짓으로도 구멍 나고 허한 마음이 채워질 가능성이 크다. 우리에게 필요한 건 존재감이니까.

2004년 출시된 모토로라의 레이저 폰이 공전의 히트를 쳤다. 10퍼센트까지 떨어진 모토로라의 시장 점유율이 레이저 폰 성공으로 22퍼센트까지 올랐다. 그 후 모토로라는 레이저 후속으로 온갖 종류의 파생 모델을 쏟아 냈다. 컬러와 재질만 바꿔서 유사 모델을 출시했고, 디자인 형태도 레이저를 크게 벗어나지 않은 비슷비슷한 모델들을 만들었다. 제품이 히트를 치자, 거래 통신사가 크게 늘고 주문도 폭주했다. 그에 따라 소프트웨어도 더 많은 버전이 만들어졌다. 그러자 디자이너의 일이 새로운 디자인보다는 들어오는 요구 사항에 맞춰 납품하는 데 초점이 맞춰졌다. 기존의 복잡한 소프트웨어 때문에 개선 작업도 점점 어려워졌다. 미래를 준비하지 않고 하루살이처럼 사는 기업은 내리막길을 걸을 수밖에 없다.

그즈음 드디어 남편의 박사 학위 논문이 통과됐다. 남편은 샌디에이고에 있는 대학 연구소로부터 포닥 제안을 받았다. 나도 모토로라를 떠날 때가 된 듯했다. 그날 밤 바로 인터넷에 들어가 구인 공고를 검색했다. 샌디에이고에 본사가 있는 퀄컴에서 디자이너를 뽑는다는 공고가 눈에 띄었다.

'그래, 이거다.'

총 열 번의 이직 중 아무 연고 없이 구인 공고를 보고 지원해서 합격한 적이 두 번 있는데, 한 번은 첫 직장이던 디지틀조선일보이고, 다른 하나는 바로 이때의 퀄컴이었다.

나는 퀄컴에서 이주 지원을 약속받고 2007년, 9년간의 시카고 생활을 마무리한 뒤 샌디에이고로 이사를 했다. 이후 들려오는 모토로라 소식은 참담했다. 2008년 3000명 해고, 2009년 4000명 해고. 어쩌다 보니 침몰 직전에 빠져나온 셈인데, 안 좋은 소식들이 들려올 때마다 미안하고 안타까운 마음이 들었다.

컴퓨터에서 모바일로 산업의 축이 이동하면서 퀄컴의 특허 로열티에도 날개가 달렸다. 삼성전자, 화웨이, 애플, 미디어텍 등 이동 통신 반도체 제조업체들은 퀄컴의 특허가 없으면 칩을 만들 수가 없다. 특허는 독점적인데, 특허 로열티는 해당 특허 기간에 아무것도 하지 않아도 계속 돈이 들어오는 황금알을 낳는 거위 같은 것이다. 나도 퀄컴을 다니면서 등록한 특허를 몇 개 가지고 있다. 아이디어만 있으면 회사의 특허지원팀이 제반 과정을 돕는다. 이것은 개개인의 부담을 덜고 회사의 지식 재산권(IP:Intellectual Property)을 확보하는 좋은 투자라고 생각한다. 특허를 내는 과정이 귀찮고 복잡하기 때문에 회사의 특허 장려와 지원이 없었다면 나 또한 하지 않았을 것이다.

'일과 삶의 균형(워라벨)'으로 보자면 퀄컴은 천국이었다. 지금은 어떤지 모르겠지만, 내가 근무하던 시절엔 대부분의 직원이 각자 문이 달린 개인 사무실에서 일했다. 디자인팀의 주 역할은 미래를 예측하는 시나리오 연구, 콘셉트 개발, 고성능 칩이 필요한 기능을 구현한 시제품, 새로운 기회 영역 발굴 등이었다. 말하자면 디자인 연구소 같은 역할이었다. 그러다 보니 정해진 데드라인(출시일)이 없는 경우가 많고, 퀄리티에 대한 압박도 심하지 않았다. 나는 적당히 일했는데도 의도치 않게 팀에서 항상 제일 열심히 일하는 직원이었다. 보통 오후 4시 정도면 다들 퇴근하기 시작했는데, 가끔 일을 마무리하기 위해 6시 정도까지 남아 있으면 늦은 퇴근을 하던 동료가 "Go home, don't kill yourself!(집에 가, 그러다 쓰러져!)" 하며 걱정스러운 눈빛을 보내오곤 했다.

물론 모든 퀄컴 직원이 이런 '등 따시고 배부른' 회사 생활을 한 것은 아니다. 샌디에이고에서 새로 사귄 친구가 남편이 일 때문에 야근이 잦아 아예 회사에 슬리핑백을 놓고 자기도 한다는 푸념을 듣고, 그게 대체 어떤 회사냐고 물어보지도 못하고 속으로 '악덕 기업에 다니면서 고생을 하나 보다'라고 생각했다. 나중에 알고 보니 친구 남편은 퀄컴의 엔지니어였다. 나와는 전혀 다르게 일을 하고 있던 것이었다.

나는 퀄컴에서 내 커리어의 방향을 결정하는 매우 중요한 두 가지 경험을 쌓았다. 하나는 플랫폼과 에코시스템의 경험이고, 다른 하나는 증강 현실 디자인 경험이다.

퀄컴은 스마트폰 이전의 피처폰에서 사용하던 BREW(Binary Runtime Environment for Wireless)라는 모바일 앱 개발 플랫폼을 만들어서 운영했는데, 나는 BREW를 이용해서 만든 모바일 앱 생태계 전반에 필요한 시스템을 맡아서 디자인했다. 앱 스토어 앱 개발자가 사용하는 개발자 포털 사이트는 앱을 등록하면서 가격을 책정하고, 프로모션을 설계하고, 앱의 통계 정보 등을 보는 시스템이다. 앱 스토어 상품 관리 시스템(Catalog Management System)은 각 통신사가 어떤 앱을 프로모션으로 올리고 상품 목록을 어떻게 구성할지를 관리하고 운영하는 것이다. 모바일 콘텐츠가 생태계 내에서 어떤 참여자들을 거쳐서 사용자에게 전달되는지, 그 과정에서 각 참여자는 어떤 역할을 하고 어떻게 상생하는지를 배우는 좋은 경험이었다.

이 프로젝트는 2년간 쏟아부은 정성이 무색하게 취소되어 버렸다. 세상이 이미 스마트폰 시대로 넘어가 버렸기 때문이다. 하지만 프로젝트의 성패는 그다지 중요하지 않았다. 2년간 노력의 결과물이 세상으로 나가 보지도 못하고 사라져 버려 아무에게도 보여 줄 수 없다는 건 좀 아쉽지만, 그 2년 동안 나는 '판(플랫폼과 생태계)'을 경험했고, 그 경험은 향후 경력의 발전과 퍼스널 브랜딩에 핵심적인 발판이 되었다. 세상 모든 일에는 좋은 일과 나쁜 일이 함께 들어 있다. 내가 무엇을 보고 무엇을 받아들이느냐가 차이를 만든다.

프로젝트가 취소된 후 나는 바로 뷰포리아팀에 조인했다. 뷰포리아(Vuforia)는 퀄컴이 만든 증강 현실 솔루션 패키지다. 증강 현실 모바일 앱을 만드는 개발자들에게 소프트웨어 개발 도구(SDK)를 제공하고, 개발자 사이트를 통해 증강 현실 앱 디자인 가이드라인이나 개발 방법, 클라우드 솔루션을 함께 제공하는 서비스다. 나는 뷰포리아의 전체 디자인을 맡아서 진행했다. 이때 처음으로 스크린 밖 사용자 경험에 대한 고민을 하기 시작했다.

그동안 내가 한 디자인은 대부분 스크린을 어떻게 설계할 것인지가 메인이었다. 스크린에서 보이는 정보의 레이아웃, 동작 버튼들, 메뉴명, 상호 작용 구조 등을 어떻게 하면 사용자가 사용하기 쉽게 만드느냐가 주요 과제였다. 그런데 증강 현실은 말 그대로 컴퓨터 비전 기술을 활용해 현실에 디지털 가상 정보를 증강시켜 보여 주는 기술이기 때문에 사람과 기기, 사용하는 환경이나 대상 간의 상호 관계가 디자인의 핵심이 된다. 처음 경험해 보는 새로운 분야가 매우 흥미로웠다. 다양한 실험과 연구와 리서치를 통해 쌓은 노하우로 디자인 가이드라인을 만들어서 공유하고, 제작 참고용 앱들도 만들어 냈다.

생태계 참여자에게 판을 제공하고 그들이 참여해 만들어 낸 결과물을 통해 우리가 다시 배우고 발전하는 시너지의 힘이 좋았다. '모두 함께 배우고, 놀고, 만들자(Learn, Play, Build Together)' 정신이 역동적인 흐름으로 이어졌다. 다 같이 동지가 되어 서로 실패담을 나누고 노하우를 공유하는 신생 판, 정해진 룰이 없고 발자국 없는 이런 땅이 나는 좋다. 노다지는 원래 인적이 드문 곳에서 나오는 법이다. 이런 새로운 분야의 장점은 실패가 자산이라는 것이다. 또한 작은 발견이나 성공조차 다른 이들에게는 등불 같은 지표가 되기에 해당 분야에서 입지를 만들기가 상대적으로 쉽다.

나는 콘퍼런스(학회) 발표를 계획했다. 학계와 업계가 만나는 콘퍼런스는 회사 외 네트워크를 확장하기에 좋은 기회다. 회사 지원을 받아 여행 아닌 여행을 할 수 있고, 현업 실무진을 대상으로 하는 발표는 또 다른 도전의 기회가 된다. 학회에는 논문 제출, 강연, 강의, 워크숍, 사례 발표, 패널 토의와 같은 여러 종류의 기회가 있으니 본인에게 맞는 걸 노리면 된다. 나는 실전에서 배운 노하우를 나누자는 생각으로 사례 발표와 패널 토의에 주로 지원했다. 미국 콘퍼런스들은 보통 5~7개월 전에 참여자 신청을 받고 신청 시에는 간략한 개요만 제안하면 되기 때문에 준비도 크게 필요하지 않다. 여러 군데 같은 내용으로 신청해 놓고 기다리면 된다. 되면 좋고 안 돼도 상관없는 일이다. (앞에서 '공 던지기'에 관한 이야기를 했듯이, 콘퍼런스 발표자 지원은 대개 그다음 해를 위해 미리 공을 던져 두는 것이다. 미래의 게으른 나에게 미리 트랩을 걸어 놓는 것이다.)

나는 2013년 6월 샌프란시스코에서 열리는 '증강 현실 엑스포 콘퍼런스'에서 사례 발표 세션의 발표자로 선정되었다. 막상 선정되고 나니 아뿔싸 싶었지만, 이 또한 지나간다는 걸 그간의 경험으로 알고 있었다. 준비할 시간은 충분했다. 콘텐츠를 구상해 보니 한국에서 열리는 학회도 좋을 듯했다. 한국 학회들은 미국과 달리 행사에 임박해서 신청을 받는다. 그래서 2013년 2월에 열리는 인간과 컴퓨터 상호 작용(HCI Korea) 콘퍼런스에 사례 발표자로 지원했더니 선정이 되었다. 보통 발표자로 선정되면 회사에 경비(항공권과 숙박 등) 지원을 요청하기가 훨씬 수월해진다. 그래서 나는 회사의 지원을 받아 한국을 방문하는 일타쌍피의 호사를 누릴 수 있었다.

많은 사람이 지레 겁을 먹거나 과하게 걱정을 한다. 학문적인 연구 실적을 쌓아야 하는 사람이 아닌 다음에야 직장인이 콘퍼런스에 발표 지원을 했다가 떨어진들 무슨 해가 있겠는가. 덜컥 발표자로 선정되더라도 그때부터 준비하면 된다. 설령 발표를 망쳤다 한들, 내 발표를 두고두고 가슴에 새겨 기억할 사람은 아무도 없다. 그러나 콘퍼런스 발표자로 선정되면 이력서를 두고두고 빛낼 경력이 된다. 발표자로 만나는 사람들은 일반 참여자와 다르게 네트워크 기회가 풍부하다. 또한 많은 경우 회사의 경비 지원을 받을 수 있고, 회사 내에서 전문성의 신뢰도를 쌓는 데도 도움이 된다. 그러니까 발표는 퀄리티가 핵심이 아니다. 발표를 했다는 그 행위가 나를 한 단계 성장시킨다. 요즘 시대엔 지성이면 감천이 아니라, 지성이면 황천이다. 정화수 떠놓고 비는 거 그만하고 행동으로 옮기자.

1977년 록 밴드 산울림으로 데뷔해 40년 넘게 가수로, 배우로, DJ로, 작가로 활동하고 있는 김창완은 여러 분야의 사람들이 꾸준히 당신을 찾는 비결이 뭐냐는 질문에 이렇게 답했다.

"사람들이 잘 모르는 게 있어요. 저는 사람들이 있는 데 가서 있었어요. 사람들이 저를 찾은 게 아니라, 제가 사람들을 찾아다닌 거예요. 농담 같지만 진짜예요. 저를 누가 찾아요. 눈에 띄는 데 있었던 거죠."

대한민국 국민이라면 그를 모르는 이가 없을 정도로 유명하고 오랫동안 현역으로 활동하고 있는데, 여전히 사람들을 찾아다닌다는 것이다. 이분도 그럴진대, 가만히 앉아서 나를 찾아주길 기다리는 건 그냥 망부석이 되겠다는 뜻이다.

재테크의 기본은 분산 투자와 장기 투자다. 혹시 재테크에서 복리의 기적을 경험해 본 적이 있다면, 꾸준히 조금씩 장기 투자로 돈이 불어나는 기쁨을 알 것이다. 투자의 시드머니를 안전하게 모은다고 오랜 기간 은행 예금으로 모아서 한꺼번에 투자하면 위험성이 커진다. 그리고 실패했을 때 크게 좌절할 수밖에 없다. 투자 전문가가 아닌 우리 같은 일반인은 투자를 분산하고 꾸준히 복리를 겨냥한 장기 투자가 안전한 재테크 기술이다.

경력을 관리하고 발전시켜 나가는 잡테크(Job Tech)도 마찬가지다. 준비 기간이 길면 길수록, 내가 투자한 노력이 많으면 많을수록 실패했을 때 오는 상처와 실망이 클 수밖에 없다. 그러니 준비하는 시간과 노력을 최대한 가볍게 하고(안 될지도 모르는 일에 내 시간과 노력을 과도하게 들이는 건 잘못된 투자다) 작은 일을 해 나가면, 그것들이 복리처럼 쌓여서 튼튼한 실력과 내공의 깊이를 만들어 낸다. 내가 오랫동안 준비한들 준비 자체는 다른 이들에게 전혀 상품 가치가 없다. 잡테크에서 상품 가치는 내 행적이 잡통장에 찍힐 때 만들어지는 것이다. 준비가 돼서 지원하는 게 아니라, 지원하고 준비하는 거다. 순서를 헷갈리지 말자. 이것이 잡테크 제1법칙이다.

내가 구글과 아마존을
동시에 지원한 이유

매년 12월이 되면 하는 일이 있다. 그해의 주요 성과를 정리해서 이력서 업데이트하기, 지인들에게 안부 인사 메시지 보내기, 2년 후, 5년 후, 10년 후를 상상해 보고 해야 할 일 점검하기.

2017년 연말이 다가오자 생각이 많아졌다. 내 나이는 40대 중반이고, 잘 버티면 5년 정도 더 디자인 실무를 할 수 있을 것 같았다. 하지만 그런다 한들 그 뒤가 그려지지 않았다. 나는 예순 살까지 실무 디자이너로 일하다가 은퇴하고 싶은데 한국에서는 쉽지 않아 보였다. 아이들은 초등학교 고학년으로 올라가면서 학교 수업이 학원 없이는 따라가기가 점점 벅찬 레벨이 되고 있었다. 미국이라면 곧 중학교에 입학해야 하는 나이였다. 여러모로 변화가 필요한 시점이었다.

미국에 있는 친구들에게 안부 메시지와 함께 미국으로 돌아갈 기회를 알아보려 한다는 이야기를 전했다. 대학원 시절에 만나 모토로라와 삼성까지 함께 다니면서 친하게 지낸 미국 친구가 구글에 다니고 있었는데, 내 메시지를 받고는 구글 인사팀에 나를 소개해 주었다.

"Hey Eunjoo, you should join Google!(헤이 은주, 구글에서 일해 봐!)"

얼마 지나지 않아 구글 채용 담당자와 전화 면접이 잡혔다. 면접이라기보다는 어떻게 하면 채용을 성사시킬지가 담당자의 목표라는 게 느껴졌다. 그도 그럴 것이 나는 마이크로소프트-모토로라-퀄컴-삼성 등 굵직한 글로벌 회사에서 쌓은 22년간의 실무 경력과 삼성전자의 웨어러블 제품으로 다수의 디자인상을 수상하고 업계 핵심 인물로 선정된 바 있는 '증명된' 이력, 증강 현실과 웨어러블 분야의 디스럽터(Disruptor:기존의 룰을 깨고 성공하는 사람)라는 이미지 등으로 IT 기업들이 보기에 탐나는 경력을 가지고 있었다. 게다가, 나중에 알게 된 사실인데, 나를 추천한 친구가 나를 추천하는 보고서에 최고의 찬사를 적어서 당장 데려와야 하는 인재로 보였다고 한다.

나는 채용 담당자에게 세 가지 조건에 맞는 기회가 있다면 이직을 고려해 보겠다고 말했다. 내가 가진 물건에 자신이 있을 때는 우아하게 기선을 제압하는 게 세일즈의 기술이다.

첫째, 흰 도화지, 즉 새로운 분야를 원한다.

둘째, 플랫폼과 생태계. 참여자들이 와서 함께 만들고 놀 수 있는 '판'을 만들고 싶다.

셋째, 하드웨어 인터랙션. 일상생활에서 일반 소비자가 사용하는 물리적 제품 경험을 원한다.

나는 내가 해 온 일들이 이 세 가지 조건을 만족하는 것이었고, 내가 왜 이 일을 계속하고 싶어 하는지에 관해서도 설명했다. 담당자는 신중하게 들은 뒤 나에게 구글에 지인이 더 있는지 물었다. 회사 내에 추천해 줄 사람이 많으면 합격 확률이 훨씬 올라가기 때문이라고 했다. 나는 추천을 부탁하기 위해 구글에 다니는 지인들에게 연락을 했다. 몇 년 동안 소식이 없다가 오랜만에 연락해도 반가워해 주는 친구들이 고마웠다.

그중 한 친구가 몇 년 전에 아마존으로 옮겼다는 소식을 전해 왔다. 그러면서 미국에 다시 올 생각이면 아마존으로 오라며 인사팀에 소개를 해 주겠다는 것이 아닌가. 구직을 할 때 여러 곳에 동시에 합격하면 서로 경쟁이 붙어 여러모로 유리하기 때문에 가능하다면 동시에 여러 군데에 지원하는 것은 항상 추천되는 방식이다. 그렇게 해서 나는 예정에 없던 구글과 아마존 지원 과정을 한꺼번에 진행하게 되었다.

주중에는 회사 일로 시간이 나지 않아 주말에 시간을 쪼개 포트폴리오를 정비해서 각 회사에 보냈다. 다행히 삼성전자에서 진행한 프로젝트는 모두 제품으로 출시가 되고 활용 가능한 공개 자료가 많아서 포트폴리오를 만들기가 어렵지 않았다.

구글에서는 미국 실리콘 밸리 본사의 구글 어시스턴트팀(구글의 인공 지능 제품을 만드는 부서)으로부터 만나고 싶다는 연락이 왔다. 아마존에서는 시애틀 본사의 알렉사팀(마찬가지로 아마존의 인공 지능 제품을 만드는 부서)과 캘리포니아 쿠퍼티노의 비밀 프로젝트(아직도 무슨 프로젝트인지 모른다)를 진행 중인 팀에서 만나고 싶다는 연락이 왔다. 각 회사 채용 담당자와 전화 면접을 했고, 얼마 지나지 않아 대면 면접 일정이 잡혔다. 나는 양쪽에 현재 진행 상황을 알려 주었다(서로 경쟁사면 프로세스 일정과 과정을 내가 주도권을 쥐고 끌고 가는 데 도움이 된다). 대면 면접을 위해 구글은 한국-미국 구간의 비행기와 숙박을, 아마존은 캘리포니아 새너제이-시애틀 구간 비행기와 숙박을 지원해 주었다.

모든 일정은 일주일 동안 이루어졌다. 토요일에 한국 출발, 미국 도착, 일요일 시차 적응, 월요일 마운틴뷰 구글 면접(미국의 대면 면접은 하루 종일 진행된다), 화요일 쿠퍼티노 아마존 면접, 수요일 시애틀로 이동, 목요일 시애틀 아마존 면접, 이후 새너제이로 이동, 금요일 새너제이 공항 출발, 토요일 한국 도착. 살인적인 일정이었지만 휴가를 일주일 이상 내는 건 무리였다.

미국의 대면 면접은 보통 1시간 정도의 프레젠테이션으로 시작을 한다. 인천공항을 출발하기 직전까지 이어지는 야근으로 프레젠테이션을 준비할 여유가 없었다. 공항에서부터 초치기 발표 자료 준비를 시작했다. 비행기 안에서도, 호텔에 도착해서도 자료를 수정하고 발표 리허설을 하고 예상 질문과 답변을 준비했다.

구글 프레젠테이션에는 5명이 참석했고 내 발표를 들은 후 질의응답 시간을 가졌다. 그 후 총 6명과 일대일 면접이 이어졌다. 6명 중엔 프로젝트 매니저와 엔지니어도 있었다. 내가 진행한 프로젝트에 대한 질문이 오가기도 하고, 즉흥 문제가 주어지기도 했다. 나는 노트북을 펼쳐 자료를 보여 주기도 하고 화이트보드를 활용해 내용을 설명하기도 했다.

구글 면접이 끝나고 호텔로 돌아왔을 때는 남은 체력이 거의 없었다. 하지만 아마존 면접을 준비해야 했다. 아마존은 구글과는 다른 면접 준비가 필요하기도 했고, 무엇보다 쿠퍼티노팀이 무엇을 하는 팀인지 전혀 모르는 상태여서 감을 잡기가 어려웠다. 화요일에 아마존팀을 만났으나 여전히 무슨 프로젝트를 진행하는 팀인지 알 수 없었다. 다만 매우 중요한 기밀 프로젝트를 준비하고 있다는 것과 자부심이 하늘을 찌를 듯하다는 인상을 받았다. 사실 아마존 쿠퍼티노팀을 만나 보기로 한 이유는 구글 바로 옆 동네에 있고 이직 진행에 도움이 되리라는 생각 때문이었는데, 뭘 하는지도 모르는 팀에는 그다지 흥미가 끌리지 않았다.

시애틀 시내에 자리 잡은 아마존 본사는 매우 매력적이고 활기가 돌았다. 사실 실리콘 밸리의 풍경은 여느 미국 중소 도시 정도의 느낌이다. 세계 최고의 IT 기업들이 모인 첨단 기술의 중심지라는 이미지와는 달라서 처음 방문하는 사람이라면 실망할 정도도. 높은 빌딩도 없고 건물들이 모여 있지도 않은 휑한 풍경이라서 여기가 말로만 듣던 실리콘 밸리인지 의아해진다. 반면, 아마존 본사가 있는 시애틀 중심가는 급성장한 아마존이 새로운 건물을 짓고 기존 건물을 사기도 하면서 아마존의 도시 같은 느낌마저 들었다.

수요일에 도착해 아마존이 실험적으로 운영하는 무인 스토어를 구경했다. 천장에 달린 수백 개의 카메라가 사람들의 움직임을 감지했다. 미래에는 매장 직원은 줄겠지만, 카메라 기술을 개발하는 사람과 기계를 관리하는 사람은 늘어나겠구나 싶었다. 아마존 사무실은 우스갯소리로 '개판'이라고 할 정도로 반려견을 데리고 출근하는 사람이 많았다. 확실히 활기찬 도시가 가진 매력이 있었다(구글 직원 중에도 그런 도시 분위기가 좋아 사무실이 있는 마운틴뷰에서 60킬로미터나 떨어진 샌프란시스코에서 출퇴근하는 사람들이 있다).

아마존에는 잘 알려진 14개의 리더십 원칙이 있다. 아마존 면접에 대해 검색을 해 보니 이 리더십 원칙에 근거한 질문들이 오간다는 후기들이 꽤 있었다. 그런 정보를 바탕으로 준비를 하는데도 막상 각 리더십 항목에 적합한 구체적인 예를 기억 속에서 찾아내고 그걸 조리 있게 설명하기 위한 준비가 만만치 않았다. 아마존도 구글과 마찬가지로 1시간 프레젠테이션으로 시작했고, 이어 5명과 일대일 면접이 진행됐다. 아마존 면접에서 받은 인상은 구글에 비해 좀 더 사무적이고 차도남(차가운 도시 남자)의 느낌이었다.

살인적인 면접 일정을 마치자 긴장이 풀리면서 허기가 찾아왔다. 오랫동안 잠을 제대로 자지 못했고, 일주일 동안 거의 먹지 못하고 커피만 들이부은 상태였기 때문이다. 복귀하는 비행기를 타려고 시애틀 공항에 도착했다. 비행기 출발 시각까지 여유가 있었다. 공항 식당에서 일주일 만에 처음으로 제대로 된

식사를 했다. 그런데 그게 화근이었을까. 비행기가 이륙하고 얼마 지나지 않아 식은땀이 나면서 현기증과 구토 증상이 몰려왔다. 구토증 때문에 화장실을 찾아 좁은 비행기 복도에서 순서를 기다리고 있었는데 그 이후부터 기억이 사라졌다. 정신을 잃고 쓰러진 것이었다. 시간이 얼마나 지났는지는 모르겠다. 정신을 차려 보니 산소 호흡기가 채워져 있고 승무원이 옆에서 열심히 펌프질을 하고 있었다. 다행히 승객 중 간호사가 있어서 내가 정신을 차리자 이런저런 질문을 하면서 내 상태를 살폈다. 가슴을 쓸어내렸다. '아, 사람이 이렇게 갑자기 죽을 수도 있겠구나' 싶은 공포. 다음 날, 장시간의 한국행 비행기를 타는 게 무서웠지만 월요일 출근을 위해서는 어쩔 수 없었다.

면접을 하고 돌아오니 일이 손에 잡히지 않았다. 처음 시작할 때는 '돼도 그만, 안 돼도 그만'이라는 생각이었는데, 장장 4개월 동안 진행된 채용 과정을 거치고 최종 대면 면접까지 마치자 옮겨야겠다는 확신이 섰다. 구글은 모든 채용 과정이 위원회 시스템으로 진행된다. 위원회가 의견을 조율하고 의사 결정을 내리는 데 시간이 오래 걸리기로 유명한 회사다. 지원자 입장에서는 이 과정에서 매우 진이 빠진다. 이때 속도를 올리는 가장 좋은 방법은 바로 경쟁사를 활용하는 것이다. 빨리 결정을 내리지 않으면 경쟁사로 가 버릴 거라는 일종의 긴장감을 주면 진행 속도가 빨라지기도 하고, 무엇보다 남이 탐내는 물건은 나도 탐이 나는 효과를 주기 때문에 협상에 유리한 칼자루를 쥐게 된다.

이직 프로젝트를 시작한 지 5개월이 지난 2018년 5월, 마침내 구글 입사가 결정되었다. 미국 캘리포니아 마운틴뷰 구글 어시스턴트 UX 수석 디자이너. 또다시 새로운 분야에 뛰어들어 우왕좌왕 난장판의 소용돌이를 지날 게 뻔히 보였지만, 그래도 가슴 뛰는 도전이었다. 40대 중반에 드디어 실리콘 밸리 중심부, 구글에 입성하는 순간이었다.

1998년 처음 미국 땅을 밟은 스물일곱 살의 나는 어리바리했는데, 2018년 두 번째 미국으로 떠나는 마흔일곱 살의 나는 용감했다. 결혼 후 처음으로 내가 선택하고 내가 끌고 가는 결정이었다. 20대의 나는 오롯이 나를 책임지는 어른이 되려고 했는데, 40대의 나는 식구를 책임지는 어른이 되어 있었다.

'취업하려면 대학원이 필수인가요?'라는
질문에 내가 늘 하는 대답

'대학원이 취업에 필수인가요?'라는 질문을 자주 받는데, 내 대답은 'No'다. 지금은 그 어느 때보다 개개인의 능력이 중요한 시대다. 학교 졸업장이 밥 먹여 주던 시대는 지났다. 물론 지원 요건에 '석사 학위 소유자'라는 항목이 있다면 당연히 고려해야겠지만, 단지 이력서에 한 줄 보태려는 게 목적이라면 무모한 투자라고 생각한다.

나에게 미국 대학원 기간이 커리어에 자양분이 된 것은 다음과 같은 이유 때문이었다.

첫째, 네트워크. 대학원에서 쌓은 인맥이 경력을 발전시켜 나가는 데 큰 도움이 되었다. 모토로라와 구글 지원 시 대학원 때 인연을 맺은 친구의 도움을 받았다.

둘째, 전문성 키우기. 석사를 영어로 'master'라고 한다. 석사 과정은 단어의 뜻처럼 어떤 것을 마스터하기 위해 가는 것이다. 그래서 내가 부족한 부분이 무엇인지, 대학원 과정을 통해 무엇을 채우고 싶은지, 그것이 앞으로 커리어에 어떻게 쓰일지 목표가 뚜렷해야 한다. 나는 세 가지를 채우고 싶었는데, 비즈니스 전문성, 인간에 대한 이해(인간 공학, 인지 심리학), 디자인 커뮤니케이션 능력이었다. 한국에서 3년 동안 일하며 고구마 먹은 듯 답답하던 부분에 대한 해답을 찾고 싶었다.

셋째, 미국 사회 정착. 학생 비자(F1)로 재학 중에 1~2년 제한된 기간에 취업 허가를 받을 수 있다. 외국인 직원을 고용하려면 취업 비자(H1) 보증의 부담을 안아야 하는 기업 입장에서는 보증 없이 고용할 수 있기 때문에 부담이 훨씬 덜하다.

내가 입학한 IIT 디자인 대학원(Institute of Design)은 체계적인 인간 중심 디자인을 교육하는 곳이다. 예술과 기술의 통합을 목표로 1919년 독일에서 설립되었다가 1933년 나치에 의해 해체된 예술 학교 바우하우스의 정신을 이어 가고자 1937년 10월 모호이너지가 시카고에 뉴바우하우스라는 이름으로 설립했다. 모호이너지가 작고한 후 1952년 IIT에 편입되었다. 한마디로 바우하우스 디자인 철학과 정신을 잇는, 역사와 전통을 자랑하는 명문 디자인 대학원이다. 학교의 목표가 디자인을 깊이 연구하고 산업 사회의 디자인 리더들을 배출해 내는 데 있기 때문에 학사 과정 없이 석박사 과정만 있다.

학교의 명성답게 밤을 새워도 따라가기가 벅찼다. 전체 이수 학점을 채우려면 적어도 한 학기에 12~13과목을 들어야 했고,

필수 기본 과목인 온갖 비즈니스 수업은 머리를 팽팽 돌게 했다. 비즈니스 케이스 스터디와 기획 방법론은 따라가기 힘들었고, 디자인 콘셉트를 제출하면 투자는 어디서 끌어올 거냐는 질문에 답을 해야 했다. 매 수업 시간에 발표를 시키던 교수님이 있었는데, 커다란 타이머를 항상 들고 왔다. 발표 시간은 늘 3분이었다. 3분 안에 설득할 수 없는 아이디어는 갖다 버리라는 게 교수님 이야기였다.

가장 어려운 건 팀 작업이었다. 개인 작업은 망치더라도 나 혼자 망하면 되는데, 팀 작업은 팀에 민폐가 되면 안 된다는 생각 때문에 악착같이 보조를 맞추었다. 그중 나에게 문화 충격으로 다가온 부분은 팀원 평가였다. 기말 과제가 끝난 후 교수님이 팀원들 평가를 하라며 평가서를 돌렸다. 거기엔 다음과 같은 문항이 있었다.

'당신이 기업 대표라면 A를 채용하겠는가?'

'팀 프로젝트로 10만 달러를 벌었다면 멤버들에게 얼마씩 나누어 주겠는가?'

식은땀이 흘렀다. 작업 내내 버벅대던 나를 과연 몇 명이나 채용하겠다고 할지 자신이 없었기 때문이다. 작업 과정을 구체적으로 돌아보며 금액 분배를 고민하다 보니 각 멤버의 기여도에 대해 더 실체적으로 생각할 수밖에 없었다. 이렇게 냉정하게 평가가 이루어진다는 점이 매우 놀랍고 충격적이었다.

미국 대학교는 여름 방학이 3개월이다. 많은 학생이 3개월 동안 일을 해서 돈을 번다. 그중 돈을 가장 많이 주는 좋은 일자리는 단연 대기업 인턴 자리다. 나 또한 일을 해서 등록금을 마련해야 했다. 그런데 문제가 생겼다. 외국인 학생 비자로 학교 밖에서 취업을 하려면 CPT(Curricular Practical Training:교육 과정 중 실무 경험을 학업의 연장으로 인정해 주는 비자)라는 일종의 취업 허가를 받아야 하는데, 학생 비자로 1년이 지난 사람에게만 신청 자격이 있었다. 나는 고작 한 학기를 끝내고 맞는 여름 방학이었기 때문에 해당이 안 됐다.

3개월 동안 아무것도 하지 못하고 시간만 보내게 되어 난감하던 차에《비주얼 랭귀지》라는 디자인 연간지 편집장을 맡고 있던 샤론 교수님이 여름 방학 동안 2000년 호 편집 디자인을 해줄 프리랜서 디자이너를 찾고 있다는 소식을 들었다. 절호의 기회였다. 학생 비자로 학교에서 일을 하는 건 특별한 허가 없이도 가능했기 때문이다. 나는 얼른 대학 시절 디자인들을 꺼내 편집 디자인에 어울리는 포트폴리오를 만들어 교수님을 찾아가서 내가 하겠노라고 했다. 그렇게 대학원 첫 학기 여름 방학 3개월을 학교로 출근하며 파트타임 계약직 디자이너로 돈을 벌 수 있었다.

나의 필요를 소문내면 의외로 주변에서 도와주는 사람들이 나타난다. 혼자 끙끙 앓으면 병난다. 말이라도 해 보자.

방학 기간 중 학교로 매일 출근하면서 친해진 사람이 있었다. 학교 시스템을 관리하는 IT 매니저 알런이었다. 성격이 까칠하고 퉁명스러워서 학생 대부분 알런을 어려워했다. 텅 빈 학교에서 매일 얼굴을 보고 인사를 하니 자연스럽게 친해졌다. 어느 날 커피를 마시며 학교 인트라넷(사내 시스템)이 너무 오래되고 사용하기가 불편하다는 이야기를 했는데, 알런은 그러잖아도 업데이트가 필요한 시점이었다며 나에게 디자인을 해 보라고 제안했다. 그리하여 나는 샤론 교수님의 연간지 편집 디자인을 돕는 일과 학교 인트라넷 시스템을 개편하는 두 가지 일을 동시에 하게 되었다. 학교 풀타임 잡이다. 이게 웬 떡! 학교 인트라넷은 소소하게 업데이트가 필요한 일들이 생겨서 학기중에도 그때그때 일을 하고 돈을 받았다.

2001년 두 번째 여름 방학 때는 CPT 자격이 생겨 미국 기업에 지원할 수 있었다. 그 당시 IIT 디자인 대학원생을 채용하기 위해 여러 회사가 캠퍼스를 방문했다. 나는 수업 과제를 후원한 제너럴모터스와 시카고 근교에 본사가 있는 맥도날드로부터 여름 인턴 오퍼를 받아 놓은 상태였다. 그런데 내가 정작 가고 싶은 곳은 마이크로소프트였다.

캠퍼스 방문 채용 행사에서 마이크로소프트 담당자와 면접을 본 후 나는 작은 포트폴리오 책자를 전해 주었다. 그 당시는 이미 인터넷이 보편화되어 대부분 이력서에 포트폴리오 웹 주소를 적어 두는 것으로 충분하다고 생각했다. 그런데 내 생각은 달랐다. 면접관은 여러 학생과 면접을 했을 텐데, 조금이라도 나를 더 기억하게 하는 방법이 무엇일까를 고민했다. 가방을 챙기거나 짐을 풀다가 포트폴리오 책자가 눈에 띈다면 나에 대한 기억을 되살리지 않을까? 혹시 귀찮아서 책자를 버린다 한들 손해 볼 건 없는 일이었다. 나의 인생철학, '아님 말고'의 태도.

며칠 후 나는 마이크로소프트 시애틀 본사로부터 여름 인턴 채용 제안을 받았다. 합격이다! 인턴인데도 보수와 혜택이 좋았다. 2001년 당시 월급이 3500달러였고, 이주 비용(가족 포함)과 호텔, 차량, 의료 보험 등이 제공되었다.

그리하여 나는 당당히 내 힘으로 마련한 등록금으로 대학원을 졸업할 수 있었다. 부족한 생활비 충당을 위해 신문 배달이며 한글 학교 선생이며 N잡러가 되어야 했지만, 내 삶을 책임지기 위해 기꺼이 N잡러가 되어 살아 내는 나 자신이 대견하고 자랑스러웠다.

기업들이 일 잘하는 사람보다
태도 좋은 사람을 찾는 이유

현재 다니고 있는 구글은 정직원으로는 일곱 번째 직장이고, 인턴과 계약직을 포함하면 열한 번째 직장이다. 짧게는 마이크로소프트의 석 달 인턴부터 길게는 퀄컴의 5년 9개월까지, 6년 이상 같은 직장을 다닌 적이 없는, 어쩌다 보니 자발적 프로 이직러가 되었다. 그런데 실리콘 밸리에 와 보니 이곳은 나보다 훨씬 짧은 평균 근속 기간의 인력이 넘친다. 3년 넘게 다닌 직장은 오래 다닌 축에 속하고, 1~2년이 평균이다. 실제로 구글 디자이너의 평균 근속 연수는 채 3년이 되지 않는다고 한다.

나는 이것이 미국 기업과 고급 인력들이 경쟁력을 지니게 된 큰 원동력이라고 생각한다. 기업과 직원은 남녀의 썸 타는 관계처럼 밀당과 유혹의 긴장선을 탄다. 기업은 훌륭한 인재가 오고 싶고 머물고 싶은 환경을 만들기 위해 끊임없이 노력한다. 기업들이 직원들에게 충성심을 바라고 '우리가 남이가'를 기대하면 직원들은 가차 없이 굿바이를 날리고 이별을 통보한다. 기업들 역시 인력을 정리할 때는 인정사정없다. 정리 해고는 회사가 어려워졌을 때 비용 절감을 위해 가장 먼저 쓰는 방법이다. 어려울 때뿐만 아니라 인력 순환을 위해 수시로 단행하기도 한다. 미국 기업이 하위 고과자 10퍼센트를 해고하는 일은 흔하게 볼 수 있고, 산업의 변화로 더 이상 필요 없어진 인력은 피도 눈물도 없이 칼같이 정리된다. 그러다 보니 직원들은 해고를 당하지 않기 위해, 혹은 더 좋은 조건으로 회사를 옮기기 위해 늘 채용 시장에서 본인 경쟁력을 높이기 위해 노력한다. 아니, 살아남기 위해 노력한다고 하는 게 더 맞는 말 같다.

2019년 구글에 접수된 이력서는 무려 330만 통이라고 한다. 그중 대략 1퍼센트가 합격한다. 나는 어쩌다 보니 25년 전 신입사원 시절부터 채용관으로 인력 채용에 참여했다. 그 후 모토로라, 퀄컴, 삼성전자, 구글까지 프로 이직러이자 프로 채용관으로 쌓은 경력이 어느새 25년이 되었다. 돗자리를 깔고 풍월을 읊을 정도는 될 성싶다. 그간의 이직과 채용의 경험을 정리해 보려고 한다. 단, 나라와 기업마다 문화와 시스템이 다르니 감안하고 봐 주시길.

추천 또는 소개

구직 시 첫 관문의 프리 패스가 될 수 있는 게 바로 추천(Referral)이다. 추천은 낙하산과는 엄연히 개념이 다르다. 오롯이 나의 인격과 실력의 소산이다. 열한 번의 이직을 돌이켜 보면 채용 공고를 보고 연고 없이 지원해서 합격한 경우 2건, 캠퍼스 채용(회사가 특정 학교 학생을 채용하기 위해 찾아오는 이벤트) 2건을 제외한 나머지 7건이 모두 지인 추천으로 연결된 곳이다.

이력서와 면접만으로 좋은 인력을 찾아 검증하기란 쉽지 않다. 그럴 때 힘을 발휘하는 것이 같이 일해 본 경험이 있는 사람의 내부 추천이다. 많은 회사가 인재 추천 제도와 추천 보너스를 운영하며 좋은 인력 추천을 장려한다. 그런데 이때 건성으로 하는 추천과 진심으로 하는 추천은 금방 표가 난다.

구글의 경우 인재 추천 시스템이 잘 만들어져 있다. 추천하는 사람이 나의 네트워크 내 상위 몇 프로에 해당하는지 등 내용을 매우 구체적으로 기입하게 되어 있다. 추천 대상자뿐만 아니라 그를 추천하는 사람의 기록도 함께 남는다. 그동안 내가 추천한 사람 중 몇 프로가 실제 합격했고, 어느 단계까지 올라가다 안되었고, 왜 안 되었는지 등의 데이터가 주르륵 나오니, 내 신뢰도에 해가 되지 않도록 추천할 때 신경을 쓸 수밖에 없다.

평판

추천이 내가 나서서 하는 것이라면, 평판 조회(Reference Check)는 채용 절차가 진행 중인 누군가에 관한 의견을 내는 것이다. 지원자라면 지원한 회사에 내가 아는 인맥이 여럿 있을 경우 채용 담당자에게 알려 주는 것도 도움이 된다. 물론 해당 지인에게 인사팀에서 연락이 갈 수도 있음을 미리 알려 주는 것이

기본 매너다. 요즘은 채용 시스템이 워낙 좋아져서 인력 데이터베이스에서 지원자와 같은 회사 근무 기간이 겹치는 사내 인력을 쉽게 찾을 수 있고, 해당 인력에 대한 의견을 시스템에 입력하라고 자동 이메일이 발송되기도 한다. 언제 누가 나에 대한 평가를 요구받을지, 혹은 언제 이런 도움이 필요하게 될지 모를 일이다. 함께 일하는 동료들과 매사 좋은 관계를 유지해야 하는 이유다.

추천사

이 부분이 내가 성공적으로 이직하는 데 얼마나 큰 영향을 미쳤는지는 모르겠다. 하지만 성공률이 꽤 높던 걸 고려한다면, 그리고 채용관의 관점에서 생각해 봐도 시도해 볼 만한 방법이 아닐까 한다.

나는 이력서와 포트폴리오만으로는 10퍼센트 부족하다는 생각이 들었다. 수많은 이력서가 비슷비슷해 보일 테고, 포트폴리오는 자세히 안 볼 것이 뻔하고, 비밀 유지 의무 때문에 공개할 수 없는 내용도 많다. 무엇보다 '내가 제일 잘나가'를 외칠 뻔뻔함이 부족했다. 그리고 기업이 원하는 인성, 팀워크, 리더십과 같은 무형의 역량은 도무지 이력서나 포트폴리오로 보여 줄 수 없는 것 아닌가. 면접의 기회가 온다면 단정한 외모와 상냥한 말솜씨로 어떻게든 연기라도 해 볼 텐데, 서류 전형은 그럴 수도 없다. 이런 제약을 보완할 방법이 없을까 고민하다가 나의 역량을 강조해서 보여 줄 수 있도록 지인들의 추천과 평가를 요약해서 넣는 방법을 생각해 냈다.

경력 초반 개인 웹사이트를 운영하던 시절에는 별도 페이지를 만들어서 동료들의 추천사(Co-Worker Testimonials)를 넣었고, 지금은 비즈니스 전문 SNS인 링크트인(linkedin.com)이 활성화된 덕분에 링크트인의 추천서 기능을 활용한다. 그리고 회사를 다니면서 받은 평가 리뷰 중 나의 역량을 잘 나타내는 문구들을 모아 한 장 분량으로 정리했다(물론 회사의 프로젝트 내용이 공개되지 않도록 주의해야 한다). 온갖 추천 문구를 적어 둔 책 표지나 인플루언서의 말을 내세워 물건을 파는 쇼핑몰의 기법과 유사하다고 생각하면 된다. 남들이 좋다니 좋은 거 아닐까 하며 호기심을 유발하고, 여러 사람이 좋다고 하는 데는 이유가 있겠지 하는 정서적 긍정 효과라고나 할까? 영어가 모국어가 아닌 나에게는 어려운 원어민들의 자연스러운 영어로, 내 입으로 말하기 어려운 오글거리는 표현을 제삼자의 객관적인 시선에서 서술한 추천사를 활용해 이력서와 포트폴리오로는 채워지지 않는 10퍼센트를 채울 수 있었다.

인맥쌓기

주니어 시절엔 밤새 달리는 술자리나 삼삼오오 모여 대화를 나누는 흡연 자리에 끼지 못하는 것에 대한 불안감이 있었다. 나만 모르는 고급 정보라도 오가는 게 아닌지, 아니면 나만 끈끈한(아니, 끈적거리는) 관계를 못 만들고 있는 건 아닌지, 그도 아니면 나라는 사람을 아예 모르는 건 아닌지 등등의 불안감. 그런데 지나고 보니 인맥은 그렇게 만들어지는 것이 아님을 깨달았다. 이익 관계로 만들어진 인맥은 결국 서로의 이익이 사라지면 끝나 버린다.

'착하게 살아야 한다'라는 말을 농담처럼 하곤 하지만, 이게 진짜다. 가장 단단한 인맥을 쌓는 방법은 오늘 하루 최선을 다해 열심히 착하게 사는 것이다. 바보 같고 단순한 말이지만, 25년이 지난 지금 그것을 넘어서는 요령을 아무리 생각해 보려고 해도 그것 말고는 묘수가 없다.

얼마 전에 도움이 필요한 일이 있어 25년 전 직장 선배를 수소문해 찾았다. 25년 만에 카톡으로 연락해 부탁을 했는데 전혀 망설임 없이 도움을 줬다. 감사하게도 나를 '수줍고 차분한 모습'으로 기억하고 있었다. 영화 〈사운드 오브 뮤직〉에서 마리아(줄리 앤드루스)가 부른 노래 〈Something Good〉이 생각나는 순간이었다.

아무것도 안 하면 아무 일도 일어나지 않죠
아무 일도요
그러니 어렸을 적 어디에선가
내가 착한 일을 한 게 틀림없어요
Nothing comes from nothing
Nothing ever could
So somewhere in my youth or childhood
I must have done something good

만약 학교를 다니는 사람이 있다면 공부나 성적, 학위보다 더 중요한 게 네트워크라고 말해 주고 싶다. 교수와 외부 강사, 동기와 선배 등 모든 인연을 소중히 여겨야 한다. 학교 밖 직장인들과 네트워크를 쌓을 수 있는 동호회나 자원봉사 같은 활동도 인연을 쌓기에 좋은 기회다. 대학 시절 활동한 '맥다모' 모임에서 쌓은 경험과 인연이 나의 현재 커리어를 만드는 데 큰 밑거름이 되었다. 지나가는 인연이라 가볍게 보지 말고 모든 인연을 소중히 여겨야 한다.

많은 채용관이 말하는 공통점이 있다. 잘하는 사람보다는 좋은 사람을 원한다는 것이다. 특히 생산성이 중요한 제조업이 아닌, 창의력과 협업이 중요한 작금의 소프트웨어 시대엔 더욱 그렇다. 한 사람의 천재에 의존하기보다는 여러 좋은 사람이 협업으로 만들어 내는 결과물이 훨씬 지속 가능한 성공을 만들어 내기 때문이다.

평생직장은 더 이상 존재하지 않는다. 이직은 이제 피할 수 없는 과정이고, 그 과정에서 나의 인맥은 곧 나의 인격과 실력인 것이다.

● ● ● ● ● ● ●

어쩌면 이런 조언이 다 소용없어지는 때가 곧 올지도 모르겠다. 세계적 석학 유발 하라리는 《21세기를 위한 21가지 제언》에서 인터넷에 남겨진 나의 빅 데이터와 인공 지능 알고리즘이 마치 신용 등급 매기듯 나의 등급을 매겨 합격과 불합격 여부를 결정할 날이 올 것이라고 경고했다. 더 이상 성차별, 학력 차별, 인종 차별처럼 집단 속의 누군가로 평가하는 수준을 넘어 개개인의 DNA 정보까지 분석해 '당신이 탈락한 이유는 당신이기 때문이다'라는 말과 함께 불합격 통지를 받게 될지도 모른다는 것이다. 빅 데이터 속의 나도 착해져야 하는 세상이다.

면접관의 마음을 사로잡는
면접의 기술

구글에 접수된 수백만 통의 이력서 중 1차 서류 심사를 통과하고 2차 전화 면접까지 가는 비율의 정확한 수치가 공개되지는 않았지만 유추해 보면 5퍼센트 정도 되지 않을까 싶다. 그러니 수백만 통의 이력서 검증 과정을 통과하는 데 추천은 분명 큰 도움이 된다.

하지만 추천이 합격에 결정적 영향을 미치는 건 아니다. 추천은 보통 서류(이력서) 통과에 도움을 준다. 특히 구글의 경우는 해당 인력을 뽑는 팀의 책임자에게 최종 결정 권한이 없다. 대신 구글에는 '위원회(Committee)'라는 독특한 인사 제도가 있다. 많은 의사 결정이 '평가 위원회', '승진 위원회', '연봉 위원회' 등 각종 위원회에서 그룹 회의와 난상 토론을 거쳐 이뤄진다. 채용도 마찬가지다. 보통 5~6명의 면접관이 진행하는 대면

면접이 끝나면 각 면접관은 의견을 적어서 내고, '채용 위원회'
가 각종 서류와 면접 의견 등을 고려해 합격 여부를 결정한다.
그리고 '연봉 위원회'가 연봉을 결정한다.

　아니, 같이 일할 사람은 나고, 필요한 팀은 우리 팀인데 왜 우
리 팀에서 원하는 인력을 마음대로 뽑지 못하게 하느냐고 볼멘
소리를 냈는데, 이유를 들어 보니 납득이 되었다. 신규 인력을
채용한 뒤 해당 매니저가 직속 매니저를 유지하는 평균 기간이
채 1년이 되지 않는다고 한다. 그러니 해당 매니저와 잘 맞는 사
람보다는 위원회를 통해 객관적인 관점에서 채용하는 것이 해
당 인력이 회사에 잘 적응하고 오래 남아 있을 확률이 높다는
것이다. 듣고 보니 그도 그럴듯하다.

　대체로 면접은 다음과 같이 3단계로 이루어진다.

우선, 1차 채용 담당자와 전화 면접이다. 이력서에 있는 내용을 확인하고, 이직의 이유나 지원자가 원하는 방향에 관한 기본적인 대화가 오간다.

그다음은 2차 기술 전화 면접이다. 지원자가 해당 직책에 적합한 사람인지를 파악하기 위해 직무 부서 책임자가 업무 관련 내용을 묻는다.

마지막으로, 3차 대면 면접이다. 직접 회사로 불러서 (물론 지금은 코로나 바이러스 때문에 화상 면접으로 대신하지만) 진행하는 면접이다. 보통 하루 종일 진행하는데 내 경험으로는 미국 회사 대부분 비슷했다. 여러 사람 앞에서 1시간가량 자기소개 프레젠테이션을 한다. 사전에 과제를 주기도 하는데 그런 경우 해당 과제를 어떻게 풀었는지도 설명한다. 전체 프레젠테이션이 끝나면 일대일 심층 면접이 이어진다. 보통 5~6명을 만나는데, 한 세션이 50분 정도라서 하루 종일 이어진다. 끝나고 나면 영혼이 탈탈 털린다.

대부분은 3차 대면 면접으로 끝이 나는데, 면접관들의 의견이 일치하지 않거나 사람은 괜찮은데 해당 직책에 맞지 않는 등 만장일치로 탈락시키는 경우가 아니라면 추가 면접을 진행하기도 한다.

면접 기술과 관련된 좋은 정보는 시중에 나와 있는 책과 인터넷에 많으니 참고하기 바란다. 면접 준비, 태도, 예상 질문, 예상 답변, 연습 방법 등 기본적인 사항은 충분히 숙지하고 준비해놔야 한다. 대부분의 지원자가 기본적인 준비는 잘 되어 있기 때문에 승부는 면접관의 마음을 움직이는 데서 갈린다. 면접관의 마음을 움직이는 방법 중 다음 네 가지는 꽤 효과적이다.

주도할 것

지원자의 간절함과 노력이 무색할 만큼 면접관은 무심하다. 매우 미안하지만 그게 현실이다. 변명을 해 보자면, 화장실 갈 시간이 없을 정도로 빡빡하게 회의로 가득 찬 날이 대부분이다. 지원자 한 사람을 면접하기 위해 6~7명이 필요한데 지원자 수는 많고 면접관은 제한적이니 면접이 몰릴 수밖에 없다. 그래서 이력서를 충분히 살펴보지 못하고 들어가는 경우도 종종 있다.

대개 지원자는 자신을 질문받는 사람으로 여기고 질문에 답할 마음가짐으로 임한다. 그래서 면접관이 대화를 이끌어 가길 기다린다. 그런데 생각을 바꾸어 스스로를 인터뷰 진행자라고 생각하는 게 필요하다. 면접관은 나에 대해 아는 것이 전혀 없고, 내 이력서를 보지도 않았으며, 나와 무슨 대화를 할지도 준비되어 있지 않은 사람이라고 전제하는 게 좋다.

면접관은 사실 나에게 관심이 없다. 당장 다음 회의 안건, 보고서, 프로젝트 데드라인 등이 우선이다. 나와의 대화는 이 사람에게 중요한 안건이 아니다. 따라서 불만을 가질 이유가 없다. 그게 면접이라는 게임의 룰이다. 나만 불리한 게 아니다. 모든 지원자가 같은 조건이다. 그러니 질문의 은총을 기다릴 것이 아니라, 주도적으로 대화를 끌고 가는 능력이 필요하다. 나를 뽑으려는 기업의 입장에서, 나를 평가해야 하는 면접관의 입장에서 나라는 사람을 어떻게 이해해야 하는지 대화를 끌고 가야 한다.

숙제를 해줄 것

면접관들은 면접이 끝나면 의견서를 제출해야 한다. 그런데 이게 상당한 시간을 잡아먹는다. 내가 면접관을 회피하는 주요 이유다. 그러니 역으로 생각해서 이 사람이 면접이 끝난 후 의견서를 어떻게 적어야 하는지 대신 정리해서 메시지를 세뇌시키는 게 필요하다. 나에 대해 가장 잘 알고 있는 사람은 나이므로. 대부분의 의견서는 크게 세 가지 항목으로 나뉜다.

첫째는 기술 영역이다. 해당 직책에 적합한 역량이 있는지를 평가하는 것이다. 전문성, 창의력, 커뮤니케이션, 프레젠테이션, 실행력 등을 주로 살핀다. 면접관 노트에 적혀야 하는 나의 기술 역량 세 가지를 정리해 면접 시 반복해서 강조하도록 한다. 그리고 이때 다른 지원자에게는 없는 나만의 차별화된 역량을 '스토리'로 엮으면 금상첨화다. 단어를 기억하기는 어렵지만 스토리는 쉽게 기억되기 때문이다.

둘째는 소프트 스킬이다. 주로 인성, 개방성, 태도, 가치관 등을 살핀다. 이 부분은 특별히 뛰어난 점을 가려내기가 쉽지 않기 때문에 튀는 점을 지적하는 경우가 많다. 따라서 모가 난 말이나 행동을 하지 않도록 주의하는 게 좋다. 고개가 갸우뚱해지거나 눈살을 찌푸리는 상황만 만들지 않아도 일단 성공이다. 그럼에도 한 가지 키워드는 심어 주는 게 좋다. 매우 긍정적인 사람이라든지, 재미있는 사람이라든지, 다른 이의 말을 주의 깊게 경청하는 사람이라든지 등등. 나에 대해 면접관이 기억해 주길 바라는 소프트 스킬 한 가지를 심어 주도록 한다. 그냥 막연히 '괜찮더라'로는 부족하다. 무언가 기억에 남아야 한다.

마지막은 리더십이다. 리더십 역량은 회사의 장기적인 비전을 위해 매우 중요하게 평가하는 항목이다. 지원자에게 성장 잠재력이 있는지, 비전을 제시하고 문제를 해결할 능력이 있는지, 팀워크와 협업의 역량이 있는지를 주로 본다. 이 부분은 최대한 구체적인 예시를 들어 주는 게 좋다. 면접관이 의견서에 구체적인 사례로 자신의 의견을 증명할 수 있도록 리더십과 관련한 실제 사례를 준비하도록 한다.

좋은 기억을 남길 것

마음은 기억의 산물이다. 사람은 논리적이지도 합리적이지도 않다(그러는 척할 뿐). 또한 매우 감정적이고 정서적이다. 그래서 사람을 움직이게 하는 것들, 즉 정치나 경제, 언론, 광고 등은 모두 사람의 감정을 자극하는 데 초점을 맞춘다.

인지 심리학의 거장 대니얼 카너먼의 '피크 엔드 룰(Peak End Rule)'은 면접에서도 적용되는 중요한 이론이다. 사람의 인식과 평가는 실제 경험의 총량과 관계없이 무엇을 기억하느냐에 달렸고, 이 기억에 가장 큰 영향을 미치는 것은 절정의 순간(Peak)과 마지막 순간(End)이라는 것이다. 쉽게 말해 끝이 좋으면 모든 게 좋게 기억된다는 뜻이다.

그래서 면접의 마지막 5분이 제일 중요하다. 시간에 쫓겨 허둥지둥하거나 긴장을 풀지 못하고 잔뜩 주눅 들어 있거나 '마지막으로 질문 있나요?'라는 면접관 질문에 애매한 웃음을 지으며 '없습니다'하면서 풍선 바람 빠지는 듯한 기억을 남기면 안된다. 기억의 오류 때문에 마지막 5분이 1시간 면접 전체를 좌우한다. 그러니 마지막 엔딩을 좋은 기운 뿜뿜, 긍정 에너지 팍팍, '아멘' 소리 절로 나오는 신뢰감으로 장식해야 한다.

놓치기 싫어지도록 할 것

아무리 여러 사람의 의견을 모은다 해도 1시간 면접으로 지원자에 대해 100퍼센트 확신하기란 쉬운 일이 아니다. 이럴 때 확신에 도장을 찍어 주는 게 있으니, 바로 나를 탐내는 다른 회사가 있는 경우다. 마치 '매진 임박' 자막으로 심장을 뛰게 하는 홈쇼핑 상술처럼 말이다.

따라서 구직을 할 때는 여러 회사를 동시에 진행하는 것이 좋다. 입사할 마음이 없는 회사여도 상관없다. 그저 내가 수많은 구매자가 탐내는 좋은 물건임을 보여 주기만 하면 된다. 그 과정에서 어느 한 곳에서 배운 걸 다른 회사에서 활용하기도 하고, 면접을 여러 번 경험하면서 실수를 줄일 수도 있으며, 무엇보다 내가 '을'이 아닌 '갑'이 되어 면접을 끌고 갈 수 있는 원동력이 생긴다.

나를 원하면 서두르라는 신호. 매진 임박. 남이 탐내는 건 나도 덩달아 탐나는 게 사람 심리다.

면접은 사람과 사람이 만나 사람의 마음을 움직이는 일이다. 그리고 무엇보다 나에 대한 상대방의 마음을 움직이는 일이다. 여기서 가장 중요한 점은 나 자신이 나에 대한 애정과 자신감이 있어야 한다는 것이다. 나조차 사랑하지 않는 나를 누군가에게 봐 달라고 하는 건 어불성설이다. 그리고 면접은 면접관의 일이 아닌 나의 일이라는 자세다. 내가 스토리의 작가이고, 감독이고, 주인공이다. 행운을 빈다.

· · · · · ·

면접관에게 상처받을 마음의 공간을 만들지 말자. 면접관 중에는 가끔 쓰레기를 투하하는 못된 사람들이 있는데, 행여나 그런 말을 들었다면 얼른 쓰레기통으로 보내자. 불합격 통보는 내게 하자가 있다는 게 아니라, 서로 궁합이 맞지 않는다는 것이다. 얼른 잊고 새 연인을 찾자.

커리어에서 가장 중요한 것
– 나만의 스토리가 있는가

    소비자의 심리에는 요구(Demand)와 욕구(Desire)라는 두 가지 속성이 있다. 요구는 필요한 물건이고, 욕구는 갖고 싶은 물건이다. 이 두 마음을 잘 이해해야 한다. 얄궂게도 'ㄱ' 받침 하나 차이에 불과한 요구와 욕구 사이에 성공의 비결이 숨어 있다.

    요구에 의해 움직이는 시장은 가격 대비 성능 비율(가성비)의 싸움이다. 어느 물건이 가장 싼 값에 나의 필요를 충족하느냐가 중요한 구매 결정 포인트다. 그래서 소비자는 가성비 좋은 물건을 찾기 위해 여러 상품을 비교하고, 자신이 산 물건이 최적의 가성비 제품인지 늘 의심한다. 물건을 샀다가도 필요를 충족하지 못하면 반품을 해 버리기 일쑤고, 가성비가 더 좋은 제품이 나오면 서슴없이 갈아탄다. 물론 이 제품이 나에게 필요한 물건인지 수시로 고민하며 소비를 미루기도 한다. 그래서 요구에 의

demand
vs
desire

해 구매되는 제품은 충성도가 낮고 경쟁이 치열하다.

욕구에 의해 움직이는 시장은 가치 싸움이다. 재미있게도 소
비자는 자신의 욕구를 충족시키는 제품을 사면서 이유를 만들
어 낸다. 필요해서 사는 게 아니라 갖고 싶은 욕구가 소비를 자
극하기 때문이다. 옷장에 청바지가 수두룩한데 신상을 사면서
'이건 핏이 다르다'라고 합리화한다. 월급의 절반이 넘는 명품
코트를 사면서 혹은 연봉의 몇 배가 되는 최고급 승용차를 사
면서 '나는 그럴 가치가 있어', '결혼 10주년이잖아', '승진했잖
아', '한정판이잖아' 등의 이유를 갖다 붙인다. 심지어 '예쁘잖
아' 같은 밑도 끝도 없는 이유를 들기도 한다. 그래서 욕구에 의
해 구매되는 제품은 충성도가 높고 틈새시장이 항상 존재한다.

가장 대표적인 예가 애플 제품과 안드로이드 제품이다. 안드

로이드 제품은 여전히 요구의 시장에서 가성비 경쟁을 한다. 소비자는 저가 폰에 쉽게 타협하고, 굳이 같은 기능의 폰을 비싼 돈을 주고 살 이유가 있는지 곱씹어 본다. 그리고 고가 폰들도 출시된 지 몇 달 안 돼 반값으로 떨어져 버리는 일이 비일비재하다. 살아남으려는 조치다. 소비자들은 가성비 좋은 제품과 특가 행사 정보를 교환한다.

그런데 애플은 어떤가. 애플의 소비자는 서슴없이 지갑을 연다. 멀쩡하게 동작하는 애플워치가 이미 있는데 새로운 모델이 나오면 또 산다. 새로운 스마트워치가 필요해서가 아니라 그냥 신상 애플워치를 갖고 싶은 욕구 때문이다. 100만 원짜리 애플워치를 사는 건 미친 짓이라고 고개를 절레절레 흔들면서도 뭐에 홀린 듯 결제를 해 버린다. 그리고 도착한 애플워치를 손목에 걸치는 순간 온 세상을 다 가진 듯 행복하다. 사람의 욕구란 그런 것이다. 말로는 설명이 안 되는 마음의 장난.

직업이 소비자와 사용자의 심리를 연구하는 일이다 보니 나는 소비자의 마음을 얻는 것에 관해 25년을 고민해 왔고, 앞으로도 쭉 그럴 것이다.

다음은 이력서, 포트폴리오, 면접 등 이직 과정 전반에 걸쳐 고민하고 방향을 잡아 가는 데 활용할 만한 포인트들이다. 핵심은 기업이 원하는 가치 있는 사람이 되는 것이다.

희소가치가 있는가

사람은 고유하고 독특한 것에 가치를 느낀다. 쉽게 어디에서

나 구할 수 있는 것은 당장 갖고 싶은 욕구가 안 생긴다. 원하면 언제든 구할 수 있기 때문이다. 사람도 마찬가지다. 이력서에 남들도 다 하는 뻔한 기술이 나열되어 있거나 해당 분야에서 으레 나올 법한 경력들이 적혀 있으면 전혀 매력을 느낄 수가 없다. 당연한 것은 눈에 띄지 않는다. 나에게만 있는 가치, 나만 할 수 있는 일, 나라서 가능한 일 등 기업에 내가 필요한 이유가 보여야 한다. 문화재로 지정될 만한 보물이나 '넘사벽'의 재주를 말하는 게 아니다. 당신에겐 분명 당신만이 할 수 있는 일이 있다. '남들이 다 하니까', '남들이 좋다니까', '남들이 하라니까' 등등 '남들' 바람에 휘말리면 안 된다. 오롯이 나에게 집중해서 나의 원천 기술을 찾고 만들어야 한다.

2019 한-아세안 문화 혁신 포럼 기조연설에서 하이브 방시혁 대표는 다음과 같이 말했다.

과거에도 세상은 복잡했고 사람은 다양했습니다. 하지만 지금은 그 다양성의 층위를 헤아릴 수 없을 정도입니다. 서로 다른 취향과 개성을 지닌 사람들이 좁고 깊은 공동체를 이루고 있습니다. 우리는 기술 문화를 선도해 온 나라와는 다른 문화적·역사적 배경을 가지고 있고, 그렇게 인간에 대해 다른 시선을 견지하고, 다른 각도로 세상을 바라보고, 그래서 다른 이야기를 할 수 있습니다.

그렇다. 우린 모두 각기 다른 사람이다. 다른 배경을 가지고 있고, 다른 시선과 다른 이야기들을 가지고 있다. 군중 속에 숨고

싫은 마음을 걷어 내고 당당하게 나를 드러내야 내가 보인다.

스토리가 있는가

인류의 역사는 스토리다. 'Hi-story.' 그리고 인간은 이야기로 사
고한다. 인간은 사실과 숫자, 방정식보다는 이야기 안에서 생각한
다. 이야기는 단순할수록 좋다.

− 유발 하라리, 《21세기를 위한 21가지 제언》 중에서

2006년, '마이크로소프트가 애플 아이팟 패키징을 다시 디자
인한다면……'이라는 동영상이 빅 히트를 친 적이 있다. 아직
못 보았다면 꼭 봐야 할 영상이다. 아래 QR코드를 스캔하면 볼
수 있다.

화려한 스펙으로 빼곡한 이력서는 기억에 남지 않는다. 스펙
경쟁은 곧 가성비 경쟁이다. 스펙으로 어필하면 더 좋은 스펙의
사람과 비교당하게 되고, 더 좋은 스펙의 사람이 나오면 경쟁력
을 잃는다. 그래서 나의 커리어를 꿰뚫는 스토리가 필요하다.

정도를 걸어야 한다거나 한 우물을 오래 파 온 스토리를 말
하는 게 아니다. 다양한 일을 해 왔다면 그 다양한 일을 엮어 내
는 스토리, 이직이 빈번했다면 이직을 엮어 내는 스토리, 그리
고 더 나아가 나의 인생 스토리를 가지고 있어야 한다. 이때 주

마이크로소프트가 아이팟 패키지를 다시 디자인한다면

인공과 조연과 엑스트라가 뒤범벅되어 버리면 안 된다. 내가 가진 희소가치가 주인공이 되어야 한다. 주인공이 명확하고 플롯이 야무져야 그 스토리가 기억에 남는다. 무엇이든 다 할 수 있다는 말은 아무것도 할 수 없다는 말과 같다. 그리고 그런 사람은 쉽게 대체재를 찾을 수 있다.

면접을 할 때는 나의 이야기를 옛날이야기 하듯이 자연스럽게 전하는 게 좋다. 면접관이 공감하고 맞장구치며 자신의 스토리와 통하는 점을 느낀다면 성공이다. 인간은 이야기로 사고하고 이야기로 기억한다.

진정성이 있는가

짝퉁이 짝퉁인 이유는 그것이 진짜가 아니기 때문이다. 사람들은 진짜가 아닌 것에 큰돈을 쓰지 않는다. 희소가치와 스토리가 힘을 가지려면 그것이 진짜여야 한다. BTS의 성공 요인 중에 진정성이 빠지지 않고 언급되는 이유다. 소속사가 만들어 낸 것이 아닌, 혹은 가면으로 가려진 것이 아닌, 혹은 무대 위 허상이 아닌, 그들이 지금까지 보여 준 모습이 진짜 같아서다. 일산에서 잘하던 공부 뒤로하고 힙합 보이가 되고 싶던 김남준, 오토바이로 배달을 하던 민윤기, 중학교 때 뭣 모르고 시작한 전정국, 완벽하지 못한 자신의 모습을 괴로워하던 박지민 등 멤버 하나하나 그들의 성장 스토리에 사람들은 감동하고 마음을 빼앗긴다. 진짜가 가진 힘이다.

그래서 이력서에 가짜 정보를 넣거나 면접에서 잘 모르는 것을 아는 척하는 건 매우 위험한 일이다. 모를 땐 솔직하게 '잘 모르겠습니다'라고 말하는 게 어설프게 아는 척하는 것보다 훨씬 좋은 태도다. 그리고 이런 가짜는 내 진정성 전체를 의심하게 만드는 요인이 된다. 의심은 한번 시작되면 되돌리기가 매우 어려운 감정이다.

진정성에 세월이 더해지면 깊이가 생긴다. 25년 전에 나를 만난 사람, 10년 전에 나를 만난 사람, 어제 나를 만난 사람이 기억하는 나의 모습이 한결같다면 그건 진짜 중 진짜일 것이다. 그런 사람은 추천할 때 망설이지 않아도 되고, 일자리를 어떻게든 만들어 주고 싶은 욕구마저 생긴다. 길을 걷다 누군가 도움을 청하면 도와주자. 언젠가 복이 되어 돌아온다.

가치와 함께할 수 있는가

각 기업은 그 기업이 추구하는 철학과 가치가 있다. (이게 정확하게 설정되어 있지 않거나, 혹은 기업의 가치가 내가 성장하고자 하는 방향과 맞지 않는다면 이직을 고려해 봐야 한다. 물론 기업이 내세우는 가치에 얼마나 진정성이 있는지도 따져 봐야 한다.) 우리가 아는 기업들의 미션을 살펴보자.

구글 : 세계의 정보를 체계화해 보편적으로 접근 가능하고 유용하게 만든다.
Organize the world's information and make it universally accessible and useful.

테슬라 : 전 세계의 지속 가능한 에너지 전환을 가속화한다.

Accelerate the world's transition to sustainable energy.

페이스북 : 세상을 더 가깝게.

Bring the world closer together.

　구직자는 지원한 기업이 추구하는 가치를 잘 이해하고 있고, 그 가치를 지지한다는 것을 보여 주고, 그 가치를 실현하기 위해 무엇을 할 수 있는 사람인지를 설득해야 한다. 기업은 그들이 추구하는 가치를 함께 실현할 파트너를 찾는 것이지 가치를 실행할 노동자를 찾는 게 아니다. 실행과 양산은 자동화되거나 아웃소싱이 대세가 될 수밖에 없다.

　가치를 함께 만들어 가고 싶은 사람은 스펙이 좋은 사람이 아니다. 추구하는 바가 같고, 함께 성장할 수 있고, 믿고 의지할 수 있는 사람이다. 그런 사람을 만나면 채용관은 채용해야만 하는 오만 가지 이유를 만들어 낸다.

　스펙을 쌓는 일은 비교적 단순하다. 자격증을 따거나 졸업장을 따거나 영어 점수를 얻거나 하는 등 이력서를 화려하게 채우는 일은 별 고민 없이 남들 하는 대로만 하면 된다. 단기 속성 학원도 넘치고, 돈과 시간을 들여 졸업장 만드는 일도 그리 어렵지 않다. 그런데 그게 문제다. 가성비 경쟁을 하다 보면 개미지옥에 빠지기 쉽다. 나보다 스펙이 더 좋은 사람이 나올까 늘 불안하고, 다른 것으로 대체되지 않을까 초조하고, 내 가성비의 효용 가치는 어디까지일까 전전긍긍하게 된다. 부디 가치의 영역으로 들어가길 빈다. 나만의 희소가치, 나만의 스토리, 나의 진정성과 나의 가치를 발견하고 만들어 가는 일에는 깊은 성찰과 수많은 실패와 뼈아픈 깨달음의 시간이 필요하다. 그럼에도 커리어라는 마라톤을 성공적으로 완주하기 위해서는 가치의 길을 달리는 게 좋다. 그리고 가치를 나눌 수 있는 사람들과 함께 뛰어야 조금 더 힘을 내 힘든 완주의 길을 달릴 수 있다. 우리 모두의 완주를 진심으로 응원한다.

●●●●●●

이직 관련 글에 대해 오해가 없기를 바란다. 무엇보다 역량, 실력, 전문성 등 기본이 탄탄해야 한다. 기본기를 갖추는 방법과 좋은 정보는 이미 많이 있으니 충분히 참고해 실력을 갖춰야 한다. 내가 정리한 글은 나의 실력을 어떻게 포장하고 전략을 세울 것인가에 대한 가이드다.

되는 일이 하나도 없다고 느껴질 때
생각해 봐야 할 것들

　채용 시장에 나를 내놓고 구직을 한다는 건 참으로 어려운 일이다. 취업 준비생에게도, 경력 단절 후 다시 시작하려는 사람에게도, 직장을 다니면서 이직할 곳을 찾는 이에게도 합격의 그날을 위해 넘어야 할 산이 일만이천 봉이다. 사연은 모두 다르겠지만 구직을 한가롭게 할 수 있는 사람은 별로 없다. 나는 구글에서 합격 통보를 받았을 때 기쁨보다는 다시는 구직 활동을 안 하고 싶다는 마음이 더 컸다. 열 번의 이직 중 힘들지 않은 적은 단 한 번도 없었다. 구직이 여유롭다는 건 절박하지 않다는 뜻인지도 모른다. 경제적 독립을 해야 하고, 가족의 생계를 책임져야 하고, 나의 노후를 마련해야 하고, 부모의 노년도 생각해야 하는 사람이라면 구직이 한가로울 수가 없다.

　돈의 힘을 강조하던 아버지 덕분에 나는 아주 어린 시절부터 경제적 독립에 대한 생각이 확고했다. 나의 생활이 누군가의 돈에 의존해야 한다면 그 돈만큼 내 삶의 권한을 넘겨주는 것이라고 생각했다. 그래서 돈이 없으면 없는 대로 사는 게 당연했고, 돈이 필요하면 무슨 일을 해서라도 돈을 벌어야 했다. '투잡'을 뛰어도 쪼들려 고단했으나 온전한 독립을 위해서라면 응당 감당해야 하는 어른의 삶이라고 생각했다.

하지만 해도 해도 안 될 때 낙심하는 건 당연하다. 계속되는 실패와 거절을 당하면서도 긍정적인 마음을 유지하고 웃음을 잃지 않는 사람이 존재한다면, 그건 인간계를 초월한 도인이거나 정신 병원에 가 봐야 하는 아픈 사람일 것이다. 될 때까지 한 우물을 파라는 이야기를 따랐다가는 죽을 때까지 우물만 파다 끝날 수도 있다. 다른 사람에게 하소연해 봐야 소용없지만, 문드러져 가는 내 속을 살피는 건 매우 중요하다.

열심히 노력하는데 일이 풀리지 않을 때나 포기하고 싶고 화가 날 때는 잠깐만 주저앉아 보자. 생각과 방법의 전환이 필요한 시점일 수 있다. 내가 그랬던 것처럼.

오리지널 소스의 문제는 아닌지

만약 수십 군데 회사에 지원서를 넣었는데 서류 전형에 통과하지 못했다면 일단 이력서를 다시 살펴봐야 한다. 경영 대학원(MBA) 수업 중에 이력서 작성법이 있다는 말을 들은 적이 있다. 이력서 한 줄에 들어갈 적합한 단어, 구성, 표현을 찾기 위해 수없이 고치고 리뷰를 받고 한다는 것이다. 자신의 이력서를 객관적으로 평가할 수 있어야 한다. 수많은 이력서 중에 내 이력서가 눈에 띌까? 불필요하거나 애매하거나 평범한 스펙과 경력을 나열하고 있지는 않나? 내가 채용관이라면 내 이력서를 보고 굳이 나를 뽑고 싶어 할까? 등등. 내 분야의 이력서 샘플들을 참고하거나 전문 이력서 교정 서비스를 이용하는 것도 좋다. 지인들에게 피드백을 들어 보는 것도 필요하다.

기존 이력서를 수정하려고 하지 말고 아예 백지에서 다시 써보는 것도 좋은 방법이다. 회사에서 프로젝트를 진행하다가 아이디어가 풀리지 않거나 실패를 답습할 때 나는 언제나 '처음으로 돌아가자!'를 외친다. 안 되는 일에는 이유가 있다. 이유를 명확하게 분석하지 않은 채 열심히 노력한다고 성공이 따라오는 게 아니다. 나의 경험상 노력과 성공은 별개의 일이다. 면접에서 계속 떨어진다면 그 이유를 원점에서부터 분석해 볼 필요가 있다.

기대치가 높은 건 아닌지

찬밥 더운밥이 가려진다면 아직 배가 덜 고픈 것이다(아픈 말을 하자니 나도 아프다 ㅜㅜ). 내 미국 첫 직장은 인재 파견 사업을 하는 회사였다. 인재 파견 회사들은 비용 절감을 위해 외부 인력을 활용하는 기업에 우수한 인력을 저렴한 비용으로 제공한다. 인재 파견 회사가 노동력을 확보하는 비결은 취업 비자 해결이 필요한 외국인 노동자들을 활용하는 것이다. 나 또한 수많은 거절 후에 첫 번째 합격 통보를 받은 곳이 인재 파견 회사였다. 내 첫 연봉은 업계 평균에도 한참 못 미치는 수준이었다. 하지만 이것저것 가릴 처지가 아니었다. 그렇다고 크게 낙심하지도 않았다. 시작을 했으니 앞으로 쭉쭉 나갈 수 있다는 생각이 들었기 때문이다.

첫 직장에 너무 큰 의미를 두지 않아도 된다. 합격 통지를 받은 후에도 구직 활동은 수시로 하는 게 좋다. 물건을 계속 사 봐야 좋은 물건 보는 눈이 생기듯이 많은 직장을 경험해 봐야 나에게 맞는 직장을 찾는 눈이 생긴다. 직장은 내 인생에 필요한 부분을 채워 주는 수단일 뿐 내 인생을 영원히 저당 잡힐 곳이 아니다.

답을 미리 정해 놓은 건 아닌지

앞서도 여러 번 강조한 바 있지만 성공률을 높이려면 공을 던져야 하고, 특히 여러 공을 한꺼번에 던져야 한다. 그런데 이때 자신이 애초에 정한 방향으로만 공을 던지는 경우가 있다. 이를테면, 대기업에서는 나를 받아 줄 것 같지 않아서 지원을 안 한다든지, 직종 변경을 하려는데 아직 준비되지 않아서 미루고 있다든지, 한국은 안 된다든지, 미국은 안 된다든지, 영어가 부족해서 안 된다든지 등등 여러 가지 이유를 대며 컴퍼트 존(Comfort Zone)에 머문다.

인생에 완벽히 준비되는 시점은 없다. 내가 적합한지 아닌지는 회사가 결정하는 것이지 내가 결정하는 게 아니다. 합격 통보는 받는 것이지 내가 주는 게 아니다. 내가 해야 하는 건 여러 곳에 지원서를 내는 일이다. 답을 정해 놓고 문제를 풀면 틀릴 확률만 높아진다.

기회를 넓힐 것

코로나 사태로 기업들이 인력을 감축하고 채용을 동결하는 분위기다. 언제까지 계속될지 모르는 코로나 시대에 신규 인력 채용은 그 어느 때보다 신중해졌고, 채용 기준 또한 높아졌다. 그러니 채용 공고를 보고 지원하면 그 관문을 뚫기가 낙타가 바늘구멍에 들어갈 만큼 어려워졌다. 이럴 땐 채용 담당자나 기업을 유인하는 작전을 같이 쓰는 게 좋다.

디자이너를 예로 들어 보자면, 1인 에이전시가 되어 월간 프로젝트를 인터넷에 꾸준히 올리는 방법이 있다. 말하자면 내가 나를 프리랜서로 고용하는 것이다. 본인이 좋아하고 사람들이 알 만한 제품, 앱, 웹사이트를 선택해서 '내가 만약 리뉴얼을 한다면'이라는 콘셉트로 아이디어를 올리는 것이다. 매체는 '미디엄(medium.com)'이나 '브런치(brunch.co.kr)' 같은 블로그 플랫폼도 좋고, 본인의 팔로워가 있는 SNS(페이스북, 인스타그램 등)도 좋고, 프로페셔널 네트워크 플랫폼인 링크트인 같은 곳도 좋다.

아이디어뿐만 아니라 문제 분석 능력, 스토리텔링 능력, 설득 능력 등이 잘 보이도록 구성한다. 어차피 현업에서 계속 필요한 역량이니 연습하는 과정이라고 생각하면 좋다.

사례는 인터넷에서 쉽게 찾을 수 있다. 개인적으로 케빈 유진 님이 2018년에 올린 '내가 만약 애플 Siri를 다시 디자인한다면······'을 인상 깊게 보았는데, 현재 이분은 애플에서 디자이너로 일하고 있다. 역시 애플에서 일하는 디케이 권 님은 자신의 아이디어를 링크트인에 꾸준히 올리면서 호응을 얻고 있다. 크리스티안 미카엘 님은 구글 앱 아이콘 리뉴얼 아이디어를 올려 200개가 넘는 코멘트로 열띤 토론을 이끌어 냈다. 온라인에서 친구를 맺거나 콘퍼런스에서 명함을 교환한다고 네트워크가 만들어지지는 않는다. 사람들은 자신에게 도움이 되는 사람과 관계를 맺고 싶어 한다. 그리고 그 도움은 나에게 영감을 주는 것으로 충분하다.

혹시 지금, 준비되면 해 보겠다고 생각하면서 이 글을 읽는 중이라면, 다시 말하지만 그런 준비된 때는 오지 않는다. 일은 저지르고 수습하는 것이지, 수습 준비를 마치고 저지르는 게 아니다. 여기서 핵심은 '꾸준함'이다. 이렇게 꾸준히 매달 올리면 점점 보는 사람이 늘고 댓글이 달린다. 피드백으로 배우고 네트워크도 확장하고 운이 좋으면 채용으로 연결되기도 한다. 그리고 1년을 지속할 수 있다면 그것 자체로 스토리가 생길 것이다. 무언가를 꾸준히 해낼 수 있는 사람은 그걸 정말 좋아한다는 뜻이고, 자기 관리가 된다는 뜻이고, 성실하다는 뜻이다. 무언가 1년 이상 지속한다는 것, 해 본 사람은 알지만 결코 쉬운 일이 아니다. 최근 방영된 〈싱어게인〉이라는 예능 프로그램에서 사회자 이승기가 한 말은 그래서 울림이 있다.

"성실도 끼가 될 수 있다는 걸 증명하고 싶었다."

'미라클 모닝'을 실천 중인 돌돌콩 님(유튜브 채널)이나 김유진

님(유튜브 채널)이 존경스러운 이유는 그들이 부지런한 아침형 인간이어서가 아니라 몇 년간 꾸준히 실천으로 보여 주는 끈기 때문이다.

작은 성취감

실패가 계속되면 자학의 늪에 빠지기 쉽다. 모든 게 다 내가 못나서 그런 것 같다는 생각이 든다. 나는 노력이 부족하고, 의지도 약하고, 실력도 없고, 아무짝에도 쓸모없는 사람이라는 무기력감에 빠진다. 그래서 한 가지 일에만 올인하면 위험하다. 자신의 인생에서 작은 성취감을 느낄 수 있는 장치를 곳곳에 마련해 두어야 한다.

나는 텃밭에서 수확물을 거둘 때 뿌듯함을 느낀다. 내가 후원하고 있는 아이들에게 생일 선물을 보낼 때 행복하다. 딸들과 함께 집 한구석에 BTS와 TXT의 굿즈를 모아 진열해 두는 '덕질존'이 풍성해지는 걸 보면 배부르다.

최근에 나에게 성취감을 주는 것은 글쓰기다. 누군가에게 공감을 받고 도움이 된다는 일이 이렇게 즐거울 수 있다는 걸 새삼 느낀다. 무엇보다 적극적인 노동을 하지 않아도 돈이 벌리는 '패시브 인컴(Passive Income)'에 대해 알면 알수록 나도 해 볼 만한 일이 많다는 걸 깨닫게 된다. 내가 미디엄에 글을 올리고 받은 첫 달 작가료가 4.59달러였다. 글이 돈이 될 수 있다는 경험은 나에게 매우 신선했는데, 패시브 인컴을 경험한 후 디지털 세상의 부업에 대해 열심히 공부하고 시도하는 중이다. 요즘 각종 관련 서적과 인터넷 정보가 넘치고 있으니 자신에게 맞는 일을 찾아 '작게' 시작해 보면 좋겠다.

열심히 하는데 되는 일이 하나도 없다고 느껴질 때는 잠깐만 멈추고 숨을 고르자.

우선, 내가 손에 쥐고 있는 게 영양가가 있는지 살펴본다.

둘째, 나의 발이 땅에 닿지 않고 공중에 떠 있는 건 아닌지 확인한다.

셋째, 답정너('답은 정해져 있고 너는 대답만 하면 돼'의 줄임말)식 구직을 하고 있지는 않은지 돌아본다.

넷째, 내가 채용 시장에 노출될 기회를 충분히 넓히고 있는지 확인한다.

마지막으로, 작은 성취감의 행복을 느낄 장치들이 내 인생에 장착되어 있는지 따져 본다.

매우 힘든 시기다. 마음도 단단히 먹어야 하고, 기존 방식에서 벗어난 사고의 전환도 필요하다. 부디 그 과정에서 자신을 학대하는 걸로 시간과 힘을 낭비하지 말자. 내 인생의 일꾼은 나뿐이다.

나만의 스토리를 만드는
가장 확실한 방법
– 무엇이든 1년만 꾸준히

내가 무엇을 알고 있는지, 얼마만큼 알고 있는지 측정하는 가장 좋은 방법은 무엇일까? 바로 내가 알고 있는 걸 남에게 설명해 보는 것이다. 다른 사람을 가르치기 위해서는 내가 공부를 가장 많이 해야 한다. 다른 사람에게 설명을 잘하려면 내가 알고 있는 걸 정리하고 요약해야 한다. 그리고 무엇보다 내 설명을 들은 사람들의 반응을 보고 나를 돌아봐야 한다. 그러면 나의 지식과 경험이 훨씬 단단하게 자리를 잡는다.

오랫동안 실무 디자이너로 일하면서 나는 2~3년 주기로 디자인 강연을 해 왔다. 강연의 제목은 조금씩 바뀌었지만, 항상 중심은 '사람을 위한 디자인(Designing for Human)'이었다. 실제 내가 진행한 프로젝트 사례를 바탕으로 실무에서 얻은 팁들, 실패담, 성공담 등을 나누는 강연이었다. 사람을 위한 디자인에 필요한 원칙들, 사람을 위한 디자인을 하기 위해 디자이너가 알아야 할 사항들……. 이런 이야기는 사실 누군가를 가르치기 위한 것이 아니라 나 스스로의 다짐이었다. 지난 2~3년을 돌아보고 다시 점검하는 기회로 삼은 것이다.

2~3년 주기로 자신의 커리어를 돌아보고 강연으로 다지는 방법을 강력히 추천한다. 커리어 다지는 강연 팁, 그리고 실행하는 팁을 공유한다.

대학 강연(특강)

나는 주로 한국 대학 강연을 우선순위에 놓았다. 보통 2~3년에 한 번씩 한국을 방문하는데 그때마다 강연 하나를 일정에 넣는 방식이었다. 워낙에 한국 후배들과 경험을 나누고 싶은 마음이 크기도 했고, 미국 생활에서 채워지지 않는 영어의 답답함을 한국말로 풀기에 좋은 기회이기도 했다.

간혹 어떻게 하면 기회를 잡을 수 있느냐는 질문을 받곤 한다. 가만히 있는데 어느 날 누군가 찾아와서 강연을 부탁하는 일은 없다. 기회는 내가 만드는 거다. 앞에서 이야기했듯이 여러 공을 던지고 기다리는 거다. 지인이나 지인의 지인, 아니면 학교 홈페이지에 들어가 교수님에게 연락을 한다. 처음이 어려울 뿐 경력이 쌓이면 그 후로는 훨씬 수월하다.

누군가는 이렇게 말한다.

"준비되면 저도 해 볼게요."

"열심히 준비해서 저도 도전해 보겠습니다."

그런 준비가 되는 시점은 없다. 실행을 위해서는 일을 벌이고 수습하는 것이지, 수습하고 일을 벌이는 것이 아니다. 준비는 늘 열심히 하는 것이다. 그것과는 별개로 일단 일을 벌여야 한다. 그러기 위해 공개적으로 소문을 내길 권한다(상대방에게 이메일을 보내거나 연락하는 것도 소문의 일환이다). 뭔가 완벽하게 만들어서 '짠~' 하고 알리려는 계획 따윈 버리시길. 최대한 빨리, 설익은 상태에서 소문을 내면, 스스로 아차 싶은 마음이 들기도 한다. 하지만 예정된 날이 다가오면 어떻게든 하게 되어 있다. 죽이 되든 밥이 되든 그렇게 하고 나면, 그 경험으로 한 단계 더 성장한 자신을 발견하게 된다.

"제가 자격이 있을까요?"

"누가 저를 강사로 받아 줄까요?"

그건 내가 결정할 사안이 아니다. 그러니 내가 해야 할 고민도 아니다. 나는 그저 내가 할 수 있는 일을 하면 된다. 연락하고, 지원하고, 소문내는 일. 내가 해야 할 일을 하고 결과를 기다리면 된다.

2020년 초, 구글 입사 만 2년이 지난 2021년에는 다음 강연을 해야겠다고 마음먹고 있었다. 그러던 중 코로나 바이러스가 터졌다. 사회 전반의 오프라인 시스템이 온라인으로 대체되었고, 회사도 재택근무를 시작했다. 전 세계 모든 대학교의 수업도, 온갖 학회와 전시도 온라인으로 대체되었다. 그러던 어느 날, 아이오와 주립대에서 디자인학과 교수로 재직 중인 대학교 은사님이 온라인 강연을 해 달라고 요청을 해 왔다. 캘리포니아 집에서 인터넷으로 아이오와 주립대 학생들을 만나게 된다니……. 나는 바로 수락을 했다. 굳이 이동이 필요 없는 세상. 그렇다면 전 세계 어디든 상관없잖아? 굳이 한국 방문 시기까지 기다릴 필요가 없어졌다. 나는 내가 속한 단체 채팅방 몇 군데에 '온라인 강연 요청받아요'라는 글을 올렸다. 멤버 중에 교수로 재직 중인 분들도 있어서 강연 기회가 하나둘 생기기 시작했다. 그렇게 시작된 강연 투어를 미국, 한국, 중국 대학교로 이어가고 있다.

콘퍼런스 발표

현 직장에 불만이 많거나 어려움을 이야기하는 후배들에게 해 주는 조언이 있다.

"회사에 목숨 걸지 말아라."

기대치가 높으니 실망도 크고, 내 커리어를 현 직장과 동일시하니 불안한 거다. 회사는 비용의 효율화를 추구하는 영리 단체일 뿐 효용 가치 없는 나를 돌봐 주는 비영리 단체가 아니다. 회사가 나를 언제든 버릴 수 있듯이, 나 또한 언제든 회사를 버릴 준비가 되어 있어야 한다.

'모든 계란을 한 바구니에 담지 마라.'

월급의 대가로 해야 하는 일들이 있다. 그것만으로는 내 커리어를 성장시키는 데 한계가 있다. 그래서 10~20퍼센트의 노력을 들여 회사 밖에도 내 자리를 만들어야 한다. 이를 위해 콘퍼런스나 학회에 발표자로 참가하는 것도 좋은 방법이다.

회사 내 점심 모임

미국 회사에서는 점심 모임이 종종 열린다. 본인이 주제를 선정하고 관련 분야 사람들을 초대해서 발표를 진행하는 일종의 간이 콘퍼런스다. 보통 점심시간에 이루어지기 때문에 'Lunchbox Talk(도시락 토크)'라고 한다. 사람들이 점심을 들고 와 먹으면서 발표를 듣는 자리라 부담 없이 진행된다. 아니면 주간 회의에 안건으로 올려도 좋다. 길지 않아도 된다. 10~20분만 할애해서 내가 최근에 본 기술 동향, 내가 최근에 참석한 콘퍼런스, 내가 요즘 고민해서 해결한 문제 등을 공유하면 된다. 그런 주제는 언제든 누구에게나 관심 있는 것들이다.

나는 보통 한 달 후, 혹은 석 달 후로 시간을 정해 초청장을 미리 보낸다. 공을 미리 던져 놓는 것이다. 나 스스로 게을러질 것을 알기 때문에. 공을 미리 던져 놓으면 어쩔 수 없이 돌아오는 공을 받아 쳐야 하기에 그렇게 스스로 장치를 마련해 놓는다.

여기서 중요한 점은 나 자신이 그런 기회의 가장 큰 수혜자라는 사실이다. 프레젠테이션을 하기 위해 고민하고, 생각을 정리하고, 스토리텔링 라인을 잡고, 연습하고, 피드백을 얻고 하면서 내가 성장하는 것이다. 남을 위해서가 아니라 나를 위해서 하는 거다.

한국에서는 보통 이런 경우 '나댄다'라는 소리를 들을 수 있기 때문에 조심스럽고 부담스러운 면이 있다. 그런데 실제 해 보면 생각보다 노고를 인정하고 고마워하는 사람이 많다는 걸 깨닫게 된다. 한국 회사에 다니던 중 증강 현실 관련 프로젝트들이 막 생겨날 즈음, 이전 경험을 토대로 증강 현실 디자인 특강을 자처해 사내 강연으로 진행한 적이 있다. 나의 전문성을 쌓고 알리는 일은 나를 위한 것이다. 나에게 집중하면 된다.

유튜브 활용

이건 내가 해 보지 못한 방법이긴 한데, 아직은 기회를 잡기 어려운 대학생이나 구직자, 사회 초년생에게는 충분히 열린 기회의 공간이다. 유튜브는 무엇보다 '공개적으로' 경험을 쌓을 수 있는 플랫폼이다. 물론 이 또한 작심삼일로 끝날 수 있겠지만, 그래도 공개적으로 시작하면 스스로 끌고 가는 동력이 된다.

딱 1년만 유튜브에 일주일에 영상 한 편씩을 올려 보자. 길지 않아도 된다. 5분 혹은 10분이면 충분하다. 얼굴이 나오지 않아도 된다. 유튜브에는 얼굴을 드러내지 않고 파워포인트 활용법이나 영상 편집 팁을 알려 주는 채널도 많다. 돈을 벌거나 구독자를 늘릴 기대도 할 필요 없다. 나를 위해, 나와의 약속을 지키기 위해, 커리어 다지기에 필요한 기초 근육을 만들기 위해 시간과 노력을 투자하는 거다. 그리고 주변에 소문을 내자. 가족들과 친구들에게 알려서 응원을 요청하자. 물론 창피한 시작일 수 있다. 뭐든 처음 어설픈 시작은 늘 부끄럽다.

그렇게 딱 1년만 해 보길 권한다. 꾸준함이 핵심이다. 뭐든 1년 이상 꾸준히 할 수 있는 사람은 함께 일하고 싶고 채용하고 싶어진다. 스펙이란 게 사실 별것 아니다. 본인 스스로 커리어를 다져 나가는 사람임을 증명하는 것, 그게 바로 스펙이다.

Epilogue

포기하지 않고 걷다 보면
언젠가는 다다른다

2019년 겨울에 2주간 로드 트립을 했다. 코로나 사태가 아니었다면 올해도 어딘가를 여행하고 있을 텐데 하는 아쉬움으로 여행 사진과 노트들을 꺼내 보았다. 다음은 2019년 12월 25일에 시온 캐니언에서 쓴 글이다.

시온 캐니언에서 맞은 화이트 크리스마스.

황홀한 광경과 압도되는 풍경.

겹겹의 지층과 절벽과 폭포와 하늘에서 떨어지는 눈꽃 송이.

마치 이 세상 공간이 아닌 것만 같은 찰나의 감격.

땅을 내려다보며 걷다 보면 내가 여길 왜 왔는지 싶고,

정상을 올려다보면 저길 언제 올라가나 싶다.

그러다 갑자기 멈춰서 눈을 들고 보면 놀라운 풍경이 펼쳐져 있고,

뒤를 돌아오면 어느새 훌쩍 올라와 있다.

질척이고, 가파르고, 그게 그거 같은 길을,

멈추지 않고 걷다 보면 언젠가 다다른다.

때론 우연히 만난 사람들과 인사를 나누고,

때론 먼저 가라고 비켜 주고,

때론 혼자 서서 숨을 고른다.

포기하지 않고 걷다 보면 언젠간 다다른다.

결국 내려올 것을 뭐 하러 올라가느냐 물으면,

내가 돌을 밟고 숨을 헐떡이고 바람을 느낀 그 순간,

그 산을 내 것으로 만들기 때문이라고 답하고 싶다.

관념의 시온이 아닌,

내가 경험한 2019년 화이트 크리스마스의 시온 캐니언.

그건 오롯이 내 것이다.

올해도 어김없이 지나가고, 다음 해가 찾아올 것이다. 시간은
멈춘 듯하지만 절대 멈추지 않는다. 지나 보면 시간은 지나 있
고 나는 여기에 있다. 꺼질 것만 같던 시간도, 꺼지고 싶던 순간

도 지난다. 지나고 버티며 그렇게 한 해가 흐를 것이다. 그때 나에게 이렇게 말할 수 있기를.

'고맙다. 잘했다.'

남들도 나처럼 고민하고 두렵고 불안해한다. 조금만 더 자신감을 갖자. 틀리면서 하는 게 아무것도 하지 않는 것보다 백배 낫다. 나에게 좀 더 관대해지자. 너무 다그치지 말자. 열심히 살고 있다.

천천히 포기하지 않고 걷다 보면 언젠가는 다다른다.

1. 스트레스받는 업무 상황에서 돌파구를 찾는 법이 궁금합니다.

스트레스 차단, 원인 파악, 해결. 이렇게 3단계 전략이 필요해요. 내가 스트레스받는 일을 적어 보세요. 그러면 생각보다 훨씬 불필요한 스트레스에 노출되어 있고 내가 그걸 무방비 상태로 받아들이고 있음을 알게 돼요. 일단 스트레스가 들어오는 걸 최대한 차단해야 해요. 되도록 스트레스받는 사람이나 자리는 피하고, 불필요한 가십성 소문이나 자극적인 가짜 뉴스도 피하고, 거절할 수 있는 일도 최대한 거절을 해요. 거절하는 순간에는 힘들어도 그걸 못 해서 오랫동안 스트레스를 받고 끌려다니는 것보단 훨씬 낫거든요.

그러고 나서도 여전히 받는 스트레스는 원인을 파악하는 게 중요해요. 원인을 알아야 대책을 세울 수 있는데, 원인 모를 병이 제일 힘든 거거든요. 원인을 아는 것만으로도 스트레스가 해소되기도 해요. 막연함이 가중하는 불안감이 스트레스의 원인인 경우가 많거든요.

원인이 파악되면 그다음엔 해결할 수 있는 것과 해결할 수 없는 것으로 나눠서 대책을 마련해요. 해결할 수 있는 일이면 그게 시간이 오래 걸리더라도 실천을 해요. 내가 문제를 해결하기 위해 무언가를 하고 있다는 것만으로도 스트레스가 아닌 성장의 과정으로 느껴지거든요.

해결할 수 없는 일이라면 내가 감당할 수 있는지, 감당하기 어려운지를 생각해 봐요. 어느 정도 스트레스를 견디는 건 돈을 버는 노동의 대가라고 생각하거든요. 무언가 정말 감당하기 어려운 상황이라면 이직처럼 환경을 바꾸는 것도 방법이에요. 물론 스트레스가 없는 곳은 없어요. 회사는 전쟁터지만 나가면 지옥이라는 말이 있잖아요. 무엇을 받아들이고 무엇을 선택할 것인가의 문제죠.

2. 회사 내에서 어떻게 하면 자기 PR을 잘할 수 있을까요?

두 가지 조언이 떠오르네요. 첫 번째는 프레젠테이션이에요. 회사에서는 일대일 보고 형식의 프레젠테이션부터 팀원들이나 유관 부서 사람들이 있는 자리에서 하는 프레젠테이션까지 꽤 많은 프레젠테이션을 하게 되는데요. 프레젠테이션은 정보 전달과 의사 결정이라는 목적이 있지만, 그보다 더 중요한 것은 나의 쇼 타임이라는 거예요. 듣는 사람들에게 나라는 사람을 인지시키고 믿음을 심어 줄 수 있는 시간이라는 거죠. 듣는 사람들은 생각보다 발표 내용에 대한 관심이 적어요. 복잡한 내용을 별로 알고 싶어 하지도 않고요. 프레젠테이션은 발표자가 자신이 발표하는 내용을 잘 알고 있구나 하는 믿음과 확신을 심어 주는 게 핵심이에요. '믿고 맡기면 알아서 하겠네' 하는 느낌을 남기는 것. 그래서 내용도 중요하지만, 발표자의 자신감 있는 제스처, 톤, 음성, 말하는 속도, 스토리텔링 등이 중요합니다.

두 번째는 다른 사람을 인정하고 칭찬하기예요. 프레젠테이션이 좋았다거나 보고서가 훌륭하다거나 미팅 진행을 잘했다거나 일을 계획보다 빨리 끝냈다거나 할 때마다 인정해 주는 말을 해요. 매일 일하면서 소소하게 일어나는 일들을 그때그때 알아채서 칭찬하는 거죠. 그럼 어떤 일이 일어나느냐면, 상대방에게 인정받는 것에 대한 고마운 마음과 빚진 마음이 동시에 쌓여요. 그냥 넘어갈 수도 있는 일이었는데, 콕 집어서 칭찬을 들으면 기분이 좋죠.

저는 이런 간단한 감사 노트를 당일 안에 전달하는 편이에요. 본인에게 전해 주기도 하고, 매니저를 같이 수신인에 넣어서 이메일을 보내기도 하고, 팀 전체에 알리기도 해요. 저는 일을 잘하는 사람들을 만나면 덩달아 기분이 좋고 부럽고 배우고 싶고 그렇거든요. 그래서 그런 저의 마음을 표현하는 거죠. 시간이 지나고 보니 동료들에게 해 온 이런 감사 노트가 오히려 저에게 긍정적인 영향을 주는 경험이 많았어요. 나를 홍보하려고 나에게 집중하지 말고, 함께 일하는 동료들의 성과를 챙기고 감사를 전해 보세요. 그게 쌓이면 단단한 신뢰와 평판이 만들어진답니다.

3. 회사 생활 하면서 가장 많이 하는 실수, 하면 안 되는 실수는 뭔지 궁금합니다.

모든 관계는 연애와 비슷하지 않을까요? ㅎㅎ 적당한 선과 긴장 상태를 유지해야 건강한 관계로 오래가는 것 같아요. 회사가 내 삶의 전부가 되어 버리는 게 제일 위험한 실수라고 생각해요. 내 삶에서 회사를 빼면 남는 게 없다든지, 현 직장 외에는 내 능력이 그다지 쓸모없다든지 하면서 나의 모든 걸 회사에 올인하는 거죠. 그럼 질척거리고 지질해지거든요. ㅎㅎ '내가 어떻게 했는데 나한테 이럴 수가 있어', '나를 뭐로 보는 거야', '어떻게 우리 회사에 저런 인간이 있지……' 생각이 이렇게 흐르기 쉬워요. 회사와 나 사이에 적당한 거리와 감정 유지가 중요해요. 그래야 불필요한 감정 소모나 감정적인 실수를 줄일 수 있어요.

4. 이직을 준비할 시간이 부족합니다. 현 직장을 다니면서 어떻게 준비해야 하나요?

음…… 어떤 일을 시간이 부족해 못 하는 경우는 대부분 그 일이 나에게 그만큼 중요하지 않아서예요. 이직을 준비하는 일은 당장 회사를 그만두기 위한 것이 아니에요. 경력을 관리하고 자기 성장을 점검하는 차원이라고 이해하면 좋겠어요. 따라서 수시로 이직 준비를 해 둘 것을 권해 드려요. 이직할 타이밍에 몰아서 하려니 힘든 거예요. 상시 준비가 되어 있는 사람은 이직의 기회가 찾아왔을 때 훨씬 수월하게 기회를 잡을 수 있죠. 그래서 상시 내 시간의 5퍼센트 정도를 할애해서 딴짓을 해 보세요. 여기서 말하는 딴짓은 자기 계발을 한다거나 좋아하는 분야 공부를 한다거나 네트워킹을 하는 일들을 뜻해요. 그리고 매년 12월이 되면 그해 성과를 한두 줄로 정리해서 이력서에 업데이트를 해 두세요. 이력서는 늘 최신 버전으로 업데이트해서 언제라도 사용할 수 있도록 만들어 두어야 해요. 저 같은 경우는 2년 주기의 강연을 통해 저를 외부에 알리기도 하고 제 경험을 정리하기도 해요. 이런 경험이 쌓이면 크게 부담되지 않고, 언제나 준비된 프로 이직러가 될 수 있답니다.

5. 워크 앤 라이프 밸런스를 어떻게 유지하시는지 궁금합니다.

'워크 앤 라이프 밸런스'라는 말이 왜 생겼을까 생각해 보면, 뭔가 균형이 깨졌기 때문에 바로잡기 위해서가 아니었을까 싶어요. 아마도 산업화 시대에 개인의 희생과 고강도 노동을 강요하는 현실에 대한 자정의 노력이 아닐까 싶은데…… 워크 앤 라이프 밸런스는 결국 행복한 삶을 살고 있느냐의 질문인 셈이죠. 전 일과 개인의 삶 모두에서 행복을 느끼는 게 중요하다고 생각해요. 일이 재미없으니 개인 라이프로 균형을 채우자? 그게 과연 평생 일을 하면서 살아가는 우리 인생에 맞는 방식일까요? 그래서 일에서 재미를 느끼는 게 매우 중요해요. 그러기 위해선 내가 좋아하는 일을 해야 하죠. 그리고 사람이 살아가는 전체 시간의 관점으로 본다면, 공부가 중심이 되는 시간, 친구가 중심이 되는 시간, 일이 중심이 되는 시간, 가족이 중심이 되는 시간, 건강이 중심이 되는 시간처럼 어떤 일이 내 인생 길목에 중요해지는 시점들이 있어요. 그러니까 당장 오늘이라는 시간의 분배 측면보다는 인생의 장기적인 균형 측면에서 보면 좋겠어요. 특히나 요즘은 디지털 노마드 시대라고 하잖아요? 재택근무 형태도 전 세계적으로 확산하고 있고요. 예전처럼 일과 개인의 삶을 선 긋듯이 나누기보다는 함께 조화를 이루면서 만들어 가는 게 중요한 듯해요. 일에서도 개인의 삶에서도 나를 지키고 나의 행복의 질을 높이는 게 무엇보다 중요하고요.

6. 미국 대학이나 대학원 학위 없이 구글 본사에 입사하는 게 가능한가요?

네, 가능해요. 실제 사례도 많고요. 제가 이런 비슷한 질문을 많이 받거든요. "○○가 가능한가요?" 그런데 이런 무언가가 가능하느냐는 질문을 받으면 제가 되물어요. "안 가능하면 안 하실 건가요?" 무언가가 가능한지 가능하지 않은지는 중요하지 않아요. 그냥 하는 거예요. 그리고 가능한지 가능하지 않은지는 실제 해 봐야 아는 거고요. 누군가가 가능했다고 해서 내가 가능한 것도 아니고, 누군가가 가능하지 않았다고 해서 내가 불가능한 것도 아니에요. 그래서 이런 질문이 내 머리에 떠오르면, 내가 나를 정당화할 이유를 찾고 있는 게 아닌지 스스로 돌아봐야 해요. 가능 여부를 재지 말고, 나는 내가 할 수 있는 일을 한다고 생각하고 실행하면 좋겠어요.

7. 새로운 커리어 방향을 잡아 나갈 때 가장 두렵던 점과 그것을 극복한 힘이 무엇이었는지 궁금합니다.

'아님 말고' 정신. ㅎㅎ 애당초 최고가 되고 싶다거나 성공을 해야겠다거나 돈을 많이 벌고 싶다거나 하는 생각으로 움직이지 않아요. 어떤 상황이 생기면 받아들이는 편이고, 뭔가 재미있어

보이는 일이 있으면 하는 편이에요. 안 해 보고 후회하느니 해 보고 후회하자는 생각이라서, 가능하면 이것저것 기회가 생기면 해 보려고 해요. 기본적으로 저의 생활력에 대한 믿음도 있는 편이라서, 뭐라도 해서 밥벌이는 하겠지 생각하는 편이에요. 무언가를 잃을 수도 있다고 생각하면 두렵지만, 잃어도 그만이라고 생각하면 별로 무섭지 않더라고요. 저 같은 경우는 이제 어느 정도 인생을 살아 보고 하는 생각이지만, 사실 20~30대 때는 무섭죠. 내가 뭘 잘하는 사람인지, 어느 정도를 감당할 수 있는 사람인지 알아 가는 시기니까요. 그래도 도전해 보시라고 얘기하고 싶어요. 이것저것 해 봐야 나를 알 수 있어요. 그래야 나를 지키는 힘이 생겨요.

8. 일하면서 어떤 경우에 가장 크게 좌절했는지, 그걸 어떻게 극복하셨는지 궁금해요.

당연히 영어죠. 예전에 읽은 책에서 '(지식+기술)×커뮤니케이션 = 역량'이라는 공식을 본 적이 있어요. 그러니까 아무리 전문 지식이 많고 기술이 뛰어나도 상대에게 전달할 수 없으면 아무 소용이 없다는 거죠. 이것 때문에 거의 매일 좌절하고 벽에 머리를 찧었죠. 결국은 마음가짐과 꾸준한 노력밖에는 답이 없는 거 같아요. 영어는 모국어가 아니기 때문에 한계가 어느 정도 있는 부분이고, 대신 너무 영어 자체에 매몰되지 않도록 마인드 컨트롤을 해요. 영어가 커뮤니케이션의 전부가 아닌 데다 업무에는 다양한 능력이 필요하니까요. 제가 가진 장점에 집중하고 그걸 돋보이게 하려고 노력해요.

9. 지금의 커리어를 쌓고 과거를 돌아봤을 때 '이걸 했거나 알았더라면 좋았을걸', 혹은 '하지 않았더라면 좋았을걸' 하는 부분이 있으신가요?

음, 제가 과거를 곱씹는 일을 잘 안 하는 편이에요. 생각을 그때그때 정리하는 편이고, 하고 싶고 할 수 있는 일은 하면서 살았고, 이미 벌어진 일은 금방 잊고 다음 일에 집중하려고 해요. 그래서 크게 후회되는 일은 없어요. 다만, 살면서 의도치 않게 다른 사람에게 상처를 준 적이 있다면 그런 점은 후회가 되죠. 일이 어긋나는 게 안타까워서, 더 잘하고 싶어서 순간적인 감정을 못 참고 내뱉은 말들이 결국은 나에게 돌아오거든요. 커리어에서 인간관계가 얼마나 중요한지 시간이 지나면 지날수록 더 실감이 되어요. 서른 살 과거로 돌아간다면, 소중한 사람을 더 많이 만들 것 같아요.

10. 글은 하루 중 언제 쓰시나요?

수시로 쓰고 꾸준히 써 왔어요. 중학교 때부터 일기를 썼는데, 그때는 저의 질풍노도의 감정을 쏟아 낼 곳이 필요하지 않았나 싶어요. 일기는 내가 나에게 얘기하듯이 주로 대화체로 썼는데, 저를 객관화하는 훈련이 되지 않았나 싶어요. 스물일곱 살에 결혼과 동시에 미국에 와서는 한국에 있는 가족과 친구들에게 근황을 알리기 위해서 꾸준히 블로그에 글을 올렸어요. 그때 쓴 글들을 다시 읽어 보면 영화를 보듯 20대 후반, 30대 초반의 제 모습이 고스란히 떠올라요. 글은 저에게 생각을 정리하고, 나를 만나고, 다른 이와 소통하는 수단이에요. 글을 쓰지 않으면 생각이 뒤죽박죽 엉켜 버려요. 우울증이 찾아오거나 기분이 나빠질 때를 보면 한동안 글을 안 썼더라고요. 그럼 얼른 뭐라도 써요. 그리고 스스로에게 솔직해지려고 해요. 가장 날것의 나를 자꾸 만나야 해요. 그래야 '진짜 나'를 사랑할 수 있어요.

생각이 너무 많은 서른 살에게

초판 1쇄 발행 2021년 6월 10일
초판 13쇄 발행 2024년 8월 30일

지은이 | 김은주
발행인 | 강수진
편집인 | 성기훈
마케팅 | 이진희
홍보 | 이여경
교정·교열 | 신윤덕
표지 일러스트레이션 | Kasiq Jungwoo

주소 | (04075) 서울시 마포구 독막로92 공감빌딩 6층
전화 | 마케팅 02-332-4804 편집 02-332-4809
팩스 | 02-332-4807
이메일 | mavenbook@naver.com
홈페이지 | www.mavenbook.co.kr
발행처 | 메이븐
출판등록 | 2017년 2월 1일 제2017-000064